Der europarechtliche Grundsatz der Effektivität des Rechtsschutzes
und das EG-Sekundärrecht

Europäische Hochschulschriften
Publications Universitaires Européennes
European University Studies

Reihe II
Rechtswissenschaft

Série II Series II
Droit
Law

Bd./Vol. 4636

PETER LANG
Frankfurt am Main · Berlin · Bern · Bruxelles · New York · Oxford · Wien

Christina Weber

Der europarechtliche Grundsatz der Effektivität des Rechtsschutzes und das EG-Sekundärrecht

PETER LANG
Internationaler Verlag der Wissenschaften

Bibliografische Information der Deutschen Nationalbibliothek
Die Deutsche Nationalbibliothek verzeichnet diese Publikation in der Deutschen Nationalbibliografie; detaillierte bibliografische Daten sind im Internet über <http://www.d-nb.de> abrufbar.

Zugl.: Köln, Univ., Diss., 2007

D 38
ISSN 0531-7312
ISBN 978-3-631-57200-9

www.peterlang.de

Vorwort

An dieser Stelle möchte ich allen danken, die bei der Entstehung dieser Arbeit mitgeholfen haben. Ein Dankeschön geht vor allem an Herrn Prof. Dr. Kempen sowie an seinen damaligen wissenschaftlichen Assistenten, Herrn Dr. Herbst, für die Betreuung.

Gleichfalls danken möchte ich meinen Eltern für ihre engagierte Korrekturhilfe im Vorfeld der Veröffentlichung.

Haan, 6.8.2007 Christina Weber

Inhaltsverzeichnis

Abkürzungsverzeichnis

a.a.O.	am angegebenen Ort
Abs.	Absatz
A.F.D.	Annuaire Français de Droit International
Anm.	Anmerkung
AöR	Archiv des öffentlichen Rechtes
AVR	Archiv des Völkerrechtes
Art.	Artikel
BAG	Bundesarbeitsgericht
BayVBl.	Bayerische Verwaltungsblätter
Bd.	Band
Beih.	Beiheft
BGH	Bundesgerichtshof
BGH	Entscheidungen des BGH in Zivilsachen
BSG	Bundessozialgericht
BSGE	Entscheidungen des BSG
BVerfG	Bundesverfassungsgericht
BVerfGE	Entscheidungen des BVerfG
BVerwG	Bundesverwaltungsgericht
BVerwGE	Entscheidungen des BVerwG
ders.	derselbe
DöV	Die öffentliche Verwaltung
DStR	Deutsches Steuerrecht
DVBl.	Deutsches Verwaltungsblatt
EEA	Einheitliche Europäische Akte
EG	Europäische Gemeinschaft
EG	Vertrag zur Gründung der Europäischen Gemeinschaft
EGMR	Europäischer Gerichtshof für Menschenrechte
ELF	European Legal Forum
ELR	European Law Review
EMRK	Europäische Konvention zum Schutz der Menschenrechte und Grundfreiheiten
EU	Europäische Union

EUV	Vertrag über die Europäische Union
EuG	Europäisches Gericht erster Instanz
EuGH	Gerichtshof der Europäischen Gemeinschaft
EuGRZ	Europäische Grundrechte-Zeitschrift
EuR	Europarecht
EuZW	Europäische Zeitschrift für Wirtschaftsrecht
frz.	französisch
FS	Festschrift
ff.	folgende
GA	Goltdammer's Archiv für Strafrecht
GS	Gedächtnisschrift
H.L.R.	Harvard Law Review
Hrsg.	Herausgeber
ICLQ	International Comparative Law Quarterly
IGH	Internationaler Gerichtshof
insb.	insbesondere
ital.	italienisch
JöR N. F.	Jahrbuch des öffentlichen Rechtes, Neue Folge
JuS	Juristische Schulung
JZ	Juristenzeitung
lux.	luxemburgisch
NJW	Neue Juristische Wochenschrift
ÖJZ	Österreichische Juristen-Zeitung
RDE	Revue de Droit Europeen
RIW / AWD	Recht der internationalen Wirtschaft / Außenwirtschaftsdienst des Betriebsberaters
RMC	Revue du Marché Commun et de l'Union Européenne
Rn.	Randnummer
RTDE	Revue Trimestrielle de Droit Europeen

Rs.	Rechtssache
S.	Seite
Slg.	amtliche Sammlung der Entscheidungen des EuGH und des EuG
sog.	sogenannt
u.a.	unter anderem
verb. Rs.	verbundene Rechtssachen
VerfE	Entwurf für einen Vertrag über eine Verfassung für Europa
VerfVertr	Vertrag über eine Verfassung für Europa
vgl.	vergleiche
ZaöVR	Zeitschrift für ausländisches öffentliches Recht und Völkerrecht
ZeuS	Zeitschrift für Europarechtliche Studien
zit.	zitiert

Einleitung

Der Europäische Gerichtshof mußte sich 2002 und 2004 bei zwei Urteilen mit der Fragestellung auseinandersetzen, wie sich das Verhältnis des Grundsatzes der Effektivität des Rechtsschutzes – einem Gemeinschaftsgrundrecht – zu der vertraglichen Bestimmung des Art. 230 Abs. 4 EGV gestaltet. Im Mittelpunkt des Rechtsstreits stand konkret die Auslegung des in der Vorschrift genannten Erfordernisses der individuellen Betroffenheit eines Einzelnen durch eine EG-Verordnung. Im Ergebnis hat er in seiner Entscheidung die Frage beantwortet, ob aufgrund der vertraglichen Regelung und des in dem Vertrag in Gänze enthaltenen Systemes unter Einbeziehung des oben genannten Gemeinschaftsgrundrechtes die Möglichkeit einer weiterreichenden inhaltlichen Auslegung existiert, als sie bis jetzt durch die Rechtsprechung vorgenommen wird. Diese Frage ist vom Gerichtshof letztlich verneint worden.

Im Rahmen der vorliegenden Arbeit soll untersucht werden, ob die Aspekte, welche der Gerichtshof zur Begründung seiner Rechtsauffassung herangezogen hat, seine Auffassung tatsächlich in diesem Sinne stützen. Darüber hinaus ist aber auch die Frage zu beantworten, ob in die Argumentation nicht noch weitere Aspekte hätten einbezogen werden müssen, welche bei der Abwägung für ein anderes Ergebnis gesprochen hätten.

Im Rahmen der Untersuchung wird im Anschluß an die Darstellung der einschlägigen Gerichtsentscheidungen (Kapitel 1) und des Problemaufrisses (Kapitel 2) zunächst ein vergleichender Überblick über die nationalen Rechtsordnungen der Mitgliedstaaten gegeben (Kapitel 3), um auf dieser Grundlage den Inhalt des Grundsatzes des effektiven Rechtsschutzes bestimmen zu können. Allerdings sollen die nationalen Rechtsordnungen nicht abschließend dargestellt werden. Vielmehr wird lediglich ein Überblick gegeben, wie in den anderen Mitgliedstaaten das Verhältnis zwischen dem Parlament als Gesetzgeber und den Gerichten gesehen wird, um aus dieser Gesamtschau das in die EG eingebrachte Grundverständnis im Hinblick auf den Umfang des Rechtsschutzes herausarbeiten zu können. Im Anschluß daran wird dann das Verhältnis zwischen den Gemeinschaftsgrundrechten als allgemeine Rechtsgrundsätze und dem Vertragsrecht im Allgemeinen dargestellt (Kapitel 4). Daraus ergibt sich die im Folgenden zu klärende Frage, wie sich der Grundsatz der Effektivität des Rechtsschutzes und die in Art. 230 Abs. 4 EGV genannten Voraussetzungen im Besonderen zueinander verhalten (Kapitel 5). Dabei werden in einem ersten Teil die Aspekte zu beleuchten sein, welche im Zusammenhang mit der Frage stehen, ob der Gerichtshof überhaupt die Kompetenz und damit einhergehend die Möglichkeit einer über die bisherige Auslegung des Begriffes der "individuellen Betroffenheit" hinausgehenden Interpretation besitzt (Teil 1). Im Falle der Bejahung schließt sich daran konsequenterweise die Betrachtung von Aspekten an, die vor dem Hintergrund des Gemeinschaftsgrundrechtes unter Umständen sogar für eine Verpflichtung des Gerichtshofes zur Rechtsfortbildung anzuführen sind. Eine abschließende Beantwortung dieser Frage kann und soll dabei nicht geleistet werden. Es soll jedoch auf Aspekte hingewiesen werden, die der Gerichtshof in seinem Urteil nicht angesprochen hat (Teil 2). Abschließend soll noch kurz dargelegt werden, warum eine Lösung im Rahmen der nationalen Rechtsordnungen nicht zu einem befriedigenden Ergebnis führen kann.

In diesem Zusammenhang wird vor allem nicht die grundlegende Frage diskutiert, ob der Europäische Gerichtshof überhaupt zur Rechtsfortbildung berechtigt ist und wie eine solche zu rechtfertigen ist. Dies soll vielmehr unterstellt werden, wobei an den entsprechenden Stellen auf die einschlägige Literatur verwiesen wird. Außerdem sollen insbesondere folgende Fragestellungen nicht erörtert werden: Zum einen wird nicht darauf eingegangen werden, ob den Mitgliedstaaten als Vertragsstaaten die Möglichkeit verwehrt ist, trotz des besagten Gemeinschaftsgrundrechtes die Bedingungen für eine Individualklage gegen EG-Verordnungen im Wege der Vertragsänderung einzuschränken. Zum anderen wird auch nicht diskutiert, inwieweit und mit welcher Intensität der Grundsatz effektiven Rechtsschutzes auf die Art der Durchführung der den anderen Organen zugewiesenen Aufgaben in Bezug auf die Rechtsetzung Einfluß nimmt und damit den Gerichtshof entlasten würde.

Die zitierte Literatur und Rechtsprechung befindet sich auf dem Stand Mitte 2005.

Kapitel 1
Der Ausgangspunkt der Untersuchung

Am 25. Juli 2002 hat der Europäische Gerichtshof ein in der Literatur vielbeachtetes und kritisiertes Urteil[1] erlassen. Er hat darin ein Rechtsmittel eines spanischen Interessenverbandes im Bereich der Landwirtschaft – der Unión de pequeños agricultores –, mit welchem dieser sich gegen ein abweisendes Urteil des Europäischen Gerichtes erster Instanz zur Wehr setzen wollte, als unbegründet verworfen mit dem Argument, die Zulässigkeitsvoraussetzungen des Art. 230 Abs. 4 EGV seien auf seiten der Klägerin nicht gegeben. Darüber hinaus sah er sich veranlaßt, aufgrund des Klagevortrages der Klägerin grundlegende Ausführungen zu der Reichweite des von ihm in ständiger Rechtsprechung herausgebildeten Gebotes effektiven gerichtlichen Rechtsschutzes und der damit in Zusammenhang stehenden Frage der Reichweite seiner eigenen, aus Art. 220 ff. EGV folgenden Kompetenzen zu machen. Die Stellungnahme des Gerichtshofes zu diesen Fragen war um so wichtiger, als mittlerweile vom EuG in einer anderen Rechtssache (Jégo-Quéré) ein Urteil erlassen worden war[2], welches die bisherige restriktive Rechtsprechung aufgab und den Weg für prozessuale Erweiterungen zugunsten des Rechtsschutzes von natürlichen und juristischen Personen öffnete.[3] Dieses Urteil, von der Kommission im Wege des Rechtsmittelverfahrens angefochten, ist am 1. April 2004 durch den Gerichtshof mit einer ähnlichen Begründung wie in dem Urteil aus dem Jahre 2002 dann aufgehoben worden.[4]

---

[1] EuGH, Slg. 2002 I-6677 ff.; auszugsweise abgedruckt in EuZW 2002, 529 ff. sowie BayVBl. 2003, 11 ff.

[2] EuG, Slg. 2002 II-2365 ff. mit Anm. *Lübbig*, EuZW 2002, 415 f.

[3] Vgl. dazu die Reaktionen in der Literatur: *Braun/Kettner*, Die Absage des EuGH, DöV 2003, 58 ff.; *Wölker*, Rechtsschutz Privater, DöV 2003, 570; *Schönberger*, Normenkontrollen im EG-Föderalismus, EuR 2003, 600 ff.; *Schwarze*, Der Rechtsschutz Privater vor dem EuGH, DVBl. 2002, 1297 ff.; *Kronenberger/Dejmek*, Die Klagebefugnis von Einzelpersonen vor den Gerichten der Gemeinschaft, ELF 2002, 257 ff.; *Borowski*, EuR 2004, 879 ff., welcher über die Rechtsentwicklung in der Rechtsprechung des EuGH einen guten Überblick gibt.

[4] Rs. C-263 / 02 P, Urteil vom 1.4.2004; abgedruckt in EuZW 2004, 343 ff., ELF 2004, 109 ff.

A. Das Verfahren in der Rs. UPA

I. Sachverhalt

Mit der Verordnung [EG] 1638/98[5] änderte der Rat die Verordnung [EWG] 136/66 über die Errichtung einer gemeinsamen Marktorganisation für Fette. Durch die ursprüngliche Verordnung wurde eine gemeinsame Marktorganisation für Olivenöl geschaffen, welche ein System beinhaltete, das u.a. garantierte Preise sowie Erzeugungsbeihilfen umfaßte. Mit der Änderung im Jahre 1998 wurde die Regelung über Interventionspreise abgeschafft und durch eine andersgeartete Beihilferegelung ersetzt. Andere unterstützende Maßnahmen wurden ganz abgeschafft. Darüber hinaus wurden grundsätzlich zukünftige Olivenhaine, welche nach einem angegebenen Stichtag angepflanzt wurden, von jeder Beihilferegelung ausgeschlossen.[6]

Eine spanische Interessenvertretung, die Unión de pequeños agricultores (im Folgenden: UPA) erhob daraufhin gegen einzelne Vorschriften dieser Verordnung vor dem Gericht erster Instanz Nichtigkeitsklage[7] wegen möglicher Verletzung von Rechten ihrer Mitglieder bzw. eigener Rechte.

II. Das Klagevorbringen der UPA

Die UPA trägt in ihrer Klageschrift vier verschiedene Gründe vor, aus denen sie die Zulässigkeit ihrer Klage auf der Grundlage von Art. 230 Abs. 4 EGV herleitet. Zum einen bestreitet sie den normativen Charakter der angefochtenen Verordnung.[8] Des weiteren macht sie geltend, die erhobene Klage sei selbst im Falle der Bejahung des normativen Charakters als zulässig anzusehen. Die erforderliche unmittelbare und individuelle Betroffenheit leitet sie zum einen aus ihrer Beteiligung an dem Erlaßverfahren betreffend die angefochtenen Vorschriften, zum anderen aus dem – drohenden – Konkurs ihrer Mitglieder ab.[9] Außerdem entsprächen die

---

[5] VO [EG] 1638/98 vom 20.7.1998; ABl. L 210, S. 32

[6] EuGH, Slg. 2002 I-6677 ff. [Rn. 3]; ausführlich EuG, Slg. 1999 II-3357 ff. [Rn. 1-6]

[7] Nach Art. 3 Abs. 1 lit. d des Beschlusses des Rates zur Errichtung eines Gerichtes erster Instanz der Europäischen Gemeinschaften ist in erster Instanz das EuG zuständig.

[8] Vgl. dazu das Vorbringen der Klägerin, Slg. 2002 I-6677 ff. [Rn. 20]

[9] a.a.O. [Rn. 22, 23]

angefochtenen Vorschriften nicht den angegebenen Zielen aufgrund von Unregelmäßigkeiten und Ermessensmißbrauch im Rat.[10] Die Beschreitung des Rechtsweges in dieser Form sei für die Klägerin darüber hinaus die einzige Möglichkeit, Rechtsschutz zu erlangen, da der innerstaatliche spanische Rechtsweg in solchen Fällen keine andere Möglichkeit zur rechtlichen Überprüfung der Rechtmäßigkeit von EG-Verordnungen eröffne.[11] Zur Sicherung ihres Vorbringens verweist die UPA auf die ständige Rechtsprechung des Gerichtshofes, wonach dieser das Recht auf effektiven gerichtlichen Rechtsschutz den in der Gemeinschaftsrechtsordnung anerkannten Grundrechten zuordnet und darauf, daß es vorliegend um die Kontrolle der Ermessensausübung des Rates gehe.[12]

Dieses Vorbringen veranlaßte sowohl das Gericht erster Instanz als auch den Gerichtshof dazu, zu der Reichweite des Grundsatzes der Effektivität des Rechtsschutzes und seiner Verwirklichung auf der Ebene der Europäischen Gemeinschaft Stellung zu nehmen.

III. Die Entscheidung des Europäischen Gerichtes erster Instanz

Im Einklang mit der bisherigen Rechtsprechung des Gerichtshofes hat die Dritte Kammer des Gerichtes erster Instanz am 23.11.1999 entschieden, die Klage sei wegen offensichtlicher Unzulässigkeit abzuweisen.[13] Die angegriffene Regelung verliere nicht nur nicht ihren normativen Charakter, weil die Anzahl der Wirtschaftsteilnehmer einschränkbar sei, solange die beanstandete Maßnahme auf alle betroffenen Wirtschaftsteilnehmer anwendbar ist, die sich in derselben objektiv umschriebenen tatsächlichen oder rechtlichen Situation befinden;[14] die Klägerin könne außerdem weder eigene Rechte noch Rechte ihrer Mitglieder geltend machen.[15]

Gegen das hier interessierende Argument, eine Verneinung der individuellen Betroffenheit führte zu einer Verletzung des anerkannten Gemeinschaftsgrundrechts auf effektiven gerichtlichen Rechtsschutz, wendet das Gericht ein, der Grundsatz der Gleichheit aller Rechtsbürger

---

[10] a.a.O. [Rn. 24]

[11] a.a.O. [Rn. 25]

[12] a.a.O. [Rn. 26]. Darüber hinaus hat die UPA das Königreich Spanien ersucht, von seiner ihm vertraglich zur Verfügung stehenden Klagemöglichkeit Gebrauch zu machen. Dies wurde aber förmlich abgelehnt; a.a.O. Rn. 28.

[13] EuG, Slg. 1999 II-3357 ff.

[14] a.a.O. [Rn. 39]

[15] a.a.O. [Rn. 47 ff.]

betreffend den Zugang zum Gemeinschaftsrichter im Rahmen einer Nichtigkeitsklage stehe einer anderen Lösung entgegen, da die Voraussetzungen ansonsten von der Ausgestaltung des Gerichtssystemes in jedem einzelnen Mitgliedstaat abhängig gemacht würden.[16] Als weiteres Gegenargument wird angeführt, der Grundsatz der loyalen Zusammenarbeit verpflichte die Mitgliedstaaten, zu einer Vervollständigung des Rechtsschutzsystemes des EG-Vertrages beizutragen, mit dessen Hilfe die Handlungen der Gemeinschaftsorgane durch den Gemeinschaftsrichter auf ihre Rechtmäßigkeit hin überprüft werden können.[17] Daher sei es nicht zu rechtfertigen, daß "das Gericht von dem in [Art. 230 Abs. 4 EG] in der Auslegung durch die Rechtsprechung geschaffenen Rechtsschutzsystem abweicht und seine dort festgelegte Zuständigkeit überschreitet."[18]

Bezeichnend an dieser ersten Entscheidung ist, daß das Gericht der Frage nach möglichen Rechten, welche aufgrund der von ihm herangezogenen Rechtsprechung zur unmittelbaren und individuellen Betroffenheit führen könnten, sehr viel Raum gewidmet hat.[19] Im Gegensatz dazu ist die Klärung der Grundsatzfrage, ob die fehlende direkte Klagemöglichkeit einer natürlichen oder juristischen Person gegen eine EG-Verordnung vor einem Gemeinschaftsgericht und die restriktive Handhabung der Voraussetzungen des Art. 230 Abs. 4 EGV durch die Rechtsprechung das angeführte Gemeinschaftsgrundrecht verletzt, von bescheidenem Umfang.[20] Dem Gericht genügen insofern drei Sätze und der Verweis auf die Mitgliedstaaten, um dieses Argument zu entkräften.

IV. Die Auffassung von Rat und Kommission

Auch nach der Auffassung der beiden Gemeinschaftsorgane Rat und Kommission ist die Lösung nicht auf der Ebene der Europäischen Gemeinschaft zu suchen, sondern in einer Änderung der nationalen Rechtsschutzvorschriften.[21]

---

16 a.a.O. [Rn. 62 f.]
17 a.a.O. [Rn. 62]
18 a.a.O. [Rn. 63]
19 s. hierzu a.a.O. [Rn. 44-58]
20 s. hierzu a.a.O. [Rn. 61-63]
21 Schlußanträge des GA Jacobs, EuGH, Slg. 2002 II-6681 ff. [Rn. 54]

V. Die Gründe für die Einlegung des Rechtsmittels

Die UPA stützte das von ihr gegen die Entscheidung beim EuGH eingelegte Rechtsmittel auf vier unterschiedliche Gründe, von denen hier nur diejenigen wiedergegeben werden sollen, die den Grundsatz der Effektivität des Rechtsschutzes betreffen.[22] Es wird von der Interessenvereinigung zum einen geltend gemacht, ihr Klagevorbringen sei falsch ausgelegt worden. Es gehe ihr nicht um das Fehlen einer Rechtsschutzmöglichkeit nach nationalem Recht. Eine Verletzung dieses Grundsatzes werde vielmehr aufgrund einer Klageabweisung durch *europäische* Gerichte geltend gemacht.[23]

Zum anderen sei es in sich widersprüchlich, einerseits die gemeinschaftsweite einheitliche Geltung des Grundsatzes des effektiven Rechtsschutzes einzufordern, diesen jedoch andererseits dadurch gerade von den nationalen Rechtsordnungen und deren konkreter Ausgestaltung im Wege über Art. 10 EGV abhängig zu machen.[24]

VI. Der Schlußantrag des Generalanwaltes im Rechtsmittelverfahren

In seinen Schlußanträgen hat Generalanwalt Jacobs sich nicht der Auffassung des Gerichtes erster Instanz angeschlossen. Stattdessen hat er eine Änderung der Rechtsprechung gefordert, weil die bisherige Rechtsprechungslinie nicht mit dem Grundsatz der Effektivität des Rechtsschutzes vereinbar sei.[25] Im Mittelpunkt stand dabei, daß es in dem Verfahren nicht auch um *Auslegungs*fragen, sondern ausschließlich um *Gültigkeits*fragen bezogen auf europäisches Sekundärrecht geht. Nach der Darlegung der Nachteile, die im Beschreiten des Rechtsweges mittels Vorabentscheidungsverfahren liegen[26], gelangt er zu dem Schluß, eine neue Auslegung des Begriffes der individuellen Betroffenheit sei erforderlich. Er sieht dabei keine zwingenden Gründe, "in dieses Merkmal das Erfordernis hineinzulesen, ein Einzelner müsse sich aus dem Kreis der übrigen Betroffenen herausheben wie ein Adressat".[27] Diese Voraussetzung sei

---

[22] Vgl. zum folgenden a.a.O. [Rn. 18]
[23] EuGH, Slg. 2002 I-6677 ff. [Rn. 18]
[24] a.a.O.
[25] Vgl. GA Jacobs, Schlußanträge vom 21.3.2002, Slg. 2002 I-6681 ff. [Rn. 49 ff.]
[26] Vgl. dazu noch unten Kapitel 5
[27] GA Jacobs, Schlußanträge vom 21.3.2002, Slg. 2002 I-6681 ff. [Rn. 59]

vielmehr dahingehend auszulegen, daß "ein Einzelner als individuell betroffen zu betrachten ist, wenn die Handlung aufgrund seiner persönlichen Umstände erhebliche nachteilige Auswirkungen auf seine Interessen hat oder wahrscheinlich haben wird".[28]

Der Vorschlag greift also den Wortlaut des Vertrages auf, legt ihm aber ein anderes Verständnis zugrunde. Ausgewirkt hätte sich dies auf die Zulässigkeit von Klagen gegen Verordnungsvorschriften insoweit, als nicht mehr eine adressatenähnliche Stellung nachgewiesen werden müßte, sondern eine Beeinträchtigung von Interessen.

VII. Die Entscheidung des Europäischen Gerichtshofes

Der EuGH ist in seiner Entscheidung trotz eines Verweises auf dessen Stellungnahmen nicht den Ausführungen des Generalanwaltes gefolgt, sondern hat an seiner bisherigen Rechtsprechung festgehalten.[29] Er konnte sich dabei aber nicht mehr allein auf den Wortlaut des Art. 230 Abs. 4 EGV berufen, sondern mußte deutlich machen, wie er das Verhältnis zwischen seiner restriktiven Rechtsprechung und dem Gemeinschaftsgrundrecht auf effektiven gerichtlichen Rechtsschutz auf der Ebene der Gemeinschaftsgerichtsbarkeit bewertet, und welche Aspekte er dabei wie gewichtet hat.

Die Entscheidung des Gerichtshofes läßt dabei keine einheitliche Linie erkennen. Als Gesamtbild betrachtet ist seine Argumentation sprunghaft, und es entsteht der Eindruck, er suche eine Möglichkeit, die Klage als unzulässig abzuweisen, ohne sich in direkt erkennbaren Widerspruch zu seiner früheren Rechtsprechung betreffend das Gemeinschaftsgrundrecht zu setzen. Dem Grunde nach billigt er dem Grundsatz der Effektivität des Rechtsschutzes einen hohen Stellenwert zu, der eine dementsprechende Beachtung auch gegenüber Handlungen der Gemeinschaftsorgane verlangen kann. Andererseits sieht er sich selbst hier nicht in der Pflicht, Rechtsschutz zu gewähren.

Die Argumentation sieht im Einzelnen wie folgt aus: Ausgangspunkt für den Gerichtshof ist eine spezifische Prüfung der besonderen Umstände des Einzelfalles. Denn von tatsächlicher Effektivität könne dann keine

---

[28] a.a.O. [Rn. 60]

[29] EuGH, Slg. 2002 I-6677 ff.

Rede sein, ohne daß der effektive Charakter dieses Rechtes konkret geprüft werde.[30]

Unter Rückgriff des auch von der Beschwerdeführerin zu ihren Gunsten herangezogenen Urteils in der Rs. Greenpeace[31] gesteht der Gerichtshof zu, der Weg über Art. 230 Abs. 4 EGV sei eröffnet, wenn es keinen nationalen Rechtsbehelf gebe.[32] Bezogen auf den ihm zur Entscheidung vorgelegten Fall ist sein Ansatzpunkt damit die Frage, ob die Rechtsmittelführerin [UPA] als Vertreterin der Interessen ihrer Mitglieder gleichwohl unter Beachtung von Art. 230 Abs. 4 EGV Klage auf Nichtigerklärung der angefochtenen Verordnung erheben kann. Ansatzpunkt hierfür war die Überlegung, daß das Recht auf effektiven gerichtlichen Rechtsschutz dies in Anbetracht des behaupteten gänzlichen Fehlens eines Rechtsbehelfs vor den nationalen Gerichten gebieten würde.[33]

Aus Art. 230 Abs. 4 EGV ergibt sich die Möglichkeit, auch gegen eine Verordnung Nichtigkeitsklage zu erheben. Diese ist allerdings nur dann vorhanden, wenn sie dem Kläger gegenüber Entscheidungscharakter aufweist und ihn wie einen Adressaten individualisiert.[34]

Im Gegenzug zu dieser Aussage weist der Gerichtshof darauf hin, die Europäische Gemeinschaft sei eine Rechtsgemeinschaft, in der die Handlungen ihrer Organe daraufhin kontrolliert werden können, ob sie mit dem EG-Vertrag und den allgemeinen Rechtsgrundsätzen, zu denen auch die Grundrechte gehören, vereinbar seien. Die Einzelnen müßten daher einen effektiven gerichtlichen Schutz der Rechte in Anspruch nehmen können, die sie aus der Gemeinschaftsrechtsordnung herleiten.[35]

Im Folgenden wird sodann das durch den EG-Vertrag geschaffene Rechtssystem untersucht, welches als vollständig zwecks Verwirklichung der Kontrolle der gemeinschaftlichen Tätigkeit charakterisiert wird.[36] Aus dieser festgestellten Vollständigkeit des Systems, welche ohne die Über-

---

[30] a.a.O. [Rn. 28]

[31] EuGH, Slg. 1998 I-1651 ff.; EuGH, Slg. 2002 I-6677 ff. [Rn. 28]

[32] EuGH, Slg. 1998 I-1651 ff. [Rn. 33]: "Auch wenn diese [nationalen] Rechtsbehelfe und die beim Gericht erhobene Klage unterschiedliche Gegenstände haben, werden sie doch auf die gleichen, sich für den einzelnen aus der Richtlinie 85/337 ergebenden Rechte gestützt, so daß diese Rechte im vorliegenden Fall in vollem Umfang durch die nationalen Gerichte geschützt werden, die ggf. den Gerichtshof gem. Art. 177 des Vertrages um eine Vorabentscheidung ersuchen können."

[33] EuGH, Slg. 2002 I-6677 ff. [Rn. 33]

[34] a.a.O. [Rn. 36 f.]

[35] a.a.O. [Rn. 38, 39]

[36] a.a.O. [Rn. 40]

prüfung möglicher Rechtsschutzlücken statuiert wird, zieht der Gerichtshof die Schlußfolgerung, "es [sei] somit Sache der Mitgliedstaaten, ein System von Rechtsbehelfen und Verfahren vorzusehen, mit dem die Einhaltung des Rechtes auf effektiven gerichtlichen Rechtsschutz gewährleistet werden kann."[37]

Das heißt für ihn, nicht er, sondern die mitgliedstaatlichen Gerichte sind aufgrund von Art. 10 EGV[38] in der Pflicht, natürlichen oder juristischen Personen nach nationalen Verfahrensvorschriften die Möglichkeit der Anfechtung der nationalen Maßnahme zu eröffnen.[39] Daraus zieht der EuGH die Schlußfolgerung, eine andere Auslegung hätte die Folge, der Gemeinschaftsrichter müßte zunächst konkret die nationalen Vorschriften prüfen, um anschließend anhand dieses Ergebnisses erst beurteilen zu können, ob die Klage direkt zur Europäischen Gerichtsbarkeit zulässig sei oder nicht: "Denn eine solche Regelung würde es in jedem Einzelfall erforderlich machen, daß der Gemeinschaftsrichter das nationale Verfahrensrecht prüft und auslegt, was seine Zuständigkeit im Rahmen der Kontrolle der Rechtmäßigkeit der Gemeinschaftshandlungen überschreiten würde."[40]

Darüber hinaus führt der Gerichtshof zur Begründung an, Art. 230 Abs. 4 EGV nenne neben der unmittelbaren auch noch eine individuelle Betroffenheit als Voraussetzung. Diese Voraussetzung sei zwar im Lichte des Grundsatzes effektiven gerichtlichen Rechtsschutzes unter Berücksichtigung der verschiedenen Umstände, die einen Kläger individualisieren können, auszulegen. Doch könne eine solche Auslegung nicht, ohne daß die den Gemeinschaftsgerichten durch den Vertrag verliehenen Befugnisse überschritten würden, zum Wegfall der fraglichen Voraussetzung, die ausdrücklich im EGV vorgesehen sei, führen.[41] Er könne sich zwar ein anderes Rechtsschutzsystem vorstellen, "so wäre es doch Sache der Mitgliedstaaten, das derzeit geltende System gegebenenfalls gemäß Art. 48 EU zu reformieren."[42]

Ein Urteil, in welchem der EuGH – wie es scheint endgültig – die Möglichkeit der Weiterentwicklung der Rechte des Einzelnen im

---

[37] a.a.O. [Rn. 41]

[38] Art. 10 Abs. 1 S. 1 EGV lautet: "Die Mitgliedstaaten treffen alle geeigneten Maßnahmen allgemeiner oder besonderer Art zur Erfüllung der Verpflichtungen, die sich aus diesem Vertrag oder aus Handlungen der Organe der Gemeinschaft ergeben."

[39] EuGH, Slg. 2002 I-6677 ff. [Rn. 42]

[40] Vgl. a.a.O. [Rn. 43]

[41] a.a.O. [Rn. 44]

[42] a.a.O. [Rn. 45]

prozessualen Bereich und deren Anpassung an den Stand des materiellen Rechtes ablehnt, das aber auf einer inhaltlich kaum überzeugenden Argumentation basiert. So zieht der Gerichtshof hinsichtlich des Verständnisses von Art. 230 Abs. 4 EGV seine Rechtsprechung für die Konstellation heran, in der es eines nationalen Umsetzungs- bzw. Vollzugsaktes bedarf. Dabei handelt es sich bei der Verordnung um eine Konstellation, welche eines solchen Umsetzungsaktes eben nicht bedarf, wodurch die geltend gemachte Rechtsschutzlücke erst entsteht. Seltsam mutet auch die Feststellung an, die EG sei eine Rechtsgemeinschaft, die sich dadurch kennzeichnet, daß ihre Organe der gerichtlichen Kontrolle unterliegen. Da aber das vertragliche Rechtsschutzsystem umfassend sei, sei es Sache der Mitgliedstaaten, Rechtsschutzlücken zu schließen.

Dagegen ist dem Urteil keine Stellungnahme zu der These zu entnehmen, eine andere Definition würde nicht in den Grenzen des Wortlautes verbleiben. Auf diesen Aspekt ist vom Generalanwalt explizit hingewiesen worden.[43] Der Gerichtshof verbleibt vielmehr bei der von ihm in der Rs. Plaumann[44] entwickelten Definition. Diese Definition wird von ihm als die inhaltliche Aussage der *Mitgliedstaaten* und damit als alleinige Verständnismöglichkeit aufgefaßt. Dahinter steht letztendlich die Aussage, jedes andere Verständnis führe im Ergebnis zum Fortfall der Voraussetzung der individuellen Betroffenheit.[45]

B. Das Verfahren in der Rs. Jégo-Quéré

I. Sachverhalt

Im Kern des zweiten Rechtsstreites haben Verordnungsvorschriften gestanden, welche zum Schutz der Seehecht-Bestände in bestimmten, in den einschlägigen Verordnungen[46] bezeichneten Fanggebieten eine Mindestmaschenweite von 100 mm vorsahen. Die Fischfang-Reederei Jégo-Quéré betrieb jedoch Fischfang (Wittling) mit Netzen mit einer Maschenweite von 80 mm, welche durchschnittlich 67,3% ihrer Fänge ausmachte.[47] Diese

---

[43] GA Jacobs, Schlußanträge vom 21.3.2002, Slg. 2002 I-6681 ff. [Rn. 59]
[44] EuGH, Slg. 1963, 211 ff. [238]
[45] EuGH, Slg. 2002 I-6677 ff. [Rn. 44]
[46] Art. 15 der VO [EWG] Nr. 3760/92 des Rates zur Einführung einer gemeinschaftlichen Regelung für die Fischerei und der Aquakultur, ABl. L 389, S. 1 ff. vom 20.12.1992 iVm VO [EG] Nr. 1162/2001 der Kommission vom 14.6.2001, ABl. L 159, S. 4 ff.
[47] Zum Sachverhalt vgl. EuG, Slg. 2002 II-2365 ff. [Rn. 1 ff.]

Verordnungsvorschriften stellen in den einzelnen Mitgliedstaaten eine unmittelbar anwendbare Verpflichtung des Einzelnen dar, ohne eines weiteren konkretisierenden Rechtsaktes einer nationalen Behörde zu erfordern.[48]

II. Das Vorbringen der Parteien

Gegen diese Verordnungsvorschriften hat die Fischfang-Reederei Nichtigkeitsklage gemäß Art. 230 Abs. 4 EGV beim Gericht erster Instanz eingelegt.[49] Die Klägerin machte zwecks Begründung der Zulässigkeit der von ihr erhobenen Klage einen Verstoß gegen den Grundsatz der Verhältnismäßigkeit, den Gleichheitsgrundsatz und einen Verstoß gegen die Begründungspflicht sowie eine spürbare Beeinträchtigung ihrer wirtschaftlichen Tätigkeit geltend.[50] Des weiteren bestritt sie die allgemeine Geltung der Verordnung und wies darauf hin, die Reederei habe im Gesetzgebungsverfahren der Kommission einen entsprechenden Hinweis zukommen lassen, was zu einer Individualisierung ihrerseits geführt habe.[51] Im Übrigen ergebe sich die Zulässigkeit der Klage aus dem ansonsten fehlenden Rechtsschutz; ein Umsetzungsakt sei nicht erforderlich.[52]

Die Kommission hat diesem Vortrag die Einrede der Unzulässigkeit entgegengehalten, da die Voraussetzungen des Art. 230 Abs. 4 EGV nicht erfüllt seien. Zum einen wird eine allgemeine Geltung der Verordnung damit begründet, diese gelte für objektiv bestimmte Situationen und abstrakt bezeichnete Personengruppen.[53] Darüber hinaus erstrecke sich das Verbot auf alle Wirtschaftsteilnehmer, wobei nach Art. 6 der Verordnung die Verwendung engmaschigerer Netze unter dem Vorbehalt der Kontrolle möglich seien.[54] Des weiteren sei keine höherrangige Norm ersichtlich, welche die Kommission zur Berücksichtigung der Situation der Klägerin gezwungen hätte.[55] Im Übrigen wird auf die Art. 235, 288 Abs. 2 EGV verwiesen.[56]

---

48 a.a.O. [Rn. 26]
49 EuG, Slg. 2002 II-2365 ff. [Rn. 6]
50 a.a.O. [Rn. 18]
51 a.a.O. [Rn. 20]
52 a.a.O. [Rn.21]
53 a.a.O. [Rn. 14]
54 a.a.O. [Rn. 15]
55 a.a.O. [Rn. 16]
56 a.a.O. [Rn. 17] unter Hinweis auf EuG, Slg. 2001 II-2691 ff. [Rn. 85]

Das Gericht erster Instanz hat zunächst festgestellt, den angefochtenen Normen komme allgemeine Geltung zu, was jedoch nach ständiger Rechtsprechung nicht eine unmittelbare und individuelle Betroffenheit bestimmter Wirtschaftsteilnehmer ausschließe.[57] Nach Bejahung der unmittelbaren Betroffenheit prüft es sodann die Frage der individuellen Betroffenheit, welche es zuerst am Maßstab der Plaumann-Formel[58] mißt und konsequent verneint.[59]

Anstatt dann die Klage jedoch ohne weitere Erwägungen für unzulässig zu erklären[60], wendet sich das Gericht der Frage des fehlenden Rechtsschutzes und der Auswirkung dieses Umstandes auf die Voraussetzungen des Art. 230 Abs. 4 EGV zu. Als Ausgangspunkt seiner Überlegungen zieht es Art. 6, 13 EMRK sowie Art. 47 der Grundrechte-Charta heran.[61] Vor deren Hintergrund könne nicht mehr davon ausgegangen werden, daß die im EG-Vertrag vorgesehenen Verfahren einen ausreichenden Rechtsschutz gewährleisteten, welcher den Rechtsbürgern die Möglichkeit eröffnen würde, die Rechtmäßigkeit von Gemeinschaftsvorschriften allgemeiner Geltung zu bestreiten.[62] Insbesondere könne nicht ein Verstoß gegen Rechtsvorschriften verlangt werden, um auf diese Art und Weise Zugang zu den Gerichten zu erhalten.[63] Auch die Möglichkeit einer Schadensersatzklage stelle keine befriedigende Lösung dar, insbesondere da sich ein rechtswidriger Rechtsakt mit diesem Rechtsbehelf nicht aus der Gemeinschaftsrechtsordnung entfernen lasse. Vielmehr würde der Gemeinschaftsrichter durch die Wahl dieser Klagemöglichkeit in seinen Prüfungsbefugnissen eingeschränkt sein.[64]

Das Gericht erster Instanz weist dann darauf hin, es gebe kein zwingendes Argument für die These, der Begriff der individuell betroffenen Person im Sinne von Art. 230 Abs. 4 EGV verlange, ein Einzelner, welcher eine Maßnahme allgemeiner Geltung anfechten möchte, müsse in ähnlicher Weise individualisiert sein wie ein Adressat. Wenn von einem

[57] EuG, Slg. 2002 II-2365 ff. [Rn. 24 f.]
[58] EuGH, Slg. 1963, 211 ff. [238]
[59] EuG, Slg. 2002 II-2365 ff. [Rn. 27 ff.]
[60] so noch EuG, Slg. 1999 II-3357 ff.
[61] EuG, Slg. 2002 II-2365 ff. [Rn. 41]
[62] a.a.O. [Rn. 47]
[63] a.a.O. [Rn. 45]
[64] a.a.O. [Rn. 46]

vollständigen Rechtsschutzsystem gesprochen werde, müsse die bisherige Auslegung dieses Begriffes vielmehr überdacht werden. Aus dieser Überlegung zieht das EuG sodann die Konsequenz, indem es feststellt: "Daher ist, um einen wirksamen gerichtlichen Rechtsschutz der Einzelnen zu gewährleisten, eine natürliche oder juristische Person als von einer allgemein geltenden Gemeinschaftsbestimmung, die sie unmittelbar betrifft, individuell betroffen anzusehen, wenn diese Bestimmung ihre Rechtsposition unzweifelhaft und gegenwärtig beeinträchtigt, indem sie ihre Rechte einschränkt oder ihr Pflichten auferlegt. Die Zahl und die Lage anderer Personen, deren Rechtsposition durch die Bestimmung ebenfalls beeinträchtigt wird oder werden kann, sind insoweit keine relevanten Gesichtspunkte."[65]

IV. Die Entscheidung des Gerichtshofes im Rechtsmittelverfahren[66]

Gegen das Urteil des Gerichtes erster Instanz hat die Kommission Rechtsmittel eingelegt. Sie trägt vor, das Gericht erster Instanz habe den Begriff der individuellen Betroffenheit rechtsfehlerhaft ausgelegt, da das von ihm zugrundegelegte Verständnis diese Voraussetzung faktisch aufhebe.[67] Argumente sind dabei u.a. zum einen die fehlende Beanstandung des EGMR eines in einer Reihe von Mitgliedstaaten nicht vorhandenen unmittelbaren Klagerechtes gegen Legislativakte. Zum anderen würde durch ein solches unmittelbares Klagerecht im Rahmen der Nichtigkeitsklage die Möglichkeit der Geltendmachung der Rechtswidrigkeit von Gemeinschaftsrechtsakten im Wege der Einrede beschränkt.[68] Jégo-Quéré macht demgegenüber geltend, ohne eine erweiternde Auslegung des Klagerechtes läge ein Verstoß gegen Art. 6 und 13 EMRK vor.[69] Eine Schadensersatzklage habe den Nachteil, daß das Unternehmen immer wieder neue Klagen in Bezug auf neue Verordnungen erheben müßte, da es sich bei diesen um eine jeweils weiterführende Stufe eines Prozesses handele.[70]

Der Gerichtshof erinnert einleitend daran, grundsätzlich müsse der Einzelne die Möglichkeit haben, effektiven gerichtlichen Schutz seiner

---

65 a.a.O. [Rn. 49 ff.]

66 EuGH, Urteil in der Rs. C-263/02 P vom 1.4.2004, EuZW 2004, 343 ff.

67 Zu den Ausführungen der Kommission im einzelnen a.a.O. [Rn. 23 ff.]

68 EuGH, EuZW 343 ff. [Rn. 24 f.]

69 a.a.O. [Rn. 26]

70 a.a.O. [Rn. 27]

Rechte in Anspruch zu nehmen.[71] Durch eine fehlende Klagemöglichkeit unmittelbar vor den Gemeinschaftsgerichten gegen eine Verordnung werde dieses Recht jedoch nicht beeinträchtigt. Schließlich gebe es die beiden Möglichkeiten für den Einzelnen, entweder eine solche mittelbar in einem Verfahren vor dem Gemeinschaftsrichter nach Art. 241 EGV anzufechten, wenn das betroffene Unternehmen an diesem beteiligt ist, oder vor einem nationalen Gericht die Rechtmäßigkeit zu bestreiten und einen dementsprechenden Antrag auf Vorlage der Frage an den Gerichtshof zu stellen.[72] In diesem Zusammenhang weist der Gerichtshof in Verbindung mit Art. 10 EGV darauf hin, es sei Sache der Mitgliedstaaten, ein effektives System an Rechtsbehelfen zur Verfügung zu stellen, mit dessen Hilfe die Rechtmäßigkeit nationaler Maßnahmen in Anwendung der Verordnung angefochten werden könne.[73] Des weiteren bekräftigt er, die gemeinschaftsrechtliche Unzulässigkeit einer solchen Klage könne auch nicht durch den Vortrag, nach nationalem Recht sei gerade kein solcher Rechtsbehelf gegeben, beseitigt werden. Der Gemeinschaftsrichter sei schließlich nicht befugt, nationales Verfahrensrecht zu prüfen und auszulegen.[74] Abschließend weist der Gerichtshof in diesem Zusammenhang darauf hin, ein solches Klagerecht ergebe sich auch nicht aus der Tatsache, daß ein Einzelner gegen die Verordnungsvorschrift verstoßen müsse, um so Zugang zu den Gerichten zu erhalten.[75] Es sei letztendlich nicht auszuschließen, daß ein nationales Rechtssystem einem Einzelnen, der von einer allgemeinen normativen Handlung des nationalen Rechts, die selber nicht unmittelbar gerichtlich angefochten werden kann, unmittelbar betroffen ist, die Möglichkeit eröffne, bei den nationalen Behörden eine mit dieser Handlung zusammenhängende Maßnahme zu beantragen, die sodann vor dem nationalen Gericht angefochten werden kann mit der Folge der Möglichkeit der mittelbaren Beanstandung dieser fraglichen Handlung.[76]

Aufgrund dieser Argumentation kommt der Gerichtshof zu dem Ergebnis, das neue, vom Gericht erster Instanz angenommene Verständnis verfälsche die Voraussetzung der individuellen Betroffenheit des Art. 230

[71] a.a.O. [Rn. 29]
[72] a.a.O. [Rn. 30]
[73] a.a.O. [Rn. 31 f.]
[74] a.a.O. [Rn. 33]
[75] a.a.O. [Rn. 34]
[76] a.a.O. [Rn. 35]

Abs. 4 EGV. Dementsprechend ist die Entscheidung des Gerichtes erster Instanz aufgehoben worden.[77]

V. Der Schlußantrag des Generalanwaltes im Rechtsmittelverfahren

In dem Schlußantrag des Generalanwaltes Jacobs in dieser Rechtssache wird bezeichnenderweise zwar eine Empfehlung hinsichtlich des Erfolges des diese Frage betreffenden Rechtsmittels der Kommission von ihm ausgesprochen.[78] Diese ist jedoch mit dem Hinweis versehen, sie erfolge ausschließlich aufgrund der bisherigen, insbesondere der jüngst getroffenen Entscheidungen des Gerichtshofes, welche auf den Grundsatz der Effektivität und die Folgen dieser Rechtsprechung auf diesen keine Rücksicht nehme.[79] Daher sei dem Rechtsmittel der Kommission Erfolg beschieden, auch wenn der Generalanwalt seine Zweifel an diesem Verständnis wiederholt zum Ausdruck bringt.[80]

[77] a.a.O. [Rn. 39, 50]
[78] GA Jacobs, Schlußanträge vom 10.7.2003, Rs. C-263 / 02 P [Rn. 41, 45-47]
[79] a.a.O. [Rn. 43 f.]
[80] a.a.O. [Rn. 43 f.]

Kapitel 2
Problemaufriß

A. Die rechtliche Problematik

Das im Rahmen der vorliegenden Untersuchung zu erörtende Rechtsproblem ergibt sich aus dem Zusammentreffen verschiedener Rechtssätze des primären Gemeinschaftsrechtes. Einerseits ist der Grundsatz der Effektivität des Rechtsschutzes zu beachten, ein allgemeiner Rechtsgrundsatz des Gemeinschaftsrechtes. Andererseits existiert die vertragliche Regelung des Art. 230 Abs. 4 EGV, welche ihrerseits zugleich als Konkretisierung des allgemeinen Rechtsgrundsatzes anzusehen ist[81] und diesem Grundsatz zu genügen hat.[82] Letztlich enthält jedoch auch die vertragliche Norm abstrakte Begriffe, die einer weiteren Konkretisierung bedürfen.[83]

Die hier zur Diskussion gestellten Urteile und die in ihnen vertretenen Auffassungen widersprechen nicht dem Wortlaut der Vorschrift des Art. 230 Abs. 4 EGV. Weder das Verständnis des Gerichtshofes noch die jüngste Überlegung des Generalanwaltes hinsichtlich einer neuen Definition des Begriffes der individuellen Betroffenheit sind als unvereinbar oder als autoritative Auslegung der Vorschrift anzusehen. Andererseits ist der Gerichtshof wie die übrigen EG-Organe als Gemeinschaftsorgan (Art. 7 Abs. 1 EGV) selbst an den EG-Vertrag gebunden. Er kann also nur nach Maßgabe der ihm in diesem Vertrag zugewiesenen Befugnisse handeln. Es gilt für ihn gleichfalls, das in Art. 5 Abs. 1 EGV niedergelegte Subsidiaritätsprinzip zu beachten, wonach die Gemeinschaft lediglich innerhalb der ihr im EGV zugewiesenen Befugnisse und gesetzten Ziele tätig wird.

Es ist aber gleichfalls zu bedenken, daß es sich bei der 1963 entwickelten Definition[84] um eine solche mit anschließendem Charakter handelt. Es ist darauf hinzuweisen, daß sich die Union in Art. 6 Abs. 2 EUV zur Achtung der Grundrechte verpflichtet hat, wie sie in der EMRK und den gemeinsamen Verfassungsüberlieferungen der Mitgliedstaaten als allgemei-

---

[81] *Schwarze*, EU Art. 230 Rn. 1

[82] *Calliess / Ruffert* Art. 220 Rn. 30

[83] *Anweiler*, Die Auslegungsmethoden, S. 52 ff.; dahingehend ist wohl auch *Mittmann*, S. 189 ff., 193 zu verstehen, wenn er ausführt: "Ebenso ergibt sich bereits aus dieser Funktionsteilung für den EuGH ein Verbot 'gesetzeskorrigierenden' Richterrechtes." Im Umkehrschluß daraus läßt sich folgern, daß gesetzeskonkretisierendes Richterrecht seine Aufgabe ausfüllt. Siehe dazu noch unten Kapitel 5, Teil 1 Punkt A.

[84] EuGH, Slg. 1963, 211 ff. [238]

ne Grundsätze des Gemeinschaftsrechtes enthalten sind und der Gerichtshof ganz allgemein nach Art. 220 EGV den Rechtsprechungsauftrag der Wahrung des Rechts erhalten hat. Diese Vorschrift hat er bereits sowohl entgegen dem Wortlaut einer anderen Vertragsvorschrift als auch entgegen dem Willen der Mitgliedstaaten als Rechtsgrundlage für richterliche Rechtsfortbildung genutzt.[85]

Damit stellt sich die Frage, in welchem Verhältnis der Grundsatz der Effektivität des Rechtsschutzes und die Vorschrift des Art. 230 Abs. 4 EGV zueinander stehen und welche Aspekte bei einer Abwägung dieser beiden Normen zu beachten sowie deren Inhalte gegeneinander abzuwägen sind.

Die Weite des Wortlautes des Art. 220 EGV spricht daher zunächst für das Vorhandensein der grundsätzlichen Möglichkeit auch eines anderen Verständnisses der im EGV vorhandenen Rechtsschutzmöglichkeiten des Einzelnen.

Problematisch an der Urteilsbegründung ist, daß der Gerichtshof zur Begründung seines Ergebnisses auf eine Rechtsprechung zurückgegriffen hat, deren Verständnis der Voraussetzung der individuellen Betroffenheit auf einen existierenden nationalen Umsetzungsakt basiert. Der Gerichtshof stützt seine ablehnende Begründung deshalb u.a. auf die Möglichkeit, daß die nationalen Rechtsordnungen – obwohl die streitigen Vorschriften unmittelbar anwendbar sind – trotzdem noch das Erfordernis eines nationalen Rechtsaktes begründen. Ob im konkreten Fall überhaupt eine solche Fallgestaltung vorgelegen hat, ist vom Gerichtshof nicht geklärt worden. Darüber hinaus sieht Art. 249 Abs. 2 EGV gerade kein Umsetzungserfordernis im Bereich des nationalen Rechts für Verordnungsvorschriften vor. Daraus folgt grundsätzlich, daß es Verordnungen gibt, welche keines Vollzugsaktes im nationalen Recht bedürfen und somit unmittelbar in materiell garantierte Rechte – zum Beispiel der Gemeinschaftsgrundrechte – eingreifen und deren Schutzwirkung verkürzen können.[86] Diese Verordnungen wirken gemäß Art. 249 Abs. 2 EGV unmittelbar in den Mitgliedstaaten und können so Rechte und Pflichten einzelner natürlicher und juristischer Personen begründen, ohne daß die vom EuGH herangezogene Möglichkeit eines Rechtsschutzes bereits auf der Ebene der Mitgliedstaaten besteht.

---

[85] dazu noch ausführlich Kapitel 5

[86] GA Jacobs, Slg. 2002 I-6681 ff. [Rn. 43]

Aus diesen Erwägungen folgt die Frage, ob die restriktive Auslegung des direkten Individualrechtsschutzes nach dem EGV durch den EuGH nicht mittlerweile inhaltlich überholt ist, obwohl sie keinen direkten Widerspruch zu dem Vertragstext darstellt. Wie der EuGH nämlich selbst in den hier diskutierten Urteilen ausgeführt hat, ist gerade nicht nur der Vertragstext Grundlage für eine Kontrolle des Handelns der Gemeinschaft, sondern auch das ungeschriebene Recht.[87] Damit sind vor allem die allgemeinen Rechtsgrundsätze sowie die Gemeinschaftsgrundrechte angesprochen. Diesen muß er im Rahmen seiner Kompetenz zur Wirksamkeit verhelfen. Es ist aber gerade zweifelhaft, ob dieser Aspekt in den oben dargestellten Urteilen ausreichend Beachtung findet. Die Begründung des Ergebnisses schwankt zwischen der einmal aufgestellten Maxime der Rechtsgemeinschaft einerseits und dem offenbar fehlenden Willen zur Erklärung der Zulässigkeit der Klage andererseits hin und her mit dem Versuch, sich nicht in Widersprüche zu verwickeln. Hinter dem Ergebnis mögen praktische Erwägungen gestanden haben[88], angesichts der Bedeutung, welche ein Gemeinschaftsgrundrecht jedoch aufweist, stellt sich die Frage der Legitimation praktischer Erwägungen. Auch wenn es sinnvoll sein kann, diese mitzudenken, so sollten sie aber nicht den Ausschlag geben. Zu fragen ist vielmehr, inwieweit der Gerichtshof bei seiner Abwägung die Aspekte, die für bzw. gegen einen unmittelbaren Rechtsschutz des Einzelnen gegen Verordnungen der EG sprechen, hinreichend gewürdigt und in einen nachvollziehbaren Einklang miteinander gebracht hat.

Ziel der vorliegenden Arbeit soll in diesem Zusammenhang nicht die Beantwortung der Frage sein, ob grundsätzlich auf das Erfordernis der individuellen Betroffenheit verzichtet werden kann oder sollte; denn schon mit Blick auf die verschiedenen nationalen Rechtsordnungen wird sich ein solches Ergebnis nicht rechtfertigen lassen können.

Unter Zugrundelegung des Erfordernisses einer über Art. 230 Abs. 2 EGV hinausgehenden Voraussetzung zur Beschränkung der Klagebefugnis gegen Normativakte für Personen des privaten Rechtes ist jedoch die grundlegende Frage aufzuwerfen, inwieweit die beiden vorstehend in Kapitel 1 dargestellten Urteile des EuGH noch der gesamten Rechtslage in der Europäischen Gemeinschaft im allgemeinen und dem Grundsatz der

---

[87] EuGH, Slg. 2002 I-6677 ff. [Rn. 38]; EuGH, EuZW 343 ff. [Rn. 36]

[88] Vgl. zum Aspekt der Überlastung des Gerichtshofes *Everling*, Stand und Zukunftsperspektiven, 40 ff. [48]; *Schwarze*, Rechtsschutz Privater, 927 ff. [946]; *Allkemper*, Rechtsschutz, S. 212 mwN

Effektivität des Rechtsschutzes im Besonderen in Einklang zu bringen sind. Deshalb wird zunächst in einem rechtsvergleichenden Teil der konkrete Inhalt des Gemeinschaftsgrundrechtes der Effektivität des Rechtsschutzes festzustellen sein. Im Anschluß daran sind sodann die Argumente des Gerichtshofes zu erörtern, mit denen er bereits die Möglichkeit eines anderen inhaltlichen Verständnisses bestreitet. Sollte man zu der entgegengesetzten Auffassung gelangen, wäre weiter zu diskutieren, ob nicht möglicherweise darüber hinaus eine Verpflichtung des Gerichtshofes in Bezug auf eine Änderung seiner Rechtsprechung besteht. Insbesondere gilt dies, wenn festgestellt werden sollte, daß die hier diskutierten Urteile in einem Mißverhältnis zu der übrigen Rechtsprechung des Gerichtshofes stehen.

B. Die vertraglichen Regelungen

Kern des Rechtsstreites ist somit das inhaltliche Verständnis sowie die konkrete Reichweite der Regelungen bzgl. des Rechtsschutzes nach dem EG-Vertrag. Für den Gerichtshof sind sie Grundlage (vgl. Art. 5 Abs. 1 EGV) und Ausgangspunkt seiner Rechtsprechung. Daher sollen die hier einschlägigen Regelungen zusammenfassend dargestellt werden.

Da die spanische Vereinigung eine Nichtigkeitsklage gegen die in Rede stehende Verordnung erhoben hat, ist zunächst Art. 230 Abs. 4 EGV zu erwähnen. Diese Vorschrift gestattet natürlichen und juristischen Personen den Zugang zur europäischen Gerichtsbarkeit, wenn sie sich gegen eine an sie ergangene Entscheidung oder gegen eine Entscheidung wenden, obwohl diese als Verordnung oder als eine an eine andere Person gerichtete Entscheidung ergangen ist, die sie unmittelbar und individuell betreffen. Nach Abs. 5 derselben Vorschrift ist eine solche Nichtigkeitsklage innerhalb von zwei Monaten zu erheben.

Des weiteren besteht nach Art. 234 Abs. 1 lit. b EGV grundsätzlich die Möglichkeit, inzident, d.h. im Rahmen eines Verfahrens, welches vor einem nationalen Gericht anhängig ist, die Unwirksamkeit einer Verordnung, auf die es im betreffenden Verfahren ankommt, nach Abs. 1 lit. b im Wege der Einrede geltend zu machen. Nach Art. 241 EGV ist dies auch nach Ablauf der in Art. 230 Abs. 5 EGV enthaltenen Frist noch möglich.
Art. 288 Abs. 2 EGV gewährt iVm Art. 235 EGV dagegen die Möglichkeit der Erlangung von Schadensersatz im Bereich der außervertraglichen Haftung, aufgrund des Verhaltens von Organen oder Bediensteten in Ausübung ihrer Amtstätigkeit verursacht worden ist.

Die Grundlage für diese konkreten Ausformungen unterschiedlicher Klage- und Zugangsmöglichkeiten zur europäischen Gerichtsbarkeit bildet die Generalklausel des Art. 220 EGV, welcher dem Gerichtshof in ganz allgemeiner Form aufgibt, bei der Auslegung und Anwendung des Vertrages das Recht zu wahren.

Im Verhältnis dazu bestimmt Art. 240 EGV die Zuständigkeit der nationalen Gerichte in Rechtsfragen, für die nach dem EGV keine Zuständigkeit des Gerichtshofes besteht und in denen die Gemeinschaft Partei ist.

Kapitel 3
Der Inhalt des Grundsatzes des effektiven Rechtsschutzes auf europäischer Ebene

Die Urteile vom 25.7.2002 und 1.4.2004 des Gerichtshofes stützen sich zur Begründung der ablehnenden Entscheidung nicht allein auf den Wortlaut der vertraglichen Regelungen. Vielmehr weist der Gerichtshof in diesen auch darauf hin, daß sich seine Befugnis zur Rechtsprechung aus dem EG-Vertrag ableitet. Damit ist die Beantwortung der Frage, ob und inwieweit der Gerichtshof Rechtsprechungsänderung auch im Bereich der Gemeinschaftsgrundrechte vornehmen darf, ohne dabei den Grundsatz der begrenzten Einzelermächtigung zu verletzen[89], letztlich davon abhängig, welcher Inhalt und welche Funktion dem Grundrecht des effektiven Rechtsschutzes auf der Ebene des Europäischen Gemeinschaftsrechtes zukommt, und wie sich dies auf das Vertragsrecht auswirkt.

Zur Klärung dieser Rechtsfrage ist es in einem ersten Schritt erforderlich, den konkreten Inhalt dieses Gemeinschaftsgrundrechtes zu ermitteln. In einem zweiten Schritt wird festzuhalten sein, wie sich der so gefundene, nicht vertraglich fixierte Inhalt zu den Vorschriften über den gemeinschaftlichen Rechtsschutz verhält.

A. Der Grundsatz der Effektivität des Rechtsschutzes auf der Ebene der Europäischen Gemeinschaft

Die grundsätzliche Existenz eines Gemeinschaftsgrundrechtes auf effektiven Rechtsschutz ist mittlerweile unstrittig anerkannt. Dies manifestiert sich in einer Reihe von Verlautbarungen unterschiedlicher Organe der Europäischen Gemeinschaft. Neben der ständigen Rechtsprechung des EuGH[90] zu diesem Gemeinschaftsgrundrecht gibt es eine Reihe von Erklärungen der anderen drei Gemeinschaftsorgane[91]. Die Akzeptanz dieses

---

[89] Vgl. Art. 5 EGV

[90] Vgl. hierzu ausführlich Kapitel 5 Punkt 4

[91] Gemeinsame Erklärung vom 5.4.1977, ABl. der EG 1977, Nr. C 103/1; Erklärung des Europäischen Rates vom 7./8.4.1978 in Kopenhagen, BullEG 3/1978, 5 f. [6]; Erklärung des EP vom 12.4.1989, ABl. der EG 1989 Nr. C 120, S. 52 ff. [Art. 9 Abs. 1, Abs. 3, 1. HS.]; Erklärung des Europäischen Rates (Minister für Ausw. Angelegenheiten) vom 28./29.6.1991 in Luxemburg, BullEG 6/1991, 7 ff. [17 f.]; Grundrechte-Charta vom 17.12.2000, ABl. 2000, C 364 vom 18.12.2000, S. 1 ff., *Grabitz/Hilf*, nach Art. 6 EUV; mit

Grundsatzes auf europäischer Ebene spiegelt sich auch jüngst in Art. 47 der Grundrechte-Charta wider, der in seinem Abs. 1 dem Einzelnen das Vorhandensein eines wirksamen Rechtsbehelfs zusichert. Diese Vorschrift findet sich nun im Entwurf "Vertrag über eine Verfassung für Europa" in Art. II-107 Abs. 1 wieder. Gemeinsam ist diesen Aussagen, daß sie sich außerhalb des geltenden geschriebenen EG-Vertragsrechtes befinden. Ihnen ist darüber hinaus der Anspruch gemein, sich aus den gemeinsamen Verfassungstraditionen sowie den Vorschriften der EMRK entnehmen zu lassen und aufgrund dieser rechtlichen Tradition die Gemeinschaftsorgane zu binden. Das heißt, diese vertragsfremden Vorschriften nehmen – bestätigt durch die Vorschrift des Art. 6 Abs. 2 EUV[92] – Einfluß auf den Inhalt und das Verständnis des Gemeinschaftsgrundrechtes.

Daher soll zunächst ein Blick auf die nationalen Rechtsordnungen geworfen werden, was aufgrund deren Fülle und wegen sprachlicher Barrieren nur exemplarisch und deswegen ohne Anspruch auf Vollständigkeit geschehen kann.

B. Der Grundsatz der Effektivität des Rechtsschutzes in den nationalen Rechtsordnungen

I. Deutschland

Ausgangspunkt für den Rechtsschutz in Deutschland ist die verfassungsrechtliche Vorschrift des Art. 19 Abs. 4 GG. Diese Bestimmung garantiert das Grundrecht der Effektivität des Rechtsschutzes.[93] Inwieweit diese Vorschrift dabei auch einen Rechtsschutz gegen den nationalen Gesetzgeber eröffnen will, wird jedoch nicht einheitlich bewertet: Die Differenzen betreffen dabei die Frage, inwieweit der Begriff des Rechtsweges zu verstehen sein soll. Nach der Rechtsprechung des BVerfG[94] umfaßt Art. 19

Kommentar in EuGRZ 2001; *Dorau*, Die Verfassungsfrage der Europäischen Union, S. 114 ff.

[92] Diese Vorschrift wurde durch den Amsterdamer Vertrag eingefügt und stellt eine Bestätigung der Rechtsprechung des EuGH dar; *Streinz* Rn. 47, *G/T/E*, Art. F [Rn. 23].

[93] BVerfGE 35, 382 ff. [401]; 55, 349 ff. [369]; *Pieroth / Schlink (21.A.)*; *Papier* in Isensee / Kirchhof, Handbuch des Staatsrechtes, § 154 Rn. 15

[94] BVerfGE 24, 33 ff. [49 ff.]; 24, 367 ff. [401]; 31, 364 ff. [367 f.]; bestätigt wohl auch durch das Urteil vom 30.4.2003, in dem das BVerfG ausführt: "[Die] Bedeutung der Gewährleistung bestehe vornehmlich darin, die "Selbstherrlichkeit" der vollziehenden

Abs. 4 GG keine Rechtsweggarantie gegen den parlamentarischen Gesetzgeber. Die Gesetzgebung gehöre nicht zur "öffentlichen Gewalt" im Sinne dieser Vorschrift. Die im Grundgesetz geregelten Verfahren, in denen das BVerfG die Vereinbarkeit förmlicher Gesetze mit dem Grundgesetz prüft, regelten diese die richterliche Prüfung abschließend und seien dabei selbst nicht als "Rechtsweg" im Sinne des Art. 19 Abs. 4 GG zu verstehen. Bei diesen Verfahren handele es sich vielmehr um außerordentliche Rechtsbehelfe, welche von der grundgesetzlichen Garantie nicht erfaßt seien.[95] Nach anderer Ansicht ist gerade der Rechtsbehelf der Verfassungsbeschwerde, welcher gemäß § 90 BVerfGG auch einen Rechtsbehelf gegen parlamentarische Gesetze eröffnet – und zwar unmittelbar vor dem BVerfG – die notwendige Schlußfolgerung aus Art. 19 Abs. 4 GG.[96]

Welcher der oben aufgezeigten Ansichten man sich auch immer anschließen mag, Tatsache ist die in Deutschland dem Grunde nach bestehende Möglichkeit, aufgrund der §§ 90 ff. BVerfGG im Wege der Gesetzesverfassungsbeschwerde, für die ausdrücklich der instanzliche Rechtsweg nicht eröffnet ist, vgl. § 90 Abs. 3 BVerfGG, Rechtsschutz gegen Gesetze direkt vor dem BVerfG zu erhalten.[97] Diese Möglichkeit steht jedem Bürger dem Grunde nach zu.

Aus Art. 19 Abs. 4 GG folgt auch die Garantie gerichtlichen Rechtsschutzes bei untergesetzlichem normativen Unrecht.[98] Dementsprechend eröffnet § 47 Abs. 1 S. 1 VwGO den Rechtsweg zum OVG bzw. VGH[99] bei Satzungen und Rechtsverordnungen des BauGB bereits bundesgesetzlich. Anders sieht es dagegen bei sonstigen Rechtsvorschriften der Exekutive aus. Hier richtet sich die Eröffnung des Rechtsweges zu den Verwaltungsgerichten nach Abs. 1 Nr. 2 und liegt somit im Kompetenzbereich der Länder, welche eine Rechtsschutzmöglichkeit des Einzelnen im Rah-

---

Gewalt im Verhältnis zum Bürger zu beseitigen." NJW 2003, 1924 ff. [1925]; vgl. auch BAGE 64, 315 ff. [326]

95 BVerfGE 18, 315 ff. [325]; 49, 252 ff. [258]; 79, 365 ff. [367]; *Sachs* Art. 93 GG Rn. 68

96 In diese Richtung gehend, aber insoweit nicht eindeutig BVerwG, NVwZ 1990, 162 ff. [163]; offengelassen in der Entscheidung BVerwGE 80, 355 ff. [361]; *Schenke*, Verwaltungsprozeßrecht; Dreier GG Art. 19 IV Rn. 36, 40

97 Vgl hierzu auch *Bernhardt*, Problèmes liés à l'établissement, Bulletin des Communautés européennes, Supplément 5/76, S. 35

98 Vgl. BVerwGE 80, 355 ff. [361], worin klargestellt wird, daß die Rechtsprechung des BVerfG betreffenden der Ausnahme hinsichtlich des Gesetzgebers jedenfalls nicht für untergesetzliches Recht gilt. Offengelassen in BVerfGE 31, 364 [368]. S. auch *Kopp/Schenke* § 47 [Rn. 7]

99 § 184 VwGO

men einer Normenkontrollklage gegen Normen der Exekutive vorsehen können, aber eben nicht müssen.[100] Von daher fehlt es an einer Rechtsschutzmöglichkeit in dem Fall, in dem das betreffende Bundesland von der Ermächtigung des § 47 Abs. 1 Nr. 2 VwGO nicht Gebrauch gemacht hat. Darüber hinaus existiert auf Bundesebene ebenfalls keine vergleichbare Vorschrift hinsichtlich des Rechtsschutzes gegen untergesetzliche Normen des Bundes.[101] Die sich hieraus zunächst ergebende Rechtsschutzlücke wird bei sog. nicht vollziehbaren Normen[102] durch die Feststellungsklage geschlossen[103] – trotz der Auffassung des BVerfG, Art. 19 Abs. 4 GG verlange nicht zwingend die Einführung einer prinzipalen Normenkontrolle.[104]

II. Italien

Neben Deutschland besitzt unter anderem Italien eine ausgeprägte Verfassungsgerichtsbarkeit. Die Zuständigkeiten der Corte Costituzionale richten sich nach Art. 134 der italienischen Verfassung. Danach gibt es in Italien aber im Gegensatz zu Deutschland keine Möglichkeit für den einzelnen Bürger, das Verfassungsgericht direkt anzurufen. Dies geschieht vielmehr ausschließlich im Rahmen eines vor einem Instanzgericht anhängigen Verfahrens, während dessen Verlaufes eine Vorlage an die Corte Costituzionale möglich ist (indirekte Verfassungsbeschwerde).[105]

Dagegen ist im Falle des Rechtsschutzes gegen Maßnahmen der Exekutive der Rechtsweg nach Art. 24 Abs. 1 und Art. 113 Abs. 1 der

---

100 So haben Bayern, Baden-Württemberg, Brandenburg, Bremen, Mecklenburg-Vorpommern, Rheinland-Pfalz, Saarland, Sachsen, Sachsen-Anhalt, Thüringen, Hessen, Niedersachsen und Schleswig-Holstein eine Normenkontrolle durch Landesgesetz eingeführt. Nicht umgesetzt wurde sie dagegen in Nordrhein-Westfalen, Berlin und Hamburg; vgl. *Kopp/Schenke* § 47 Rn. 23.

101 *Kopp/ Schenke* § 47 Rn. 5

102 Bei Normen, die noch eines Vollzugsaktes bedürfen, bedarf es keiner Rechtswegeröffnung direkt gegen die dem Rechtsakt zugrundeliegende Norm, da hier der erforderliche Rechtsschutz bereits aufgrund der Rechtswegeröffnung gegen den Vollzugsakt und der damit verbundenen Inzidentkontrolle gewährt wird; vgl. *Eyermann*, § 47 Rn. 2

103 *Hufen* § 19 Rn. 5, der die noch bestehenden Einschränkungen der Normenkontrolle als aus verfassungsrechtlicher Sicht bedenklich bezeichnet; vgl. auch *Kopp/Schenke* § 7 Rn. 8

104 BVerfGE 31, 364 ff. [370]; so auch *Redeker* § 47 Rn. 3; vgl. zu dem gesamten Problemkomplex *Schenke*, Rechtsschutz

105 *Bernhardt*, Problèmes liés à l'établissement. Bulletin des Communautés européennes, Supplément 5/76, S. 40; zu den Voraussetzungen *Riz/Happacher Brezinka* [S. 227 ff.]

italienischen Verfassung zu den ordentlichen Gerichten oder zu den Verwaltungsgerichten immer zugelassen zum Schutz von (subjektiven) Rechten und legitimen Interessen. Das heißt vor allem, das italienische Recht trifft lediglich eine Unterscheidung zwischen formellen Gesetzen und ihnen gleichgestellten Normen einerseits und Maßnahmen der Exekutive andererseits, nicht jedoch zwischen Einzelakten und Normen der Verwaltung.[106] Einzig problematisch ist die Frage der Überprüfung der Verfassungswidrigkeit einer Rechtsverordnung. Der Corte Costituzionale kann durch den Einzelnen nicht angerufen werden, das heißt, die Verfassungswidrigkeit einer Rechtsverordnung muß grundsätzlich im konkreten Verfahren vor dem Instanzgericht einredeweise geltend gemacht werden, damit dieses dann das Problem dem Verfassungsgerichtshof vorlegen kann. Zwar prüft dieser grundsätzlich nur Gesetze. Die herrschende Rechtsauffassung in Italien tendiert aber dazu, hinsichtlich der Frage der Verfassungswidrigkeit ein Prüfungsmonopol der Corte anzunehmen, so daß die Lösung in einer Vorlage des zum Erlaß der Rechtsverordnung ermächtigenden Gesetzes gesucht wird.[107]

III. Österreich

Die Bundesrepublik Österreich verfügt ebenfalls über eine Verfassungsgerichtsbarkeit. Der Verfassungsgerichtshof (vgl. Art. 137 ff. Bundes-Verfassung) besitzt einen weiten Rahmen an Zuständigkeiten. In diesen Bereich fallen dabei sowohl die Kontrolle von Gesetzen als auch die von Verordnungen oder Bescheiden.

Hinsichtlich der Kontrolle von Gesetzen ist auch die Möglichkeit des Individualantrages durch eine Person des privaten Rechtes vorgesehen, Art. 140 S. 4. Danach kann jede Person Gesetze anfechten, wenn sie unmittelbar durch die Verfassungswidrigkeit des Gesetzes in ihren Rechten verletzt zu sein behauptet, sofern dieses ohne gerichtliche Entscheidung oder Erlaß eines Bescheides ihr gegenüber für sie wirksam geworden ist.[108] Unter den gleichen Voraussetzungen kann ein Antrag auf Überprüfung der Gesetzmäßigkeit einer Verordnung eingereicht werden, Art. 139, 139a S. 1 a.E.[109]

---

[106] *Wegmann*, Nichtigkeitsklage, S. 209 f.
[107] a.a.O., S. 211
[108] Vgl. Posch, S.42
[109] a.a.O., S. 41 f.

IV. Irland

In Irland besteht eine materielle Bindung des Staates selbst wie aller staatlichen Organe, einschließlich der Exekutive, der Legislative und der Judikative an die Verfassung. Prozeßrechtlich wird daraus gefolgert, daß die Entscheidung, welche der Regelung des irischen Gemeinwohls dienen, nicht allein dem Ermessensspielraum der Exekutive überlassen werden kann. Sie ist auch der richterlichen Kontrolle unterworfen[110], welche dem Prinzip der checks and balances gerecht werden muß.[111] Dies ergibt sich aus Art. 34 § 3 Nr. 2 der irischen Verfassung, die dem High Court und dem Supreme Court die Befugnis überträgt, darüber zu entscheiden, ob ein Gesetz im Einklang mit der Verfassung besteht.[112]

Nicht vorgesehen ist dagegen das Klagerecht eines Einzelnen direkt gegen ein Gesetz des irischen Parlamentes. Letzteres ist Folge daraus, daß Irland vom Ursprung her dem Rechtssystem des Common Law[113] angehört[114], welchem die Normenkontrolle fremd ist.[115] Daher wurde früher durch die Gerichte nur eine inzidente Normenkontrolle durchgeführt. In den 60er Jahren dagegen begannen die beiden irischen Obergerichte, Klagen auch dann zuzulassen, wenn sich diese direkt gegen ein Parlamentsgesetz (statute) mit der Behauptung wandten, das Gesetz würde die Kläger in ihren Verfassungsrechten verletzen.[116] Es wurde für ausreichend angesehen, daß die Kläger sich durch das jeweils angegriffene Gesetz ernsthaft in ihren Rechten beeinträchtigt fühlten, ohne (!) daß eine unmittelbare Beschwer vorlag oder behauptet wurde. Der Vertreter des Staates stellte die Zulässigkeit auch nicht in Abrede.[117] Mittlerweile gilt diese richterrecht-

---

110 *Walsh*, Bestand und Bedeutung der Grundrechte in Irland, EuGRZ 1978, 446 ff. [446 f.]

111 *Byrne/McCutcheon*, The Irish Legal System, S. 22

112 *Byrne / McCutcheon*, The Irish Legal System, S. 549 f.

113 Ein kurzer Überblick zum System des Common Law in Irland findet sich auch in *Grimes/Horgan*, Introduction to Law, S. 101 ff.

114 *Byrne/McCutcheon*, The Irish Legal System, S. 4 f.

115 *Boldt*, Normenkontrolle im Verfassungsrecht der Republik Irland, JöR N. F. Bd. 19, 229 ff. [249]; vgl. dazu ferner die Rechtslage in Großbritannien

116 Sowohl in den Fällen O'Donovan v. Attorney General als auch Ryan v. Attorney General wurde in der Sache entschieden, die Klagen damit von beiden Obergerichten als zulässig erachtet. Eine kurze Darstellung der Fälle findet sich in *Byrne/McCutcheon*, The Irish Legal System, S. 568 f. (O'Donovan v. Attorney General) und S.585 (Ryan v. Attorney General)

117 vgl. *Boldt*, Normenkontrolle im Verfassungsrecht der Republik Irland, JöR N. F. 19, 229 ff. [247]

lich entwickelte Möglichkeit als "a common method".[118] Eine richterrechtlich entwickelte selbständige Klagebefugnis, die sich unmittelbar gegen den Gesetzgeber richtet[119], ermöglicht daher dem einzelnen Betroffenen die Normenkontrolle. Konsequenz ist die Ausweitung des prozessualen Schutzes von Privatrechtssubjekten gegen den Gesetzgeber.

Was die Frage der gerichtlichen Angreifbarkeit von Exekutivakten durch den Einzelnen betrifft, so steht ein sog. "certiorari"[120] gegen jedes Verhalten jedes Exekutivorganes zur Verfügung. Das heißt folglich auch, daß Normen der Exekutive ebenfalls nicht von der gerichtlichen Kontrolle ausgeschlossen werden. Während die Prüfung der Verfassungsmäßigkeit nachkonstitutioneller Gesetze dem High Court und dem Supreme Court vorbehalten sind, besteht hinsichtlich der Überprüfbarkeit der Rechtswidrigkeit exekutiver Normen die Möglichkeit, diese auch durch die Untergerichte feststellen zu lassen.[121]

V. Spanien

Art. 24 Abs. 1 der spanischen Verfassung gewährleistet allen Personen das Recht auf wirksamen Schutz durch Richter und Gerichte bei der Wahrnehmung ihrer legitimen Rechte und Interessen (tutela efectiva). Dieser Schutz kann gegebenenfalls bei Erfüllung der einschlägigen Voraussetzungen des VerfGG (ley organico del Tribunal Constitucional) auch auf dem Wege einer Verfassungsbeschwerde (recurso de amparo) gesucht werden, wenn die Verletzung der individuellen Bürgerrechte und -freiheiten geltend gemacht wird.[122] Durch diese Rechte findet eine (materielle) Bindung der drei Gewalten an die Verfassung statt.[123]

---

[118] *Byrne/McCutcheon*, The Irish Legal System, S. 553; vgl. zu der Entwicklung in der Rechtsprechung *Boldt*, Normenkontrolle im Verfassungsrecht der Republik Irland, JöR N. F. Bd. 19, 229 ff. [249 ff.]

[119] vgl. hierzu auch *Bernhardt*, Problèmes liés à l'établissement, Bulletin des Communautés européennes, Supplément 5/76, S. 40

[120] Bei dem "certiorari" handelt es sich um eine Form des "writ". Hierbei handelt es um einen an ein unteres Gericht adressierter Befehl des High Court und des Supreme Court, ihm die Akten zur Überprüfung des Falles vorzulegen. Vgl. dazu näher *Wegmann*, Nichtigkeitsklage, S. 218, 222

[121] *Wegmann*, Nichtigkeitsklage, S. 222

[122] *Adomeit/Frühbeck*, Einführung in das spanische Recht, S. 39

[123] *Schiller*, Wirtschafts- und Sozialordnung, RIW/AWD 1979, 242 ff. [245]; *Weber*, Die Spanische Verfassung von 1978, JöR N. F. 29 (1980), 209 ff. [221]

Prozessual heißt dies, eine mögliche Verletzung der in Art. 161 Abs. 1b der Spanischen Verfassung genannten Rechte gegen Akte der öffentlichen Gewalt kann nach Erschöpfung des Rechtsweges unter Einhaltung der Frist- und Formvorschriften geltend gemacht werden.[124] Der recurso de amparo stellt jedoch kein selbständiges Verfahren dar, auf das direkt zurückgegriffen werden könnte, sondern ergänzt nur den Schutz der rechtsprechenden Gewalt.[125] Insbesondere werden durch diesen Rechtsbehelf nach Art. 43 VerfGG keine prozessualen Möglichkeiten eröffnet, unmittelbar die Unvereinbarkeit von Gesetzen geltend zu machen.[126] Für den Rechtsschutz des Einzelnen hinsichtlich der Geltendmachung einer möglichen Rechtsverletzung bedeutet diese Einschränkung aus prozessualer Sicht, daß es, um ihm die Möglichkeit der Überprüfung eines Gesetzes zu eröffnen, immer als ersten Schritt eines konkreten Rechtsstreites vor einem Instanzgericht bedarf. In Spanien wird eine nicht unmittelbare Gesetzesüberprüfung somit als mit dem verfassungsrechtlich garantierten Recht auf effektiven Rechtsschutz vereinbar und ausreichend angesehen. Rechtsverordnungen sind dagegen ohne weiteres vor der Verwaltungsgerichtsbarkeit anzufechten.[127]

VI. Portugal

Das portugiesische Rechtssystem kennt sowohl eine Verfassungsgerichtsbarkeit als auch das System des Ombudsmannes als Ergänzung des Petitionsrechtes. Aus dem Vorhandensein einer Verfassungsgerichtsbarkeit ergibt sich die Möglichkeit der Erhebung einer Verfassungsbeschwerde. Gem. Art. 280 Abs. 1 lit. b) der portugiesischen Verfassung ist dies aber nur dann möglich, wenn im Rahmen eines konkreten Anwendungsfalles ein Gericht die Anwendung einer Norm mit der Begründung verweigert, diese sei verfassungswidrig. Denn grundsätzlich obliegt der Schutz des Einzelnen und seinen durch die Verfassung gewährleisteten grundrechtlichen Positionen den Gerichten, die auch über die Frage der Verfassungswidrigkeit zu befinden haben (Art. 202 Abs. 2 port. Verfassung). Daraus

---

[124] *Faller*, Das spanische Verfassungsgericht, JöR N. F. 29 (1980), 279 ff. [289]; Art. 44 VerfGG: "... que hayan agotado todos los recursos utilizables dentro de la vía judicial", zit. nach Adomeit/Frühbeck, Einführung in das spanische Recht, S. 39

[125] *Cruz Villalón*, Zwei Jahre Verfassungsrechtsprechung, ZaöRV 43 (1983), 70 ff. [90]

[126] *Faller*, Das spanische Verfassungsgericht, JöR N. F. 29 (1980), 279 ff. [289]

[127] *Ibán*, Spanisches Recht, S. 136

resultiert auch, daß der Verfassungsausschuß dann nicht angerufen werden kann, wenn ein Gericht eine Norm zu Unrecht als verfassungskonform angewandt hat.[128]

VII. Dänemark

Die dänische Gerichtsbarkeit ist im Gegensatz etwa zur deutschen, österreichischen oder spanischen nicht in unterschiedliche Zuständigkeiten unterteilt, sondern gekennzeichnet durch eine einheitliche Gerichtsorganisation. Es gibt lediglich einen Rechtsweg, auf dem jede Streitigkeit geltend gemacht werden kann, gleich welcher Rechtsnatur sie ist. Dieser Rechtsweg ist mittlerweile auch für die Geltendmachung möglicher Rechtsverletzungen durch den Gesetzgeber für den einzelnen Bürger eröffnet. Dazu gehört auch ein richterliches Normenkontrollrecht, welches weder gesetzlich noch durch die Verfassung verboten ist. Es ist allerdings auch nicht explizit vorgesehen. Es kann aber seit 1921 als anerkannt bezeichnet werden und beruht auf gerichtlicher Praxis.[129] Dabei werden aufgrund des Fehlens einer eigenständigen Verfassungsgerichtsbarkeit die richterliche Überprüfung der Verfassungsmäßigkeit von Gesetzen sowie sonstiger Vorschriften genereller Art im Prinzip von jedem Gericht ausgeübt.[130] Es ist für den Einzelnen möglich, im Falle des erforderlichen rechtlichen Interesses, welches konkret und aktuell sein muß[131], die Verfassungsmäßigkeit eines Gesetzes in einem selbständigen Verfahren ähnlich einer Feststellungsklage geltend zu machen ("et anerkendelsesspørgsmål"). Allerdings gehört es nicht zu der Befugnis der Gerichte, das verfassungswidrige Gesetz aufzuheben; es wird lediglich im konkreten Fall nicht angewandt.[132] Auch Rechtsnormen der Exekutive unterliegen der gerichtlichen Kontrolle. Nach Art. 63 der dänischen Verfassung überprüfen die Gerichte jede

---

128 Vgl. zum Ganzen *Thomashausen*, EuGRZ 1981, 1 ff. [11]

129 *Bernhardt*, Problèmes liés à l'établissement, Bulletin des Communautés européennes, Supplément 5/76, S. 32; *Feger*, Die Grundrechte in den übrigen Mitgliedstaaten der EG, Jura 1987, 6 ff. [8]; vgl. auch *Dübeck*, Einführung in das dänische Recht, S. 65 f.

130 *Lorenzen*, EuGRZ 1976, 468 ff. [470]; *Bernhardt*, Problèmes liés à l'établissement, Bulletin des Communautés européennes, Supplément 5/76, S. 32

131 *Hofmann*, Der Oberste Gerichtshof Dänemarks, EuGRZ 1999, 1 ff. [2]; anders dagegen in dem Verfahren zum Zustimmungsgesetz zum Amsterdamer Vertrag, in dem der Gerichtshof ausdrücklich von dem individuellen Betroffensein der Kläger abgerückt ist und ein wesentliches Interesse genügen ließ, da das Gesetz insgesamt von grundlegender Bedeutung für das dänische Volk sei, a.a.O. [1 f.]

132 Vgl. *Lorenzen*, EuGRZ 1976, 468 ff. [470]

die Grenzen der Befugnis der Obrigkeit betreffende Frage. Die hierbei vorhandenen Ausnahmen sind aufgrund der gerichtlichen Praxis nicht von Bedeutung. Des weiteren können Maßnahmen der Verwaltung, welche verfassungsrechtlich garantierte Freiheitsrechte berühren, grundsätzlich einer gerichtlichen Kontrolle nicht entzogen werden. Aus dieser allgemeinen Formulierung wird auch deutlich, daß eine Unterscheidung zwischen Verwaltungsakt einerseits und Normativakten der Exekutive nicht stattfindet.[133] Inhalt der gerichtlichen Überprüfung ist eine umfassende Rechtswidrigkeitskontrolle, wenn der Kläger erfolgreich geltend machen kann, ein rechtliches Interesse an der Aufhebung der Norm zu haben.[134]

VIII. Schweden

Ähnlich ist die Rechtslage in Schweden. Auch hier wurde das Recht der Gerichte und anderer übergeordneter Prüfungsinstanzen hinsichtlich der Überprüfung parlamentarischer Gesetze nicht explizit in der Verfassung festgehalten. Es ist aber in den travaux préparatoires des Verfassungstextes anerkannt worden.[135]

IX. Finnland

In Finnland dagegen findet die Kontrolle der Gesetze durch das Parlament selber statt. Die Gerichtsbarkeit in Finnland unterteilt sich in die ordentliche Gerichtsbarkeit und die Verwaltungsgerichtsbarkeit und weist grundsätzlich drei mögliche Instanzen auf. Selbst dem Supreme Court und dem Supreme Administrative Court ist es nicht erlaubt, die Vereinbarkeit eines Gesetzes mit den Grundrechten des einzelnen zu überprüfen.[136] Es findet lediglich eine Überprüfung der Rechtshandlungen der Exekutive statt, welche nicht gegen Maßnahmen des Parlamentes verstoßen dürfen.[137] Die Kontrolle hinsichtlich der Vereinbarkeit der zu erlassenden Gesetze mit der Verfassung findet im Rahmen einer abstrakten und präventiven

---

133 *Wegmann*, Nichtigkeitsklage, S. 215
134 a.a.O, S. 215 f.
135 *Strömholm*, S. 56
136 *Uotila*, Finnish Legal System, S. 41
137 *Pöyhönen*, S. 44, 19

Kontrolle durch das "Parliament's Committee for Constitutional Law" statt.[138]

X. Belgien

In Belgien richtet sich der Rechtsschutz des Einzelnen gegen die Exekutive, von deren Seite in erster Linie Eingriffe in geschützte Rechtspositionen erwartet werden, da diese näher am einzelnen Bürger ist.[139] Der Schutz seiner Rechte ist danach in die Hände des Gesetzgebers gelegt, welcher diese aufgrund eigener Initiative interpretieren kann, ohne irgendeiner ihn begrenzenden Kontrolle unterworfen zu sein.[140] Bis 1974 war es ständige Rechtsprechung der Gerichte, daß ihnen keine Befugnis zustände, die Verfassungsmäßigkeit der Gesetze und Verordnungen mit Gesetzeskraft zu überprüfen. Dies sei alleinige Sache der gesetzgebenden Gewalt, welche in ihrem Bereich souverän ist.[141] Danach schien sich die Auffassung durchzusetzen, eine solche gerichtliche Kontrolle sei doch möglich.[142] Der Gesetzgeber reagierte darauf, indem er eine gerichtliche Kontrolle der Gesetze und Dekrete durch die Gerichtshöfe und Gerichte hinsichtlich deren Verfassungsmäßigkeit verbieten ließ.[143] Damit sind weder die Cour de Cassation noch die Instanzgerichte Richter über die Verfassungsmäßigkeit von Gesetzen.[144] Das belgische Recht geht sogar noch einen Schritt weiter und stellt ein derartiges Vorgehen eines Richters, würde dieser die Verfassungsmäßigkeit überprüfen, nach Art. 237 Code pénal unter Strafe.[145]

---

138 Vgl. hierzu a.a.O. S. 40 ff.

139 vgl. zu den unterschiedlichen Kontrollmöglichkeiten *Meeùs/Velu*, EuGRZ 1981, 66 ff. [70 ff.]

140 *Bernhardt*, Problèmes liés à l'établissement, Bulletin des Communautés européennes, Supplément 5/76, S. 30 ff.

141 *Meeùs/Velu*, EuGRZ 1981, 66 ff. [72]; *von Mangoldt*, Staatsreform in Belgien, ZaöRV 32, 1 ff. [4 f.]

142 *GA Ganshof van der Meersch*, Journal des Tribunaux, 1974, S. 564 f.

143 *Meeùs/Velu*, EuGRZ 1981, 66 ff. [72]

144 *Bernhardt*, Problèmes liés à l'établissement, Bulletin des Communautés européennes, Supplément 5/76, S. 30 ff.

145 Die Vorschrift lautet: "Seront punis d'un emprisonnement d'un mois à deux ans, d'une amende de cinquante francs à cinq cents francs, et pourront être condamnés à l'interdiction, pendant cinq ans à dix ans, des droits mentionnés aux trois premiers numéros de l'article 31: [les membres et membres assesseurs des cours et tribunaux, les officiers de la police judiciaire] qui se seront immiscés dans l'exercice du pouvoir législatif, soit par des règlements contenant des dispositions législatives, soit en arrêtant ou suspendant l'exécution d'une ou de plusieurs lois, soit en délibérant sur le point de savoir si ces lois seront exécu-

Hinsichtlich des Rechtsschutzes des Einzelnen gegen Normativakte der Exekutive ist anzumerken, daß dieses dem italienischen System als Vorbild gedient hat und insofern auf dieses verwiesen werden kann. Nach Art. 107 der belg. Verfassung hat jedes Gericht die Befugnis und die Pflicht zu überprüfen, inwieweit die anzuwendende Verordnung mit Verfassung und Gesetz vereinbar ist.[146] Da den ordentlichen Gerichten aber die Befugnis fehlt, Exekutivmaßnahmen für nichtig zu erklären, muß im Falle einer Klage gegen eine Rechtsverordnung der Rechtsweg zum Conseil d'État beschritten werden. Dieser Rechtsweg steht dem Kläger offen, wenn er ein legitimes, persönliches, aktuelles und unmittelbares Interesse an der Nichtigerklärung der Rechtsverordnung hat. Das heißt auch, die Norm muß auf den Kläger auch anwendbar sein.[147] Eine eigenständige Verfassungsgerichtsbarkeit existiert in Belgien nicht. Darüber hinaus ist die Besonderheit zu vermerken, daß die verwaltungsgerichtliche Abteilung des Conseil d'État nicht der Judikative, sondern der Exekutive zugerechnet wird.[148]

XI. Luxemburg

Auch in Luxemburg obliegt der Schutz der Grundrechte der Legislative. Die Verfassung beschränkt das Kontrollrecht der Gerichte auf nachgeordnetes Recht (Art. 95 lux. Verfassung). Eine Überprüfung von Gesetzen ist damit nicht vorgesehen. Art. 237 des Code Pénal stellt eine Gesetzeskontrolle durch den Richter wie in Belgien unter Strafe. Es gibt zwar die Möglichkeit des Conseil d'État, während des laufenden Gesetzgebungsverfahrens entsprechende Bedenken zu äußern. Dies bewirkt aber lediglich eine zeitliche Verzögerung, ohne den Erlaß des in Rede stehenden Gesetzes verhindern zu können.[149] Darüber hinaus sind normative Akte dem sog. "recours en annulation" grundsätzlich entzogen, so daß ausschließlich Einzelentscheidungen zur gerichtlichen Überprüfung gelangen. Selbst im Falle der inzidenten Überprüfung einer Norm im Rahmen eines

---

tée; [les membres et membres assesseurs des cours et tribunaux, les officiers de la police judiciaire] qui auront excédé leur pouvoir en s'immisçant dans les matières attribuées aux autorités administratives, soit en faisant des règlements sur matières, soit en défendant d'exécuter les ordres émanés de l'administration." Text entnommen aus: Les Codes Larcier, Tome II

146 *Meèus/ Velu*, EuGRZ 1981, 66 ff. [72]

147 *Wegmann*, Nichtigkeitsklage, S. 213

148 a.a.O.

149 *Feger*, Die Grundrechte in den übrigen Mitgliedstaaten der EG, Jura 1987, 6 ff. [11 f.]

anhängigen Gerichtsverfahrens wird deren Existenz nicht berührt.[150] Dementsprechend sind in Luxemburg wie in Belgien keine entsprechenden Rechtsschutzverfahren für den einzelnen Bürger vorgesehen.

XII. Niederlande

In den Niederlanden ist die Besonderheit zu beachten, daß den Grundrechten innerhalb der Rechtsordnung kein besonderer Status zugebilligt wird. Damit hängt der Grundrechtsschutz von der Ausgestaltung durch ein formelles Gesetz ab. Während untergesetzliche Vorschriften am Maßstab der Verfassung geprüft werden können, gilt wegen Art. 120 der niederländischen Verfassung jedoch ein Verbot der gerichtlichen Überprüfung formellen Gesetzesrechtes.[151] Der Schutz der Grundrechte liegt statt dessen in den Händen der beiden Kammern des Parlamentes.[152]

Auch gegen Rechtsnormen der Exekutive besteht kein Rechtsschutz.[153] Dieser existiert lediglich gegenüber den im deutschen Recht den Verwaltungsakten entsprechenden "beschikkingen". Das Fehlen einer direkten Rechtsschutzmöglichkeit führt im niederländischen Recht sogar soweit, daß die Einrede der Rechtswidrigkeit einer Norm erst im Rahmen eines Strafverfahrens erhoben werden kann, welches gegen den einzelnen wegen Nichtbefolgung der behördlichen Anordnung angestrengt wird.[154]

XIII. Frankreich

Die französische Rechtslage ist geprägt vom Selbstverständnis des Parlamentes sowie des französischen Staates und der damit verbundenen Stellung des Conseil Constitutionnel im konstitutionellen Gefüge der Fünften Republik. Zentraler Punkt ist das Verständnis des französischen Staates als eine parlamentarische Demokratie, die bestimmt ist von der Volkssouveränität. Ein Gericht, das in der Lage wäre, diese Souveränität zu kontrollieren, war nach französischer Vorstellung schlichtweg unvereinbar.[155] Es hat

---

150 *Wegmann*, Nichtigkeitsklage, S. 214

151 *Simons*, EuGRZ 1978, 450 ff. [451]

152 *Feger*, Die Grundrechte in den übrigen Mitgliedstaaten der EG, Jura 1987, 6 ff. [12]

153 *Wegmann*, Nichtigkeitsklage, S. 214

154 a.a.O.

155 vgl. *Ehrmann*, Die Entwicklung der Verfassungsgerichtsbarkeit im Frankreich, 373 ff. [375]; ausführlich zur historischen Entwicklung *Bauer*, Verfassungsgerichtlicher Grundrechtsschutz, S. 27 ff.

seine Zeit gebraucht, bis sich der Conseil Constitutionnel überhaupt zu einer – materiellen – Überprüfung von Parlamentsgesetzen am Maßstab der Grundprinzipien und Grundfreiheiten[156] des französischen Rechtes durchringen konnte.[157] Bis zu der betreffenden Entscheidung vom 16.7. 1971[158] ging es in der Spruchpraxis vor allem um die Abgrenzung der Befugnisse der Legislative gegenüber denen der Exekutive.[159]

Mit der richterrechtlichen Ausdehnung der materiellen Prüfungsbefugnisse des Conseil Constitutionnel hat sich aber für den einzelnen Bürger hinsichtlich seiner prozessualen Möglichkeiten nichts geändert. Es gilt weiterhin, daß ausschließlich der Staatspräsident, die Präsidenten des Senats oder der Nationalversammlung oder mindestens 60 Abgeordnete aus einer der beiden Kammern diesen zwecks Überprüfung eines Gesetzes anrufen können[160] und auch nur solange, wie dieses noch nicht verabschiedet worden und in Kraft getreten ist (vgl. Art. 61 CF). Der Einzelne kann somit nicht gegen ein Parlamentsgesetz vorgehen. Hintergrund für diese rechtliche Situation ist die Annahme, ein mit parlamentarischer Mehrheit beschlossenes Gesetz entspreche dem Mehrheitswillen des Volkes. Der Einzelne, welcher diese Souveränität durch Wahlen ausübe und dementsprechend das Mandat erteilt habe, erlange ausreichenden Schutz wiederum durch die Wahlen und könne auf diese Art und Weise die Parlamentsmehrheit in seinem Sinne beeinflussen.[161] Trotzdem ist das gänzliche Fehlen einer Kontrolle bereits verkündeter Gesetze im französischen Schrifttum auf Kritik gestoßen und als mit rechtsstaatlichen Grundsätzen nicht vereinbar bewertet worden.[162]

Allerdings ist auch in Frankreich die Möglichkeit der gerichtlichen Kontrolle des Gesetzgebers nicht ganz auf Ablehnung gestoßen. Anfang der 70er Jahre sind Entwürfe in die Assemblée eingebracht worden, die die Schaffung einer Cour suprême constitutionelle vorsahen[163], sich aber im

---

[156] zum Begriff der "Grundfreiheiten" anstelle der Verwendung des Begriffes "Grundrechte" siehe *Gehlert*, Schutz der Grundfreiheiten, S. 8 f.

[157] *Ehrmann*, Die Entwicklung der Verfassungsgerichtsbarkeit im Frankreich, 373 ff. [379 ff]; *Autexier*, Der neue Conseil Constitutionnel, 89 ff. [100]

[158] Hierzu *Bauer*, Verfassungsgerichtlicher Grundrechtsschutz, S. 56 ff.

[159] *Ehrmann*, Die Entwicklung der Verfassungsgerichtsbarkeit im Frankreich, 373 ff. [374]

[160] *Hübner/Constantinesco*, S. 69

[161] *Ress*, Der Conseil Constitutionnel, 121 ff, [169, 171]; dahingehend auch *Autexier*, Der neue Conseil Constitutionnel, 89 ff. [93]

[162] *Bauer*, Verfassungsgerichtlicher Grundrechtsschutz, S. 239 f. mwN

[163] Vgl. hierzu *Ress*, Der Conseil Constitutionnel, 121 ff. [170 ff.]

Ergebnis nicht durchsetzen konnten. Argument für die Schaffung einer solchen Cour in Verbindung mit der Einführung einer Art Verfassungsbeschwerde war allerdings nicht, daß die französische Verfassung einen solchen Schritt aus rechtlicher Sicht forderte. Ansatzpunkt war vielmehr, der Gesetzgeber müsse trotz der "Unfehlbarkeit der volonté générale" die Verfassung als grundlegende Norm beachten.[164] Diesem Ziel sollte die Verstärkung der Normenkontrolle durch den einzelnen Bürger sowohl betreffend bereits in Kraft getretener als auch erst verkündeter Gesetze dienen.[165]

Ebenfalls nicht durchsetzen konnte sich das 1990 in Gang gesetzte Reformvorhaben, wonach der Wortlaut des Art. 61 frz. Verfassung dahingehend geändert werden sollte, daß dem einzelnen Bürger in einem laufenden Verfahren die Möglichkeit der Erhebung der Einrede der Verfassungswidrigkeit eines Gesetzes gegeben werden sollte.[166] Ursprünglich war an dem bisherigen System die Kritik geübt worden, der Bürger dürfe durch die Staatsorgane nicht bevormundet werden.[167] Die Frage nach dem verfassungsrechtlichen Erfordernis ist dagegen nicht aufgeworfen worden. Dementsprechend wurden hinsichtlich der Ablehnung des Projektes ebenfalls keine rechtlichen Argumente vorgebracht. Als solche für die Ablehnung wurde einerseits der "Dämon des gouvernement des juges" angeführt, andererseits darauf verwiesen, daß die letztendlich entscheidende Instanz nicht mit Richtern besetzt sei.[168] Damit ist es im Ergebnis zu keiner Änderung des gerichtlichen Grundrechtsschutzes in Frankreich gekommen.

Was den gerichtlichen Rechtsschutz des einzelnen Bürgers angeht, so richtet sich dieser in Frankreich im wesentlichen gegen die Exekutive. Dies hat zur Konsequenz, daß grundsätzlich alle Akte der Exekutive durch die Verwaltungsgerichte überprüfbar sind mittels des Verfahrens des "recours pour excès de pouvoir". Ursache hierfür ist ein weites Verständnis des Begriffes "Verwaltungsakt", unter den auch Verordnungen der Exekutive ("règlement") subsumiert werden und damit auch als solche anfechtbar sind.[169] Um klagebefugt zu sein, muß der Kläger beschwert sein ("grief")

---

164 a.a.O.

165 a.a.O. [171 f.]

166 Ausführlich zum Ganzen *Bauer*, Verfassungsgerichtlicher Grundrechtsschutz, S. 243 ff.

167 a.a.O., S. 240

168 a.a.O., S. 249

169 *Hübner / Constantinesco*, S. 8, 93

und sich gegenüber der Rechtsverordnung in einer besonderen Lage befinden. Dabei werden diese Voraussetzungen von der Gerichtsbarkeit großzügig gehandhabt. So genügt bereits ein eventuelles Interesse – ausreichend ist eines ideeller Art – als auch das Interesse einer Gruppe, wenn der Kläger dieser angehört.[170] Das Urteil eines solchen recours wirkt erga omnes und rückwirkend, so daß der Verwaltungsakt, also auch eine Verordnung der Exekutive, behandelt wird, als sei sie nie erlassen worden.[171]

XIV. Großbritannien

Noch weitreichenderen Spielraum hat der Gesetzgeber in Großbritannien. Vorherrschend ist hier die Lehre von der Souveränität des Parlamentes ("sovereinty of parliament")[172]. Aus dieser Lehre wird bis heute gefolgert, es gebe nicht nur keine über dem Parlamentsgesetz stehende Normenquelle, da diese eine Einschränkung bedeuten würde, sondern auch, daß jedes Grund- und Freiheitsrecht eingeschränkt oder sogar aufgehoben werden kann. Das Parlament repräsentiert in seiner jeweiligen konkreten Zusammensetzung, basierend auf einer freien Wahl den Mehrheitswillen des Volkes.[173] Anstelle das Parlament dem Grunde nach einer richterlichen Kontrolle zu unterwerfen, wird im Common Law eine Kontrolle durch die öffentliche Meinung als wirkungsvoller angesehen: "The nation felt that the political pressure of public opinion expressed through Parliament was a more certain safeguard than the operation of judicial institutions. The rise of popular government therefore naturally brought with it the sovereignty of Parliament."[174] Dementsprechend sind im englischen Verfahrensrecht statutory appeals zur Gesetzesprüfung (judicial review) nicht vorgesehen[175]. Ein Einzelner wird deshalb schwerlich direkt gegen ein Parlamentsgesetz vorgehen können. Es gibt zwar die Möglichkeit eines declaratory judgement. Hierzu müßte aber nachgewiesen werden, durch die Anwendung des Gesetzes würden die Rechte unmittelbar oder präjuduziell beschränkt und

---

[170] Vgl. *Wegmann*, Nichtigkeitsklage, S. 207

[171] *Hübner / Constantinesco*, S. 119 f.

[172] ausführlich hierzu *Petersmann*, S. 165 ff., 229 ff.; *Wegmann*, Nichtigkeitsklage, S. 216; siehe auch *Smith*, EuZW 1992, 308 ff.

[173] vgl. *Raschauer*, Gesetzeskontrolle im britischen Recht, 239 ff. [241]

[174] *Plucknett*, Bonham's Case and Judicial Review, H.L.R. 1926/27, S. 30 ff. [69]; *Crombach*, Civil Liberties in England, DVBl. 1973, 561 ff. [561 f.]

[175] *Raschauer*, Gesetzeskontrolle im britischen Recht, 239 ff. [261]

es läge ein justiziabler Rechtsstreit vor, es also jemanden gäbe, der wiederum an der Aufrechterhaltung des Gesetzes interessiert sei.[176] Dem Einzelnen soll somit nur die Möglichkeit der Inzidentkontrolle zur Verfügung stehen.[177] Auch gegen diese Möglichkeit ist jedoch vorzubringen, daß die konkrete Ausgestaltung des Rechtes nicht nur Sache des Parlamentes ist, sondern auch, daß das common law und die grundlegenden Strukturprinzipien Großbritanniens sich langsam mit der Zeit durch Richterrecht entwikkelt haben.[178] Das englische Recht und mit ihm der Souveränitätsbegriff kennt gerade keine garantierten Grundrechte im Sinne des kontinentaleuropäischen Verfassungsrechts, so daß der Gesetzgeber eben deshalb in der Lage ist, durch einfaches Gesetz den Freiheitsbereich der Bürger einzuschränken.[179] Besonders deutlich und prägnant tritt dies in dem Satz zu Tage: "Sovereignty is a merely legal conception, and means simply the power of law making unrestricted by any legal limits."[180]

Aus diesem Staats- bzw. Parlamentsverständnis heraus findet der Einzelne zwar grundsätzlich Zugang zu den britischen Gerichten, in keinem Fall ist ihm aber der Rechtsweg gegen ein Parlamentsgesetz eröffnet. Es gibt keine materielle Gesetzeskontrolle.[181] Die englische Gesetzgebung ist als "illimitable, perpetual, and indivisible"[182] anzusehen.

Von daher bestehen in Großbritannien auch keine verfassungsrechtlichen Bedenken, wenn durch Gesetz der Ausschluß des Rechtsweges ("preclusion") gegenüber der Exekutive festgelegt wird, da das Parlament auch insoweit souverän ist. Die Folge ist jedoch gewesen, daß die ordentlichen Gerichte diese Ausschlußklauseln eng interpretiert haben, das heißt, sie haben auf den "wahren Willen des Gesetzgebers" abgestellt, so daß nur in eindeutigen Fällen die Eröffnung des Rechtsweges gegenüber von Ver-

---

176 a.a.O. [262]

177 a.a.O. [262 f.]

178 a.a.O. [243]

179 *Crombach*, Civil Liberties in England, DVBl. 1973, 561 ff. [561]; vgl. auch *Feger*, Die Grundrechte in den übrigen Mitgliedstaaten der EG, Jura 1987, S. 6 ff. [13]

180 Dicey, Introduction to the Study of the Law of the Constitution, S. 72, hier zit. nach *Petersmann*, S. 265

181 *Thelen*, Die Vereinbarkeit des Vertrages, S. 120 ff., 125

182 *Marshall*, Constitutional Theory, S. 35 ff. Siehe dagegen aber die von *v. Simson* geltend gemachten Bedenken, wonach textlich festgehaltene Rechte dem Parlament und seinen Rechtsakten gegenüber unabhängig sind und es damit in seine Schranken verweisen können, anstatt die Regierung in die Lage zu versetzen, sich ihr eigenes Recht zu schaffen, welches die Gerichte dann zu respektieren haben, Towards a Bill of Rights in Great Britain, in: Grundrechtsschutz, 177 ff. [178 f. sowie 183 f.]

waltungshandeln verneint worden ist.[183] In diesem Zusammenhang gibt es zum einen die Möglichkeit, entweder einen "writ" zu beantragen, welcher bei einer unmittelbaren Beeinträchtigung sog. "common law rights" immer gewährt wird, oder die Feststellung der Rechtswidrigkeit und somit der Nichtigkeit einer Norm der Verwaltung zu beantragen.[184]

XV. Die Bestimmungen in den Verfassungen der neuen Mitgliedstaaten bzw. der Beitrittskandidaten

Im Vergleich dazu lassen sich in den Verfassungen der EU-Beitrittskandidaten regelmäßig Rechtsweggarantien feststellen, die einen allgemeinen Justizgewährleistungsanspruch formulieren und insoweit Art. 19 Abs. 4 nahe[185], mitunter auch gleichkommen[186].

C. Der Grundsatz der Effektivität des Rechtsschutzes nach den Vorschriften der EMRK

Art. 6 Abs. 2 EUV verweist aber nicht nur auf die Grundrechte, wie sie in den Mitgliedstaaten vorzufinden sind, sondern darüber hinaus auch auf die Gewährleistungen der Europäischen Menschenrechtskonvention (im Folgenden: EMRK)[187], der mittlerweile alle Mitgliedstaaten der EU angehören. Die Konvention enthält hinsichtlich des Rechtsschutzes und seiner Form Gewährleistungen, welche die Ausgestaltung des nationale Prozeßrechtes beeinflussen. Entscheidend in dem hier diskutierten Zusammenhang sind die Vorschriften der Art. 6 und insbesondere Art. 13 EMRK. Diese Vorschriften dienen der Gewährung der Effektivität des Rechtsschutzes zugunsten des Einzelnen in den Konventionsstaaten. Gemäß Art. 13 EMRK hat jedermann das Recht, bei Verletzung seiner in der Konvention

---

[183] *Wegmann*, Nichtigkeitsklage, S. 221

[184] Näher dazu a.a.O., S.217 ff., 220

[185] Vgl. *Dreier* GG Art. 19 IV Rn. 33 unter Hinweis auf: Art. 120 II Verf. Bulgarien 1991; Art. 15 I Verf. Estland 1992; Art. 92 S. 1 Verf. Lettland 1922; Art. 30 I Verf. Litauen 1992; Art. 46 Verf. Malta 1974; Art. 21 Verf. Rumänien 1991; Art. 36 I Verf. Tschechien 1992; Art. 36, 40 Verf. Türkei 1982/2001; Art. 30 Verf. Zypern 1960; s. auch mittelbarer Art. 45 I Verf. Polen 1997; Art. 22 ff. Verf. Slowenien 1991

[186] Vgl. a.a.O. mit Verweis auf: Art. 46 II Verf. Slowakische Republik 1992; Art. 36 II Verf. Tschechien 1992; Art. 57 V, 70/K Verf. Ungarn.

[187] vgl. zu den materiell-rechtlichen Regelungen *Neuwahl/Rosas*, The European Union and Human Rights

festgelegten Rechte und Freiheiten eine wirksame Beschwerde bei einer nationalen Instanz einzulegen. Grundsätzlich geht es hierbei zunächst um die Gewährung des effektiven Rechtsschutzes im Zusammenhang mit einem konkreten Rechtsstreit.[188] Strittig ist dagegen die Frage, inwieweit insbesondere Art. 13 EMRK auch die Gewährung von Rechtsschutz gegen den nationalen Gesetzgeber absichern will. Nach einer Ansicht ist diese Problematik gerade nicht von dieser Vorschrift umfaßt, also der Anwendungsbereich nicht eröffnet.[189] Die Vertreter dieser Rechtsauffassung machen dafür geltend, gegen ein so weitreichendes Verständnis einer völkervertraglichen Vorschrift spreche schlichtweg, daß die Staaten sich kaum gegenüber anderen Staaten in Bezug auf das innerstaatliche Rechtssystem binden wollten.[190] Es sind aber auch Stimmen in der Literatur zu finden, die den Anwendungsbereich des Art. 13 EMRK auch dann als eröffnet ansehen, wenn es um die Frage des Rechtsschutzes gegen den nationalen Gesetzgeber geht.[191] Dafür wird zum einen angeführt, der Wortlaut enthalte keine Einschränkung nur auf Exekutive und Judikative.[192] Zum anderen zeige eine systematische Zusammenschau der Garantien der EMRK und insbesondere die Ausgestaltung der Gesetzesvorbehalte in den Absätzen 2 der Art. 8 bis 11 EMRK eine besondere Bindung auch des Gesetzgebers auf.[193] Es wird geltend gemacht, die Staaten hätten sich mit der Unterzeichnung der Charta verpflichtet, die Konventionsrechte als subjektive Rechte auszugestalten, was dazu führe, daß dort, wo derartige Interessen berührt werden, dieser Anspruch auch gerichtlich durchsetzbar sein muß.[194]

Stützen kann sich diese Auffassung auch auf die ursprünglich nicht widerspruchsfreie Rechtsprechung des EGMR. Bezüglich untergesetzlicher Rechtsnormen verlangte er bereits früher die Möglichkeit ihrer Überprü-

---

[188] Vgl. *Peters*, Einführung in die Europäische Menschenrechtskonvention, S. 141

[189] *Villiger*, Handbuch der EMRK, Rn. 647; *Meyer-Ladewig*, Art. 13 Rn. 16; beide mit weiteren Nachweise auf die Rechtsprechung des EGMR

[190] *Peters*, Einführung in die Europäische Menschenrechtskonvention, S. 142; EKMR EuGRZ 1980, 450 ff. [454]

[191] *Grabenwarter*, Europäische Menschenrechtskonvention, § 24 Rn. 116; *Holoubek*, Das Recht auf eine wirksame Beschwerde, JBl. 1992, 150 f.

[192] *Grabenwarter*, Europäische Menschenrechtskonvention, § 24 Rn. 116; *Matscher*, Zur Funktion und Tragweite der Bestimmung des Art. 13 EMRK, 315 ff. [332 f., 336]

[193] *Grabenwarter*, Europäische Menschenrechtskonvention, § 24 Rn. 116

[194] vertiefend hierzu *Holoubek*, Das Recht auf eine wirksame Beschwerde, JBl. 1992, 137 ff. [146]

fung hinsichtlich eines Konventionsverstoßes.[195] Es wurde zu Recht darauf hingewiesen, daß die Frage nach der Art der Rechtsnorm eine Frage des innerstaatlichen Rechtssystemes ist, deren Beantwortung für Art. 13 EMRK jedoch nicht von Relevanz sein kann.[196] Bestätigt wird diese Auffassung nun auch durch ein neueres Urteil des EGMR.[197] Darin erklärt dieser einen Rechtsakt des britischen Parlamentes[198] für nicht mit dem 1. Zusatzprotokoll der EMRK vereinbar. Dieser Rechtsakt ist dabei der Gesetzgebung zuzuordnen.[199] Weiter wurde durch den Gerichtshof festgestellt, "that the Convention is intended to guarantee rights that are not theoretical or illusory, but practical and effective".[200] Rechte des Einzelnen können aber nur dann handhabbar und effektiv von diesem geltend gemacht werden, wenn er dazu überhaupt eine prozessuale Chance hat, die sich in der Eröffnung eines Rechtsweges äußert, und zwar auch gegenüber dem Gesetzgeber.

Die EMRK selber nimmt nicht nur Einfluß auf die nationalen Prozeßrechtsordnungen der Mitgliedstaaten des Europarates, sondern die Konvention sieht mittlerweile selber die Möglichkeit für den Einzelnen vor, wegen einer Verletzung der in ihr zugesicherten Rechte gerichtlichen Rechtsschutz auch auf der Ebene des Europarates in Anspruch nehmen zu können. Neben der Möglichkeit der Geltendmachung der Konventionsrechte vor den nationalen Instanzgerichten ist daher in Art. 34 EMRK die sog. Individualbeschwerde vorgesehen, welche eine zusätzliche prozessuale Absicherung der Garantien neben der Staatenbeschwerde darstellt. Diese Individualbeschwerde kann von jedem erhoben werden, der sich in den Konventionsrechten als verletzt betrachtet und den innerstaatlichen Rechtsweg, soweit dieser ihm eröffnet ist, ausgeschöpft hat (vgl. Art. 35 EMRK).[201]

---

195 EGMR, EuGRZ 1984, 147 ff. [Rn. 118 f.]; EGMR, EuGRZ 1985, 534 ff. [Rn. 127 f.]

196 *Matscher*, Zur Funktion und Tragweite des Bestimmung des Art. 13 EMRK, 315 ff. [333]

197 EGMR, EuZW 1999, 308 ff. mit Anmerkung *Lenz*, EuZW 1999, 311 ff.

198 Es ging hier um den Direktwahlakt von 1976 bzgl. der Wahlen zum EP, der die Wahlen nur für Großbritannien, nicht aber für sonstige britische Gebiete, u.a. Gibraltar, vorsah.

199 EGMR, a.a.O. [Rn. 34]

200 EGMR, a.a.O. [Rn. 34]

201 Siehe auch *Egli*, Rechtsschutzsystem, ZaöRV 64 (2004), 759 ff., insb. 780 f.

D. Der Grundsatz der Effektivität des Rechtsschutzes und seine Ausprägung im Völkervertragsrecht

Mit den Ausführungen zur Europäischen Konvention zum Schutz der Menschen- und Bürgerrechte ist bereits die Ebene der nationalen Rechtsordnungen verlassen und der Boden völkerrechtlicher Verträge betreten worden.

Die Regelungen, wie sie in der EMRK zu finden sind, haben aber nicht Eingang in andere völkerrechtliche Verträge, welche dem Schutz von Grund- und Menschenrechten dienen sollen, gefunden. Neben der EMRK sieht auch die AMRK eine Individualbeschwerde als Regelfall nach Art. 44 vor. Diese Beschwerde wird jedoch nicht an einen Gerichtshof, sondern an eine Kommission gerichtet ("Inter-Amerikanische Kommission für Menschenrechte").[202] Auch der Internationale Pakt für Bürgerliche und Politische Rechte, der Internationale Pakt über wirtschaftliche, soziale und kulturelle Rechte[203] sowie das Internationale Übereinkommen zur Beseitung jeder Form von Rassendiskriminierung[204] sehen Individualbeschwerden vor, bei denen aber auch erst der innerstaatliche Rechtsweg ausgeschöpft werden muß. Die Afrikanische Charta der Menschenrechte[205] dagegen sieht keine solche Rechtsschutzmöglichkeit vor.

E. Zwischenergebnis

Aus diesen sehr heterogenen Grundlagen ist nunmehr der Inhalt des Gemeinschaftsgrundrechtes zu ermitteln. Dabei bedarf es einer solchen Lösung, die die strukturellen Besonderheiten der Gemeinschaft einbezieht.[206]

a) Aus diesem Grund scheidet der grundsätzliche Ansatz des Völkerrechts, der weiterhin auf der Mediatisierung der einzelnen natürlichen und juristischen Personen beruht, aus, auch wenn die Gemeinschaftsverträge

---

[202] Daneben beinhaltet die AMRK in ihrem Art. 8 ähnlich den Art. 6 und 13 EMRK im Hinblick auf die innerstaatlichen Rechtsordnungen ein Recht auf wirksamen Rechtsschutz und Zugang zu Gerichten.

[203] Vgl. zur Zulässigkeit der Beschwerde *Meißner*, Menschenrechtsbeschwerde, S. 43 ff., *Wense*, Der UN-Menschenrechtsausschuß, S. 52 ff. sowie *Tardu*, Human Rights Complaints Procedures, FS Partsch, S. 287 ff.

[204] Art. 14; vgl. zum Ganzen *Britz*, Individualbeschwerde, EuGRZ 2002, 381 ff.

[205] ILM 1982, 59; vgl. dazu die deutsche Übersetzung in EuGRZ 1986, 677 ff.; siehe dazu ausführlich *Bello*, RdC 194 (1985-V), 21 ff.

[206] Vgl. hierzu auch *Wegmann*, Nichtigkeitsklage, S. 223

selber nicht in die Kategorie Menschenrechtsschutz einzuordnen sind. Dies steht nicht im Widerspruch zu der in Art. 227 EGV vorgesehenen Einleitung eines Vertragsverletzungsverfahrens durch einen Mitgliedstaat, welches vergleichbar ist z. B. mit der Staatenbeschwerde des Art. 33 EMRK. Dieses Ergebnis stände jedoch nicht im Einklang mit der rechtlichen Situation des einzelnen Unionsbürgers, wie sie sich insbesondere aufgrund ihrer Ausgestaltung durch die Rechtsprechung des EuGH nunmehr darstellt. Nicht zuletzt war es schließlich der Gerichtshof, welcher trotz einer möglichen anderen Interpretation des Wortlautes einzelne Vorschriften des Vertragstextes, welche nicht die Mitgliedstaaten, sondern gerade den Einzelnen begünstigen, bereits 1963 als subjektive Rechte desselbigen deklariert hat[207], deren Einhaltung von diesem in einem gerichtlichen Verfahren geltend und somit eingeklagt werden kann. Nach dem EuGH stellt "die Wachsamkeit der an der Wahrung ihrer Rechte interessierten Einzelnen eine wirksame Kontrolle dar, welche die durch die Kommission und die Mitgliedstaaten gemäß den Art. 169 und 170 (entspricht Art. 226, 227 EGV) ausgeübte Kontrolle ergänzt".[208] Daß der einzelne Unionsbürger grundsätzlich als eigenständiges Rechtssubjekt anerkannt wird, läßt sich den Regelungen der Art. 230 Abs. 4, 234 sowie 288 Abs. 2 EGV entnehmen. Die aus diesem System folgende Aufhebung der Mediatisierung des Unionsbürgers und seine Stellung als eigenständiges Rechtssubjekt mit eigenen Rechten und Pflichten unmittelbar aus dem Gemeinschaftsrecht heraus mußte also unweigerlich zwei Konsequenzen nach sich ziehen: zu einem die Möglichkeit der unmittelbaren Geltendmachung der Rechte des Einzelnen aus dem Vertrag bzw. dem Primärrecht und zum anderen zu einem direkten Klagerecht auch vor dem Gerichtshof der Europäischen Gemeinschaft.

b) Eine andere Frage ist nun aber, in welchem Umfang dieses unmittelbare Klagerecht durch das Grundrecht der Effektivität des Rechtsschutzes garantiert ist. Den mitgliedstaatlichen Rechtsordnungen liegt dabei einerseits durchweg der Gedanke zugrunde, der Rechtsschutz müsse in jedem Fall gegen Handlungen der Exekutive eröffnet sein, auch wenn es sich um Maßnahmen mit hoheitlich-normativem Charakter handelt.[209] Diese Problematik wird im Großen und Ganzen recht einheitlich bewertet.

---

[207] EuGH, Slg. 1963, 1 ff. [24 ff.]; vgl. demgegenüber die Stellungnahme der niederländischen und belgischen Regierung a.a.O. [16 f]

[208] a.a.O. [26]

[209] Vgl. hierzu nur die Rechtsordnungen Dänemarks, Deutschlands und Frankreichs

Wesentlich differenzierter fällt hingegen die Beantwortung der Frage des Rechtsschutzes des Einzelnen gegenüber dem nationalen, parlamentarischen Gesetzgeber aus. Ein Augenmerk ist in diesem Zusammenhang auf eine Tendenz in der Rechtsprechung des Gerichtshofes gerichtet worden, wonach dieser mehr und mehr im Rahmen seiner Grundrechterechtsprechung diese auf die Vorschriften der EMRK unter Einbeziehung der Rechtsprechung des EGMR stützt und immer weniger die nationalen Verfassungsvorschriften bzw. den darin enthaltenen Rechtsgedanken als Rechtserkenntnisquelle[210] nutzt.[211] Daher spricht vieles dafür, auf der Basis von Art. 6 und 13 EMRK auf der Ebene der Gemeinschaft den Anspruch des Einzelnen auf Rechtsschutz gegen den europäischen Normengeber zu bejahen.

Darüber hinaus ist auf die genaue Argumentation der Mitgliedstaaten hinzuweisen, welche ein Klagerecht des Einzelnen gegen Normen des parlamentarischen Gesetzgebers ablehnen und mit der Entstehung gemeinschaftsrechtlicher Rechtsakte zu vergleichen. Zwar sind die Rechte des Europäischen Parlamentes im Verlauf der voranschreitenden Entwicklung des Gemeinschaftsrechtes immer wieder gestärkt worden.[212] Es besitzt jedoch weder Initiativrechte noch kann es auf jedes Verfahren Einfluß nehmen.[213] Der Schwerpunkt der europäischen Normgebung dagegen liegt beim Rat[214], welcher sich aus Vertretern der nationalen Regierungen, welche ihrerseits der Exekutive zuzurechnen sind[215], zusammensetzt. Den nationalen Rechtsordnungen, in denen der Rechtsschutz gegen Gesetze abgelehnt wird und damit eine entsprechende Begrenzung des Klagerechtes stattfindet, liegt aber grundsätzlich die Aussage zugrunde, daß der Gesetzgeber – das heißt insbesondere das nationale Parlament – demokratisch durch das Volk, im genauen Gegensatz zur Exekutive, legitimiert ist und sich in dieser Zusammensetzung und der dadurch bedingten Mehrheit der Wille des Volkes widerspiegelt. Dieses für die Rechtfertigung des nicht vorhandenen Rechtsschutzes gegen Gesetzgebungsakte entscheidende Element fehlt gerade auf der Ebene des Gemeinschaftsrechtes. Trotz der immer stärker werdenden Rolle des

[210] zu der Einordnung als Rechtserkenntnisquelle vgl. *Streinz* Rn. 361, 500
[211] EuGH, Slg. 1998 I-8417 ff. [Rn. 21, 29]; vgl. *Calliess/Ruffert*, Art. 6 EUV Rn. 198
[212] Streinz Rn. 22
[213] a.a.O. Rn. 309 ff.
[214] *Oppermann* [Rn. 319]
[215] *Streinz*, Rn. 281

Europäischen Parlamentes kann von einer unmittelbaren demokratischen Legitimation der Rechtsetzungsbefugten nicht gesprochen werden. Unabhängig von der Diskussion hinsichtlich eines zu beseitigenden Demokratiedefizites[216] muß aus dieser Situation die prozessuale Konsequenz gezogen werden, welche die auf dieser Ebene beschlossenen Rechtsakte dem Rechtsschutz durch den einzelnen Betroffenen unmittelbar zugänglich macht.

Stützen kann sich ein solches Ergebnis außerdem auf die Rechtsprechung des Gerichtshofes, mit der dieser die materiellen Rechte der Unionsbürger nach und nach erweitert hat, sei es aus Vorschriften des EG-Vertrages selber, wie dies im Falle der Grundfreiheiten geschehen ist[217], sei es auf der Grundlage der Rechtstradition der Mitgliedstaaten, wie bei den Gemeinschaftsgrundrechten[218], oder aus der allgemeinen Zielsetzung des Vertrages und seiner wirksamen und einheitlichen Durchsetzung in der ganzen Gemeinschaft, was zu der richterrechtlichen Entwicklung eines Staatshaftungsanspruches jenseits des Wortlautes führte[219]. Diese materiellrechtlichen Erweiterungen nützen dem Begünstigten nur dann etwas und erfüllen auch nur dann ihre Funktion, wenn das Prozeßrecht auch auf gemeinschaftsrechtlicher Ebene mit ihnen Schritt hält.

Des weiteren ist zu beachten, daß sich der Inhalt eines allgemeinen Rechtsgrundsatzes nicht danach richtet, welche Regelungen mehrheitlich in den mitgliedstaatlichen Rechtsordnungen vorhanden sind, sondern danach, welche Lösung sich als die beste darstellt.[220] Aus der Gesamtschau betrachtet ergibt sich jedoch, daß eine gerichtliche Kontrolle der Rechtsakte, welche durch die Exekutive erlassen werden, aufgrund ihrer ansonsten fehlenden Kontrolle von außen als erforderlich zu erachten ist. Da in der EG die Besonderheit besteht, daß die Rechtsetzung fast ausschließlich durch den Rat unter Mitwirkung des Europäischen Parlamentes erfolgt, ist auch

---

[216] Vgl. hierzu *Ress*, Über die Notwendigkeit der parlamentarischen Legitimierung, 625 ff., der von einer Pflicht der Mitgliedstaaten auf Übertragung der Rechtssetzungsrechte auf das EP aufgrund der Präambel der EEA ausgeht, a.a.O. [633 ff.]

[217] EuGH, Slg. 1963, 1 ff. [24 ff.]; 1964, 1251 ff. [1273 f.]; 1974, 837 ff. [853 ff.]; 1979, 649 ff.; 1997 I-3689 ff. [Rn. 8]; 1974, 1299 ff.; 1991 I-2357 ff. [Rn. 14 ff.]; 1995 I-4921 ff. [Rn. 73 ff.]; EuGH, Slg. 2000 I-2681 ff. [Rn. 32 ff.]; Slg. 2000 I-2549 ff. [Rn. 41 ff.]

[218] EuGH, Slg. 1969, 419 ff. [Rn. 7]; 1970, 1125 ff. [Rn. 3 f.]; 1974, 491 ff. [Rn. 13]; 1979, 3727 ff. [Rn. 15]

[219] EuGH, Slg. 1991 I-5357 [Rn. 35 f.]; bestätigt durch EuGH, Slg. 1993 I-6911 ff. [Rn. 17]

[220] *Lecheler*, Der Europäische Gerichtshof, S. 188

daraus die Gewährung eines entsprechenden gerichtlichen Rechtsschutzes zu folgern.

c) Daher ist im Ergebnis als Inhalt des Gemeinschaftsgrundrechtes der Effektivität des Rechtsschutzes festzuhalten: Effektiver Rechtsschutz ist grundsätzlich gegen alle verbindlichen Rechtsakte der Exekutivgewalt zu gewähren, auch wenn diese den Charakter von Normen haben und insofern mit Rechtsakten eines parlamentarischen Gesetzgebers vergleichbar sind. Dieser Grundsatz beschränkt sich nicht nur auf den Rechtsschutz im Verhältnis zu den Mitgliedstaaten, sondern erfaßt auch die Rechtsakte der Europäischen Gemeinschaft, so daß natürliche und juristische Personen in der Europäischen Gemeinschaft, sofern sie von einem rechtsetzenden Akt derselben betroffen sind, dem Grunde nach Anspruch auf Rechtsschutz haben, in dessen Rahmen sie die Verletzung ihrer, ihnen durch das Gemeinschaftsrecht eingeräumten Rechte geltend machen können müssen.

Kapitel 4
Das Verhältnis des Vertragsrechtes zu dem Grundsatz der Effektivität des Rechtsschutzes im Allgemeinen

Dieses soeben gefundene Ergebnis steht, wie bereits weiter oben angeklungen ist, nicht in einem unmittelbaren Widerspruch zu der vertraglichen Ausformung des Rechtsschutzsystemes des EG-Vertrages. Gleichwohl stehen sich an dieser Stelle zwei Grundaussagen gegenüber: Auf der einen Seite sind die vertraglichen Regelungen vorzufinden, wonach der Gerichtshof zwar die Wahrung des Rechtes auf der Ebene der Europäischen Gemeinschaft zu sichern hat. Angesichts der konkreten Rechtswegsausformungen in seiner Rechtsprechung, das heißt insbesondere wegen Art. 230 Abs. 4 EGV, wird jedoch ein unmittelbarer Rechtsschutz gegen Verordnungen der EG, welche keiner Konkretisierung im nationalen Recht bedürfen, abgelehnt. Auf der anderen Seite findet sich ein im Rahmen der allgemeinen Rechtsgrundsätze des europäischen Gemeinschaftsrechtes anerkannter Rechtsgrundsatz, welcher sowohl den Rechtsschutz gegen die Exekutive als auch gegen die Legislative beinhaltet.

Insoweit ist die grundlegende Frage aufzuwerfen, inwieweit das ungeschriebene Recht auf das Vertragsrecht einwirkt und wie weitgehend die vertraglichen Regelungen die allgemeinen Rechtsgrundsätze ändern bzw. abbedingen können. Der EuGH scheint sich zwar mit dieser Frage anhand des konkreten Falles auseinanderzusetzen, wenn er zunächst den Grundsatz der Effektivität des Rechtsschutzes den vertraglichen Vorschriften gegenüberstellt.[221] Wie jedoch oben[222] bei der Darlegung seiner Argumentationsschritte deutlich geworden ist, vertieft der Gerichtshof diese Frage dann aber nicht weiter, sondern geht auf die Bedeutung des vorangestellten Gemeinschaftsgrundrechtes im Rahmen der Auslegung des Vertragsrechtes nicht mehr ein.

A. Die Anwendbarkeit des Völkerrechtes im Bereich des EG-Vertrages

Insofern ist vorab klarzustellen, daß die Maßstäbe des Völkerrechtes auch im innergemeinschaftsrechtlichen Bereich Anwendung finden. Auch wenn die Auffassung vertreten wird, bei der Rechtsordnung der Europäischen

---

[221] EuGH, Slg. 2002, 6677 ff. [Rn. 39, 40]; EuZW 343 ff. [Rn. 29, 30]
[222] Vgl. Kapitel 1, A.VII.

Gemeinschaft handele es sich um eine eigene Rechtsordnung, welche sich von den gewöhnlichen internationalen Verträgen unterscheide[223], ist dieser Sichtweise nicht zu folgen.[224] Zwar stellt das Gemeinschaftsrecht in seinem Anwendungsbereich lex specialis gegenüber dem Völkerrecht dar.[225] Wie aber selbst der EuGH anerkannt hat, weist das Gemeinschaftsrecht keine lückenlose Regelung seiner Rechtsmaterie auf, so daß es unter Rückgriff auf seine eigenen Prinzipien, notfalls aber auch durch die Inanspruchnahme des allgemeinen Völkerrechtes fortentwickelt werden muß.[226] Darüber hinaus ist zum einen hinsichtlich der Verträge deren Ursprung und Geltungsgrund im Völkerrecht zu bedenken, welcher auch im Falle einer Lösung des sekundären Gemeinschaftsrechtes zu bedenken bleibt.[227] Zum anderen ist die Europäische Gemeinschaft selber Trägerin völkerrechtlicher Rechte und Pflichten. Auch aus diesem Gedanken läßt sich die Anwendbarkeit der allgemeinen Regeln des Völkerrechtes herleiten.[228] Dementsprechend ist das Völkerrecht auch hier heranzuziehen.

B. Die Qualifizierung des Grundsatzes des effektiven Rechtsschutzes als allgemeinen Rechtsgrundsatz

Der Grundsatz der Effektivität des Rechtsschutzes findet sich auf gemeinschaftsrechtlicher Ebene zunächst in der Rechtsprechung des Gerichtshofes wieder. Je nach Fallgestaltung hat dieser – entgegen anfänglicher Ablehnung[229] – Grundrechte auf Gemeinschaftsebene anerkannt und auf

---

223 EuGH, Slg. 1964, 1254 ff. [1269]; EuGH, Slg. 1991 I-6079 ff. [Rn. 21]: "Dagegen stellt der EWG-Vertrag, obwohl er in der Form einer völkerrechtlichen Übereinkunft geschlossen wurde, die Verfassungsurkunde der Gemeinschaft dar." Siehe auch *Constantinesco*, Recht der Europäischen Gemeinschaften, Rn. 188

224 Übersichtliche Gegenüberstellung der Argumente bei *Schwarze*, Das allgemeine Völkerrecht, EuR 1983, 1 ff. [5 ff.]

225 EuGH, Slg. 1964, 1329 ff. [1344]; Slg. 1991 I-3533 ff. [Rn. 47] betreffend das Prinzip der Gegenseitigkeit; *Schwarze* EU, Art. 281 [Rn. 22]

226 EuGH, Slg. 1974, 1337 ff. [Rn. 21 / 23]; vgl. auch EuGH, Slg. 1998 I-4301 ff. [Rn. 22], wonach das Gemeinschaftsrecht möglichst im Lichte des Völkerrechtes ausgelegt werden soll.

227 *Bernhardt*, Recht der Europäischen Gemeinschaften, 229 ff. [233]; siehe auch *Meng*, Recht der Internationalen Organisationen, S. 116 ff., 162 ff.

228 EuGH, EuZW 1998, 694 ff. [Rn. 44 ff.]; *Epiney*, Stellung des Völkerrechtes, EuZW 1999, 5 ff. [5]

229 EuGH, Slg. 1959, 43 ff. [S. 63 f.]; Slg. 1960, 885 ff. [920 f.]; allerdings bezog sich die ablehnende Stellungnahme des Gerichtshofes in diesen beiden Fällen auf die Anwendung *nationaler* Grundrechte gegenüber Rechtsakten der Gemeinschaft.

diese Art und Weise nach und nach im Rahmen des konkreten Rechtsstreites den jeweiligen Rechtssatz und seinen Inhalt benannt.[230] Allerdings hat er am Anfang seiner Grundrechtsrechtsprechung auch immer wieder betont, er habe diese grundlegenden Begrenzungen der gemeinschaftlichen Hoheitsgewalt nicht selber aus einer Notwendigkeit heraus entwickelt, sondern diese sind vielmehr allen Mitgliedstaaten aufgrund deren Verfassungstraditionen immanent. Er hat sie also "vorgefunden".[231] Aufgrund dieser Argumentation wird bereits deutlich, daß eine Qualifizierung des in Rede stehenden Grundsatzes nur als Richterrecht nicht in Betracht kommt. Darüber hinaus ist es bei dieser Rechtsprechung nicht geblieben. Es folgten vielmehr eine Reihe von Erklärungen[232], durch welche die anderen Organe der EG für sich die Geltung von Gemeinschaftsgrundrechten anerkannt haben. Diese Anerkennung mag durch die Rechtsprechung des Gerichtshofes gefördert und beschleunigt worden sein. Sie beinhaltet aber die für die Herausbildung solcher Rechtsgrundsätze erforderliche Anerkennung[233] auf Gemeinschaftsebene. Auch wenn dabei ein Handeln der Mitgliedstaaten als solche fehlt, so sollte dies nicht zu einer Ablehnung der Anerkennung führen. Gegen ein solches Ergebnis würde sprechen, daß der Rat – auch wenn er als Gemeinschaftsorgan tätig geworden ist – sich grundsätzlich aus mitgliedstaatlichen Vertretern zusammensetzt, was dann auch den Rückschluß auf das Rechtsverständnis der Mitgliedstaaten zuläßt. Im Übrigen sind hierbei auch – wie sich aus dem rechtsvergleichenden Ausführungen ergibt – die Verfassungstraditionen der Mitgliedstaaten zu beachten.

Einer Qualifizierung als allgemeiner Rechtsgrundsatz und nicht als Vertragsrecht steht auch nicht die Vorschrift des Art. 6 Abs. 2 EUV entgegen. Danach ist zwar im Vertragsrecht festgehalten, die Union achte die Grundrechte, so wie sie sich aus den gemeinsamen Verfassungstraditionen und der EMRK ergeben. Einer ausschließlichen Einordnung als Vertragsrecht steht jedoch die fehlende konkrete Ausformung und Benennung des Grundrechtsschutzes entgegen. Um dies beantworten zu können, ist immer noch im einzelnen auf die Rechtsprechung des

---

230 Vgl. die Rechtsprechung zum Grundsatz der Effektivität des Rechtsschutzes: Slg. 1986, 1339 ff. [Rn. 23]; 1986, 1651 ff. [Rn. 13 ff., 19]; 1990 I-2433 ff. [Rn. 19]; 1992 I-6313 ff. [Rn. 8 ff.]; 1995 I-4599 ff. [Rn. 12]

231 *Oppermann* [Rn. 491]; im einzelnen *Gündisch*, Allgemeine Rechtsgrundsätze, 97 ff. [102 ff.]

232 Vgl. dazu noch in Kapitel 5 Teil 2 D.

233 Betreffend die unterschiedliche Ansätze in Bezug auf Art. 38 Abs. 1 lit. c IGH-Statut siehe *Brownlie*, S. 16

Gerichtshofes und somit auf die einschlägigen Rechtserkenntnisquellen zu verweisen. Erst eine verbindliche Verabschiedung der Grundrechte-Charta von Nizza wird hier eine Änderung insoweit bringen, als daß dann genau dieser Rückgriff nicht mehr erforderlich ist.

Es ist insoweit festzuhalten, daß es sich bei dem Grundsatz der Effektivität des Rechtsschutzes um einen im vorstehend beschriebenen Sinne allgemeinen Rechtsgrundsatz handelt.[234]

C. Das Verhältnis des allgemeinen Rechtsgrundsatzes zum Vertragsrecht

Mit dieser Einordnung ist aber noch nicht zum Ausdruck gekommen, wie der allgemeine Rechtsgrundsatz der Effektivität des Rechtsschutzes sich zu den vertraglichen Regelungen insbesondere betreffend den Rechtsschutz nach den Art. 220 ff. EGV verhält. Angesichts der Bedeutung, welche einem Gemeinschaftsgrundrecht gleich den nationalen Grundrechtsverbürgungen zukommt, könnte sich an dieser Stelle die Frage nach einem Rangverhältnis zwischen Gemeinschaftsgrundrechten einerseits und Vertragsrecht andererseits stellen.

a) Das EWR-Gutachten 1/91 des Gerichtshofes[235]

Stützen könnte sich ein solches Ergebnis auf die Rechtsprechung des Gerichtshofes, wonach bestimmte Rechtssätze des Gemeinschaftsrechtes unabänderbar sind. Dies ginge nach dem Gutachten sogar soweit, daß diese Rechtssätze nicht einmal mehr im Wege des Vertragsänderungsverfahrens verändert werden könnten.[236] Bestätigung fand diese Aussage jüngst im GELR-Gutachten[237].

b) Reaktionen in der Literatur

Das Gutachten löste seinerzeit in der Literatur einen Sturm an Reaktionen aus hinsichtlich der Frage einer möglichen Normenhierarchie innerhalb des

---

[234] Zur Entstehung allgemeiner Rechtsgrundsätze siehe *Jacoby*

[235] EuGH, Slg. 1991 I-6079 ff. mit Anm. Bleckmann, JZ 1992, 792 ff.

[236] Parallelen dazu sind auch in einigen wenigen nationalen Verfassungen bekannt. Vgl. nur Art. 79 Abs. 3 GG (sog. Ewigkeitsklausel), dagegen Art. 89 V frz. Verfassung sowie Art. 139 ital., Verfassung, welche nur das Prinzip der republikanischen Staatsform absichern.

[237] EuGH, Slg. 2002 I-3493 ff.; hierzu Anm. von *Castillo de la Torre*, CMLR 2002, 1373 ff.

primären Gemeinschaftsrechtes.[238] Zusammenfassend kann dabei gesagt werden, eine Überordnung der Gemeinschaftsgrundrechte gegenüber dem Vertragsrecht wurde und wird bis heute abgelehnt[239], obwohl vieles für die Auffassung des Gerichtshofes spricht.

c) Die Bedeutung dieser Frage für die vorliegende Fragestellung

Zu der Frage einer möglichen Normenhierarchie innerhalb des gemeinschaftlichen Primärrechtes bedarf es vorliegend jedoch keiner weiteren Stellungnahme, wenn es darauf hinsichtlich des Einflusses des ungeschriebenen Gemeinschaftsrechtes z.B. in der Form eines allgemeinen Rechtsgrundsatzes auf das Vertragsrecht gar nicht ankommt. Schließlich bedarf es keines Über-/Unterordnungsverhältnisses, damit Rechtsnormen aufeinander einwirken. Auch im Verhältnis der Gleichrangigkeit besteht grundsätzlich die Möglichkeit der gegenseitigen Einflußnahme von Normen unterschiedlichen Ursprunges.

I. Die Aufgabe des geschriebenen Rechts

Dem geschriebenen Recht wird allgemein die Aufgabe nachgesagt, hinsichtlich eines Rechtssatzes dem Rechtsanwender Klarheit und Gewißheit zu verschaffen, was insbesondere auf die bessere Nachweisbarkeit eines geschriebenen Rechtssatzes zurückgeführt wird.[240] Daher sollte sich das geschriebene Recht durch "stability, certainty and permanence of law" ausweisen, während z.B. dem Gewohnheitsrecht grundsätzlich eine "fluid and changing nature" zu eigen sein soll.[241] Darüber hinaus hat es die Aufgabe, das bestehende Recht zu systematisieren und leichter reformierbar zu machen.[242]

---

[238] Vgl. nur *Boulois*, Les avis de la Cour, RTDE 1992, 457 ff. [462]; *Dutheil de La Rochère*, L'Espace Économique Européen, RMC 1992, 603 ff. [607]; *Gaudin*, Amsterdam, RTDE 1999, S. 1 ff., 9; vgl. jüngst noch *Arnauld*, Normenhierarchien, EuR 2003, 191 ff. mwN in Fn. 5 sowie vertiefend *Hofmann*, Normenhierarchien

[239] *Oppermann* [Rn. 474]; Streinz Rn.347

[240] *Villiger*, Customary International Law, Rn. 197

[241] Vgl. a.a.O.

[242] a.a.O., Rn. 199, 200

II. Die Einflußnahme des ungeschriebenen Rechtsgrundsatzes der Effektivität des Rechtsschutzes auf das geschriebene Recht

Die Wahrnehmung dieser Aufgaben durch das geschriebene Recht setzt aber wiederum ein Maß an Vollständigkeit voraus, welches dieses wohl kaum erreichen wird, alleine schon deshalb, weil es sich hierbei um *abstrakte* Rechtsnormen handelt. Enthält das geschriebene Recht, wie dies bei den Vorschriften des EGV hinsichtlich des Individualrechtsschutzes der Fall ist, aber keine eindeutigen Aussagen, muß zwangsläufig auf den zusätzlich zu dem Vertragsrecht bestehenden ungeschriebenen Rechtssatz zurückgegriffen werden. Insbesondere die sehr allgemein gehaltene Wortwahl in Generalklauseln kann dadurch handhabbar gemacht werden, daß dieser den Inhalt definiert, ihn der erforderlichen Funktion anpaßt und Lücken des geschriebenen Rechts ausfüllt.[243]

Der ungeschriebene Rechtssatz betreffend das in Rede stehende Gemeinschaftsgrundrecht bleibt aber auch unabhängig vom geschriebenen Recht, er führt sozusagen ein "rechtliches Eigenleben", so daß er sich weiterentwickeln kann und durch eine Art Wechselwirkung mit dem geschriebenen Recht auch dieses wiederum weiterentwickelt und ohne Vertragsänderung an die geänderte Rechtsauffassung anpaßt.[244] Die Konsequenz hieraus ist eine Wechselwirkung zwischen Vertragsrecht einerseits und dem allgemeinen Rechtsgrundsatz andererseits. Der letztere kann sich deshalb in den vertraglichen Regelungen widerspiegeln und in ihnen festgehalten oder auch "sichtbarer"[245] gemacht werden.

Diese Erwägungen beschränken sich dabei nicht auf das Verhältnis von Gewohnheitsrecht und geschriebenem Recht, sondern sind auch bzgl. dessen von den allgemeinen Rechtsgrundsätzen und geschriebenem Recht anzuwenden. Zwar unterscheiden sich die beiden ungeschriebenen Rechts-

---

[243] a.a.O., Rn. 400; *Shaw*, International Law, S. 84; vgl. auch den North Sea Continental Shelf Case, ICJ Reports 1969, 1 ff. [41], in dem hinsichtlich vertraglicher Formulierungen festgestellt wird: "En ce qui concerne la notion de proximité, on peut dire que l'idée d'une proximité absolue ne découle certes pas implicitement de la terminologie plutôt vague et générale employée dans les ouvrages consacrés à la question et dans la plupart des proclamations d'États, conventions internationales et autres instruments; on y trouve des termes comme près, proche de ses côtes … qui sont tous assez imprécis et qui, tout en donnant une idée générale suffisamment claire, peuvent avoir un sens très difficile à cerner."

[244] Vgl. hierzu eingehend *Villiger*, Customary International Law, Rn. 400, 429 ff.

[245] Vgl. Abs. 5 der Präambel der Grundrechte-Charta von Nizza, in der es heißt: "… sichtbarer gemacht werden sollen".

quellen aufgrund ihrer Entstehung. Das Gewohnheitsrecht entsteht durch ständige Übung der Mitgliedstaaten, welche auf einer Rechtsüberzeugung basiert.[246] Die allgemeinen Rechtsgrundsätze dagegen ergeben sich aus den Gemeinsamkeiten der mitgliedstaatlichen Rechtsordnungen.[247] Wie sich jedoch mittlerweile unbestritten nicht nur aus Art. 288 Abs. 2 EGV ergibt, besteht auch zwischen den allgemeinen Rechtsgrundsätzen und dem Vertragsrecht eine solche Wechselwirkung. Grundsätzlich dienen auch sie der Schließung von Lücken im geschriebenen Recht, indem sie diesem gegenüber Auslegungs- und Gültigkeitskriterien statuieren.[248] Darüber hinaus beinhalten gerade sie die grundlegenden Strukturprinzipien der Gemeinschaft.[249] Dagegen stellt der EGV eine lex specialis zu den allgemeinen Rechtsgrundsätzen dar.[250]

Das geschriebene Recht ist somit weiterhin immer an den Stellen auf das ungeschriebene Recht angewiesen, an denen es unvollständig ist und zu keinem zufriedenstellenden Ergebnis führt. Dies ist z. B. dann der Fall, wenn Regelungen des EG-Vertrages – würden sie buchstabengetreu angewandt – der Funktion eines Gemeinschaftsgrundrechtes, wie es der Grundsatz des effektiven Rechtsschutzes darstellt, nicht gerecht würden, mitunter zu einem konträren Ergebnis führten. Dieser Grundsatz ist daher wie das Instrument der allgemeinen Rechtsgrundsätze sowohl zur Norminterpretation als auch zur Schließung von Lücken im positiven Recht heranzuziehen.[251]

III. Ergebnis

Insofern ist zur Beantwortung der Frage, ob der Gerichtshof aufgrund der Existenz dieses Gemeinschaftsgrundrechtes verpflichtet ist, eine Änderung seiner Rechtsprechung vorzunehmen, entscheidend auf die Funktion des Grundsatzes der Effektivität des Rechtsschutzes und seinen Einfluß auf die Art. 220 ff. EGV sowie auf die Besonderheiten der Rechtsetzung in der Europäischen Gemeinschaft abzustellen. Die Frage, ob auch eine Höher-

---

246 Ansatzweise in EuGH, Slg. 1978, 189 ff.; *Oppermann* [Rn. 480]

247 *Koenig / Haratsch* [Rn. 237]

248 *Fischer*, Europarecht, § 5 Rn. 10; *Schilling*, Bestand und allgemeine Lehren, EuGRZ 2000, 3 ff. [30]; *Akehurst*, 29 ff. [47]

249 Vgl. Art. 6 EUV, *Oppermann* [Rn. 484]

250 *Schilling*, Bestand und allgemeine Lehren, EuGRZ 2000, 3 ff. [30]

251 *Lecheler*, Einführung, S. 119; siehe hierzu auch *Wille*, Die Pflicht der Organe, S. 90

rangigkeit des Grundrechtes gegenüber dem Vertragsrecht gegeben ist, mag somit für die hier zu beantwortende Frage dahinstehen.[252]

Folglich muß der Schwerpunkt des nächsten Abschnittes darin liegen, das Gebot der Effektivität des Rechtsschutzes mit den vertraglichen Regelungen abzuwägen und miteinander in Ausgleich zu bringen, um anhand des daraus folgenden Ergebnisses beurteilen zu könne, ob der Gerichtshof in diesem in seinen hier zur Diskussion stehenden Urteilen gerecht geworden ist.

---

[252] Vgl. zu dem umgekehrten Fall: Einfluß von Vertragsrecht auf Gewohnheitsrecht R.R. *Baxter*, Treaties and Custom, in: RdC 1970 (I), 25 ff.

Kapitel 5
Das Verhältnis des Grundsatzes der Effektivität des Rechtsschutzes zu den vertraglichen Regelungen über den Individualrechtsschutz

Aus dem soeben Gesagten ergibt sich folglich das Erfordernis der Auslegung des Vertragsrechtes und damit der Vorschrift des Art. 230 Abs. 4 EGV in einer solchen Art und Weise, die der Bedeutung des Gemeinschaftsgrundrechtes im Rahmen des Vertragsrechtes gerecht wird. Das heißt, es werden im Folgenden die unterschiedlichsten Aspekte und Faktoren zu beleuchten sein, die die Möglichkeit der Erweiterung des Individualrechtsschutzes im Rahmen des Vertrages auch gegenüber den Recht setzenden normativen Maßnahmen der Gemeinschaft mitunter zugunsten des Einzelnen beeinflussen können.

Für eine entsprechende Rechtsprechung des Gerichtshofes bedarf es allerdings wegen des in Art. 5 Abs. 1 EGV, Art. 5 EUV niedergelegten Prinzips der begrenzten Einzelermächtigung[253] grundsätzlich eines Anknüpfungspunktes im EG-Vertrag. Dieser Anknüpfungspunkt ist in den Regelungen der Art. 220 ff. EGV zu finden. Nach der Grundnorm des Art. 220 EGV wird in einer allgemein gehaltenen Formulierung dem Gerichtshof aufgegeben, bei der Auslegung und Anwendung des Vertrages auf die Wahrung des Rechtes zu achten.

Auffallend an dem Urteil des Gerichtshofes in der Rs. UPA ist indes, daß dieser sich ausschließlich mit den Aspekten des Gemeinschaftsrechtes beschäftigt, die eine Änderung seiner Rechtsprechung *ermöglichten.* Nicht in seine Erwägungen zieht er dagegen die Gedankengänge und Überlegungen ein, aus denen sich unter Umständen sogar eine *Verpflichtung* seinerseits zu einer solchen Rechtsprechungsänderung ergeben könnte. Stattdessen setzt er sich ausschließlich mit einer möglichen Verpflichtung der Mitgliedstaaten und der nationalen Gerichte auseinander.

Das Fehlen der Überlegungen hinsichtlich einer eigenen Verpflichtung aus dem Gemeinschaftsrecht heraus mag die logische Konsequenz daraus sein, in seinen Urteilen bereits die *Möglichkeit* eines anderen inhaltlichen Verständnisses der Voraussetzungen des sich aus Art. 230 Abs. 4 EGV ergebenden unmittelbaren Individualrechtsschutzes *an sich* zu verneinen. Dementsprechend brauchte sich der Gerichtshof als Konsequenz daraus

---

[253] Vgl. auch den Wortlaut von Art. 249 Abs. 1 EGV: "nach Maßgabe dieses Vertrages"; vertiefend *Kraußer*, Das Prinzip begrenzter Ermächtigung

nicht mehr mit der einen Schritt weitergehenden Frage nach einer Verpflichtung auseinanderzusetzen.

Angesichts der Tatsache, daß ihm gegenüber die Verletzung eines Gemeinschaftsgrundrechtes gerügt worden ist, ist es jedoch erstaunlich, daß der Gerichtshof auf den Stellenwert dieses Grundrechtes für die Gemeinschaftsrechtsordnung nicht intensiver eingeht, obwohl er in früheren Urteilen den verfassungsähnlichen Charakter der Verträge sowie den grundlegenden Stellenwert der allgemeinen Rechtsgrundsätze im Allgemeinen[254] und den der Gemeinschaftsgrundrechte im Besonderen[255] immer wieder hervorgehoben hat. Beachtet man jedoch, daß grundrechtliche Gewährleistungen in fast allen europäischen Rechtsordnungen sogar gegenüber der Verfassung eine hervorgehobene Position einnehmen, hätte dies aufgrund der Rechtsprechung, wie sie sich aus dem EWR-Gutachten[256] ergibt, auch betreffend das Gemeinschaftsrecht nahegelegen. Zumindest wäre dem Gerichtshof eine dementsprechende Stellungnahme abzuverlangen gewesen, inwieweit eine solche hervorgehobene Stellung sich im konkreten Sachverhalt doch nicht gegenüber Normativakten der Gemeinschaft durchsetzen kann.

Daraus ergibt sich für den weiteren Aufbau dieser Arbeit folgende Konsequenz: Im Anschluß an einige kurze Ausführungen, welche den gemeinschaftsrechtlichen Ausgangspunkt verdeutlichen sollen, soll in einem ersten Teil zunächst untersucht werden, ob dem Gerichtshof tatsächlich bereits die Möglichkeit genommen ist, der Vorschrift des Art. 230 Abs. 4 EGV und somit dem Begriff der individuellen Betroffenheit mittels Rechtsprechung einen anderen Inhalt zu geben. Im Fall der Bejahung dieser Möglichkeit ist dann in einem zweiten Teil zu untersuchen, welche Aspekte in Betracht kommen, die den Gerichtshof möglicherweise sogar einer Rechtspflicht zu einer Neudefinition der Voraussetzungen des Art. 230 Abs. 4 EGV unterwerfen.

An dieser Stelle ist jedoch folgendes klarzustellen: Bei dieser Fragestellung geht es und kann es nicht darum gehen, inwieweit das Merkmal der individuellen Betroffenheit überhaupt noch als Zulässigkeitsvoraussetzung für die Erhebung einer Nichtigkeitsklage heranzuziehen ist. Es geht vielmehr darum festzustellen, ob das bisherige Verständnis, welches dieser

---

254 Vgl. EuGH, Slg. 1982, 1575 ff. [Rn. 18]; Slg. 1979, 461 ff. [Rn. 11]; dazu auch *Jacoby*, Allgemeine Rechtsgrundsätze, S. 210 ff.

255 EuGH, Slg. 1970, 1125 ff. [1135]; *Jacoby*, Allgemeine Rechtsgrundsätze, S. 253 ff.

256 EuGH, Slg. 1991 I-6079 ff.

Norm zugrundegelegt worden ist, insoweit aufrechterhalten werden kann oder ob die Herausbildung und Weiterentwicklung subjektiver Rechte im Gemeinschaftsrecht eine Änderung dahingehend erforderlich machen, daß letztere, welche nach dem momentanen Stand der Rechtsprechung von dem bisherigen Verständnis dieser Voraussetzung gerade nicht erfaßt sein sollen, doch mit einbezogen werden müssen.

A. Die Besonderheiten und Unterschiede des Grundsatzes des effektiven Rechtsschutzes im Vergleich zu den materiell-rechtlichen Gewährleistungen

Bei dem im Zentrum der Diskussion stehenden Gemeinschaftsgrundrecht des Grundsatzes der Effektivität des Rechtsschutzes handelt es sich um ein sog. Verfahrensgrundrecht. Es eröffnet dem einzelnen Betroffenen die Möglichkeit des Vorbringens einer rechtlichen Beschwerde, in deren Rahmen die Verletzung einer materiell-rechtlichen Gewährleistung geltend zu machen ist. Als charakteristisch für dieses Grundrecht wurde bis heute somit die prozessuale Spiegelbildfunktion zu den Gewährleistungen materiellen Inhaltes angesehen.[257] Es soll daher nur soweit reichen, wie auch der Schutzbereich der materiell-rechtlichen Gewährleistungen reicht. Konsequenterweise ist dann aber auch anzunehmen, daß diese nicht nur den Maßstab für die *Grenze* der Reichweite des Grundsatzes der Effektivität des Rechtsschutzes bilden, sondern gleichzeitig auch durch ihren jeweiligen Umfang die *Reichweite* des Grundsatzes des effektiven Rechtsschutzes *positiv* festlegen.

Mit der Anerkennung dieses Grundsatzes wird auf der Ebene der Europäischen Gemeinschaft der Erkenntnis Rechnung getragen, daß die materiellen Gewährleistungen ihre Funktion als Abwehrrechte nur insoweit erfüllen können, wie sie im Streitfall gegenüber der eingreifenden Hoheitsgewalt geltend gemacht und durchgesetzt werden können.[258] Daher wird dieser Grundsatz auch als "Schlußstein der rechtsstaatlichen Ordnung" bezeichnet.[259]

Im Gegensatz zu den materiell-rechtlichen Gewährleistungen handelt es sich bei dem Grundsatz der Effektivität des Rechtsschutzes jedoch nicht um ein Abwehrrecht. Dieser Grundsatz soll nicht gegenüber Eingriffen der Hoheitsgewalt in seinen Schutzbereich bewahren, sondern die Geltend-

---

[257] *Rabels*, EuR 1966, 367 ff. [367]

[258] Vgl. zu Art. 19 Abs. 4 GG: *Huber* in Mangoldt/Klein/Starck, Rn. 349

[259] a.a.O.; *Pieroth/Schlink*, Rn. 1006; *Krüger* in: Sachs, Art. 19 GG, Rn. 11

machung des – möglicherweise erfolgten – Eingriffes in den Schutzbereich der materiellen Gewährleistungen prozeßrechtlich absichern. Das ist jedoch nur möglich, indem dem Einzelnen ein Leistungsanspruch auf Gewährung eines entsprechenden Rechtsschutzes zusteht.[260] Das heißt, das Grundrecht darf nicht in unzumutbarer, sachlich nicht zu rechtfertigender Weise gekürzt werden.[261] An diesen Leistungsanspruch erinnert auch die Formulierung des EuGH, wenn er ausführt: "Nach [der in Rede stehenden Richtlinien-Vorschrift], ausgelegt im Lichte des angeführten allgemeinen Grundsatzes, hat jedermann gegen Handlungen, [welche seiner Ansicht nach gegen das Ziel der Richtlinie verstoßen], *Anspruch auf die Gewährung effektiven Rechtsschutzes* durch ein zuständiges Gericht".[262]

Gleichzeitig ist aber zu beachten, daß der Anspruch sich grundsätzlich aus diesem Rechtsgrundsatz nicht unmittelbar entnehmen läßt. Der Regelungsbereich dieses Rechtes muß vielmehr durch die jeweils gebundene Hoheitsgewalt festgelegt werden. Es handelt sich auch auf europarechtlicher Ebene der Sache nach um ein sog. normgeprägtes Grundrecht, welches einer näheren Ausgestaltung bedarf. Eine solche Ausgestaltung ist dabei in den Art. 46 EUV, 220 ff. EGV sowie den Verfahrensordnungen des EuGH[263] und des EuG[264] zu sehen. Andererseits kann es aber auch hier wiederum nicht der legislativen Gewalt überlassen werden, wie eng

---

[260] BVerfGE 101, 106 ff. [123 f.], wo es wörtlich heißt: "Rechtsschutz ist eine staatliche Leistung, deren Voraussetzungen erst geschaffen, deren Art näher bestimmt und deren Umfang im einzelnen festgelegt werden müssen. Art. 19 Abs. 4 GG gibt dem Gesetzgeber dabei nur die Zielrichtung und die Grundzüge der Regelung vor, läßt ihm im übrigen aber einen beträchtlichen Gestaltungsspielraum. Doch darf er die Notwendigkeit einer umfassenden Nachprüfung des Verwaltungshandelns in tatsächlicher und rechtlicher Hinsicht und eine dem Rechtsschutzbegehren angemessene Entscheidungsart und Entscheidungswirkung nicht verfehlen." S. auch BVerfGE 60, 253 ff. [268 f.] sowie *Jarass/Pieroth*, Art. 19 Rn. 22

[261] BVerfGE 10, 264 [268]; *Dreier* GG Art. 19, Rn. 84

[262] EuGH, Slg. 1986, 1651 ff. [Rn. 19]; vgl. aber auch die Formulierung in EuGH, EuZW 2002, 529 ff. [Rn. 38 f.]: "Die Europäische Gemeinschaft ist ... eine Rechtsgemeinschaft, in der die Handlungen ihrer Organe daraufhin kontrolliert werden, ob sie mit dem EG-Vertrag und den allgemeinen Rechtsgrundsätzen, zu denen auch die Grundrechte gehören, vereinbar sind. Die Einzelnen müssen daher einen effektiven gerichtlichen Schutz der Rechte *in Anspruch nehmen können*, die sie aus der Gemeinschaftsordnung herleiten, ..." (Hervorhebungen vom Verfasser)

[263] ABl. 1991 Nr. L 176/7; zuletzt geändert am 16.5.2000, Abl. Nr. L 122/43 vom 24.5.2000

[264] ABl. 1991 Nr. L 136/1

oder wie weit der Rechtsschutz zugunsten des Einzelnen und zu Lasten der eigenen Befugnisse gewährt wird.[265]

Mit anderen Worten: Aufgrund seiner Stellung als allgemeiner Rechtsgrundsatz ist er vom Vertragsrecht nicht abschließend definierbar und dadurch auch nicht eingrenzbar.[266] Diese sowie die in dem Anspruch enthaltene Aufforderung an den europäischen Gesetzgeber, ein den Anforderungen des Gemeinschaftsgrundrechtes entsprechenden Rechtsschutzsystem zu schaffen, ist auch im Rahmen der Beurteilung eines konkreten Falles durch das jeweils zuständige Gericht, welches mitunter auch der Europäische Gerichtshof selber sein kann, zu beachten und deshalb in seine Argumentation bei der Auslegung und Anwendung des Vertragsrechtes mit einzubeziehen.

B. Die bisherige Rechtsprechung des Gerichtshofes zum Grundsatz der Effektivität des Rechtsschutzes

Die bisherige Rechtsprechung des Gerichtshofes zum Grundsatz des effektiven Rechtsschutzes hat sich weniger mit der Geltendmachung und Durchsetzung dieses Grundsatzes gegenüber den Organen der EG beschäftigt als vielmehr in Bezug auf Handlungen, welche einem Mitgliedstaat zuzurechnen waren.[267] Hinsichtlich eines unmittelbaren Rechtsschutzes gegen Verordnungen der Gemeinschaft haben die Kläger bis dato versucht zu belegen, sie seien im Sinne der Rechtsprechung des Gerichtshofes durch die Verordnung nicht allgemein betroffen. Ihre Lage stelle sich vielmehr dergestalt dar, daß die betreffende Verordnung sie wie eine Entscheidung träfe.[268] Eine mögliche Verletzung des Grundrechtes auf effektiven Rechtsschutz ist dagegen im Unterschied zu den Rs. UPA und Jégo-Quéré in diesen Rechtssachen nicht gerügt worden.

Dementsprechend beziehen sich die einschlägigen Entscheidungen auf die Verpflichtung der Gewährung von Rechtsschutz durch die Mitgliedstaaten.

---

[265] BVerfGE 101, 106 ff. [123 f.]; *Pieroth/Schlink*, Rn. 1007

[266] Auch aus diesem Kontext heraus wird die Notwendigkeit der bereits angesprochenen Wechselwirkung, deren es zwischen dem allgemeinen Rechtsgrundsatz und dem Vertragstext bedarf, deutlich.

[267] Siehe dazu die folgenden Nachweise

[268] Vgl. hierzu exemplarisch das Vorbringen der Kläger in den Entscheidungen EuGH, Slg. 1997 II-1559 ff. [Rn. 25 ff.]; EuGH, Slg. 1998 II-2601 ff. [Rn. 22 ff.]; siehe hierzu auch den Hinweis bei *Rasmussen*, Why is Article 173, ELR 1980, 112 ff. [113 f.]

I. Rs. Johnston[269]

Als Leitentscheidung wird die Rs. Johnston gegen Chief Constable of the Royal Ulster Constabulary benannt. Hierbei ging es um eine Entscheidung der nordirischen Polizei, der Klägerin keinen neuen Vertrag wegen der besonderen Lage in Nordirland anzubieten, während ein Mann in der gleichen Situation das erforderliche Angebot erhalten hätte. Daraufhin wurde von der Klägerin zunächst der innerstaatliche Rechtsweg beschritten, der aber aufgrund einer die Entscheidung bestätigenden, rechtzeitig erlassenen Order des zuständigen Ministers für die Klägerin nicht zulässig war. Das heißt, der Klägerin stünde danach kein Rechtsschutz, weder gegen die Entscheidung noch gegen die Order, zur Verfügung.[270]

Dies nahm der Gerichtshof im Rahmen des darauf folgenden Vorlageverfahrens für die Entscheidung zum Anlaß für die Feststellung, die in der Richtlinien-Vorschrift enthaltene Aussage sei "Ausdruck eines allgemeinen Rechtsgrundsatzes", "der den gemeinsamen Verfassungstraditionen der Mitgliedstaaten zugrunde liege. Dieser Grundsatz sei auch in den Artikeln 6 und 13 der EMRK verankert. Wie in der gemeinsamen Erklärung der Versammlung, des Rates und der Kommission vom 5. April 1977 und in der Rechtsprechung des Gerichtshofes anerkannt sei, seien die leitenden Grundsätze dieser Konvention im Rahmen des Gemeinschaftsrechtes zu berücksichtigen".[271] Daraus wurde sodann die Schlußfolgerung gezogen, aus der in Rede stehenden Vorschrift der EG-Richtlinie, welche "im Lichte des angeführten allgemeinen Grundsatzes auszulegen sei", ergebe sich ein Anspruch auf die Gewährung effektiven Rechtsschutzes durch ein zuständiges Gericht: "Den Mitgliedstaaten obliege es, eine effektive richterliche Kontrolle der Einhaltung der einschlägigen Bestimmungen des Gemeinschaftsrechtes und des innerstaatlichen Rechtes sicherzustellen, das der Verwirklichung der in der Richtlinie vorgesehenen Rechte dient".[272]

Im Rahmen der Würdigung dieses Urteiles ist zu beachten, daß sich die Klage gegen eine nationale Stelle richtete, deren Verhalten nicht im Einklang mit dem EG-Recht gestanden hat.

---

[269] EuGH, Slg. 1986, 1651 ff.; *Arnull*, ELR 1987, 56 ff. [57 f.]

[270] Vgl. zum Sachverhalt ausführlich a.a.O. [S. 1664 ff.]

[271] a.a.O. [Rn. 18]

[272] a.a.O. [Rn. 19]

II. Rs. UNECTEF/Heylens[273]

Bestätigt wurde diese Entscheidung in der Rs. UNECTEF/Heylens. Hier wurde dem Beklagten die Erteilung einer Arbeitsgenehmigung durch eine nicht mit Gründen versehene Stellungnahme verweigert, gegen die kein besonderer Rechtsbehelf gegeben war.[274]

Gleichfalls hat der Gerichtshof in dieser Rechtssache entschieden, die Gewährleistung effektiven Rechtsschutzes hänge wesentlich davon ab, ob Entscheidungen einer innerstaatlichen Behörde, durch die die Gewährung dieses Rechtes verweigert wird, vor Gericht angefochten werden können.[275] "Geht es jedoch wie im vorliegenden Fall im besonderen um die Gewährleistung des effektiven Schutzes eines Grundrechtes, das den Arbeitnehmern der Gemeinschaft vom Vertrag verliehen ist, müssen letztere dieses Recht auch unter den bestmöglichen Voraussetzungen geltend machen können, und es ist ihnen die Möglichkeit einzuräumen, in Kenntnis aller Umstände zu entscheiden, ob es für sie von Nutzen ist, vor Gericht zu gehen."[276]

III. Rs. Van Gend & Loos[277]

Nicht explizit zu diesem Grundsatz Stellung nehmend, der Sache nach jedoch diesen betreffend, hat der Gerichtshof bereits 1963 darauf hingewiesen, eine Beschränkung der Rechtsschutzverfahren auf die Art. 226 f. EGV hinsichtlich der Geltendmachung einer Verletzung primärrechtlicher Garantien schlösse den unmittelbaren gerichtlichen Schutz des einzelnen aus. Die Wachsamkeit der an der Wahrung ihrer Rechte interessierten Einzelnen stelle jedoch eine wirksame Kontrolle dar, welche die durch die Kommission und die Mitgliedstaaten ausgeübte ergänze.[278] Daraus hat der Gerichtshof die Konsequenz gezogen, der Einzelne müsse sich unmittelbar auf die ihn begünstigenden vertraglichen Vorschriften berufen können.

---

[273] EuGH, Slg. 1987, 4097 ff.

[274] Vgl. auch den Hinweis auf die fehlende Durchsichtigkeit des Rechtsschutzmittels im Schlußantrag des GA Mancini, a.a.O., 4106 ff. [4110]

[275] EuGH, Slg. 1987, 4097 ff., [Rn. 14]

[276] a.a.O. [Rn. 15]

[277] EuGH, Slg. 1963, 1 ff.

[278] a.a.O., 1 ff. [S. 26]

IV. "Reinheitsgebot für Bier"[279]

Die Kommission hatte gegen die Bundesrepublik Deutschland wegen des absoluten Einfuhrverbotes aufgrund der §§ 9, 10 BStG angestrengt. Diese Vorschriften wurden für vertragswidrig erklärt. Der Gerichtshof hat dies u.a. damit begründet, den betroffenen Wirtschaftsteilnehmern müsse es möglich sein, die von der Regierung vorgetragenen Gründe des Verbraucher- und Gesundheitsschutzes für diese Regelung sowohl in einem vorgelagerten Genehmigungsverfahren zu entkräften als auch im Rahmen eines gerichtlichen Verfahrens die nicht rechtmäßige Verweigerung einer entsprechenden Einfuhrgenehmigung geltend machen zu können.[280] Es mußte folglich den betroffenen Unternehmen die prozessuale Möglichkeit gegeben werden, die gesetzliche Vermutung materiell zu widerlegen, was inhaltlich ein präventives Verbot mit Erlaubnisvorbehalt darstellt, um mit den Grundfreiheiten des EG-Vertrages zu vereinbaren zu sein. Als maßgeblicher Aspekt für die Begründetheit der Klage stellte sich damit nicht das Verbot als solches dar, sondern die Tatsache, daß den betroffenen Unternehmen per Gesetz die Möglichkeit genommen wurde, ihnen aufgrund gemeinschaftsrechtlicher Regelungen zustehenden Rechte dadurch wahrnehmen zu können, indem sie die "Ungefährlichkeit" ihrer Ware prozessual unter Beweis stellen.

V. Rs. Factortame[281]

Die Rs. Factortame betraf die Fallkonstellation, in der ein britisches Unternehmen neben dem Hauptsacheverfahren einstweiligen Rechtsschutz vor den nationalen Gerichten ersuchte, nach britischem Recht dieser jedoch nicht gewährt werden durfte, da er im betreffenden Fall gegen die englische Krone zu richten gewesen wäre. Gestützt auf Art. 10 EGV stellte der Gerichtshof fest, ein nationales Gericht habe den Rechtsschutz zu gewährleisten, der sich aus der unmittelbaren Wirkung des Gemeinschaftsrechtes ergebe.[282] Ein nationales Gericht sei deshalb mitunter verpflichtet, vorläufigen Rechtsschutz für die Ausübung eines aus dem Gemeinschaftsrecht

---

[279] EuGH, Slg. 1987, 1227 ff. mit Anm. *Masclet*, RTDE 1987, 361 ff.
[280] EuGH, Slg. 1987, 1227 ff. [Rn. 45 f.]
[281] EuGH, Slg. 1990 I-2433 ff.; EuR 1991, 63 ff.; *Smith*, EuZW 1992, 308 ff.
[282] EuGH, a.a.O. [Rn. 19]

entstehenden Rechtes auch dann zu gewähren, wenn eine Vorschrift des nationalen Rechtes einem solchen Rechtsschutz im Wege steht.[283]

VI. Weitere Entscheidungen

Diese Rechtsprechung ist vom EuGH zu einer ständigen Rechtsprechung entwickelt worden[284], die heute als gefestigt bezeichnet werden kann.[285] Auf die weiteren Entscheidungen, die sich mit der Gewährung des Grundsatzes der Effektivität des Rechtsschutzes durch die nationale Gerichtsbarkeit befassen, soll daher nicht näher eingegangen werden.

VII. Klagen, die sich gegen ein Gemeinschaftsorgan richteten

Die Verfahren, in denen der Grundsatz der Effektivität des Rechtsschutzes gegenüber einem Gemeinschaftsorgan geltend gemacht worden ist, betrafen weniger die Garantie effektiven Rechtsschutzes als vielmehr einzelne Fragestellungen wie die Frage der Zulässigkeit einer Klagefrist[286] sowie die Frage der Verfahrensdauer[287], welche möglicherweise gegen den besagten Grundsatz verstoßen könnten.

Im Hinblick auf die Frage der Zulässigkeit einer Klagefrist hat der Gerichtshof die Begründetheit der Klage unter Hinweis auf die entsprechenden Vorschriften der EMRK verneint, da auch diese einer solchen Frist nicht entgegenstünden.[288] Was das Problem der Verfahrensdauer anbelangt, hat der EuGH differenziert und Voraussetzungen benannt, wann ein Gerichtsverfahren betreffend Verletzungen der Wettbewerbsregeln, das fünfeinhalb Jahre gedauert hat, gegen den Grundsatz der Effektivität des Rechtsschutzes auf der Basis von Artikel 6 EMRK verstößt und wann nicht.[289]

Der Gerichtshof hat beide Klagen zwar in der Sache abgewiesen. Aus der Tatsache, daß er jedoch eine mögliche Verletzung des Grundsatzes der

---

283 EuGH, Slg. 1990 I-2433 ff. [21]

284 Vgl. EuGH, Slg. 1991 I-2357 [Rn. 22]; Slg. 1992 I-3003 [Rn. 15]; Slg. 1993 I-1663 [Rn. 40]; Slg. 1994 I-1445 [Rn. 26 f.]; Slg. 1998 I-5199 [Rn. 22]

285 Siehe weiter *Giegerich*, ZaöRV 50 (1990), 812 ff. [822 f.]

286 Vgl. EuGH, Slg.1987, 1561 ff.

287 EuGH, Slg. 1998 I-8417 ff. [insb. Rn. 20 ff.]

288 EuGH, Slg. 1987, 1561 ff. [Rn. 9 f.]

289 EuGH, Slg. 1998 I-8417 ff. [Leitsatz 4]; in der Sache war auch hier das Vorbringen letztendlich erfolglos, vgl. a.a.O. [Rn. 26 ff.]

Effektivität des Rechtsschutzes überhaupt geprüft hat, kann aber die Anwendbarkeit dieses Grundsatzes gegenüber den Gemeinschaftsorganen und die ebenfalls vorhandene Kontrolle dieser durch den Gerichtshof entnommen werden.

C. Das Bestehen einer Rechtsschutzlücke als grundlegende Voraussetzung[290]

Um dem Gerichtshof dem Grunde nach die Möglichkeit eines anderen Verständnisses der vertraglichen Regelungen im Rahmen seiner Kompetenzen zu eröffnen, ist zwingende Voraussetzung das Bestehen einer Rechtsschutzlücke. Das heißt, es dürften weder abschließende noch inhaltlich eineindeutige Regelungen im Vertragsrecht betreffend den Individualrechtsschutz enthalten sein. Damit sind die weiteren Überlegungen von der vorrangigen Klärung des Aspektes abhängig, ob in den Art. 226 ff. unmißverständlich geregelt worden ist, daß die Individualnichtigkeitsklage nur aufgrund der in der Plaumann-Formel[291] enthaltenen Kriterien erhoben werden können soll. Dies hätte dann die Konsequenz, daß dem Gerichtshof nicht der erforderliche Spielraum für eine Änderung zur Verfügung stünde. Vielmehr gäbe es weiterhin bestimmte Konstellationen, in denen subjektive, aber nicht einklagbare Rechtspositionen des Einzelnen bestünden.

Im umgekehrten Fall bestünde jedoch ein entsprechender Handlungsspielraum des Gerichtshofes.

Dabei soll sich die Darstellung der einschlägigen Rechtsschutzmöglichkeiten auf die wesentlichen, hier interessierenden Aspekte beschränken und keinesfalls ins Detail gehen.

I. Das Vorabentscheidungsverfahren nach Art. 234 EGV

Zunächst ist an dieser Stelle das Vorabentscheidungsverfahren[292] zu erwähnen, welches in der Vorschrift des Art. 234 EGV geregelt wird.[293] Zweck

---

290 Zur Lückenhaftigkeit des Gemeinschaftsrechtes mit Hinweisen auf völkerrechtliche Literatur vgl. *Ukrow*, Richterliche Rechtsfortbildung [103 f.]; *Sack*, Lücken im Rechtsschutzsystem, EuR 1985, 319 ff.; vgl. auch EuGH, Slg. 1990 I-2041 ff. [Rn. 26], wo von einer "verfahrensrechtlichen Lücke" gesprochen wird

291 EuGH, Slg. 1963, 211 ff. [238]

292 eingehend *Dauses*, Das Vorabentscheidungsverfahren, zur Verzahnungsfunktion; *Daig*, Auslegung und Anwendung von Art. 177 EWGV, 79 ff.; *Arnold*, Gesetzlicher Richter und Pflicht zur Vorlage, 17 ff.; *Lenz*, Die Rolle und der Wirkungsmechanismus, DRiZ 1995, 569

des Vorabentscheidungsverfahrens ist die Sicherung der Einheitlichkeit der Rechtsanwendung.[294] In diesem Zusammenhang kommt dem Gerichtshof die Funktion zu, zum einen das gesamte primäre und sekundäre Gemeinschaftsrecht auszulegen, zum anderen sämtliche entscheidungserheblichen Handlungen der Gemeinschaftsorgane auf ihre Gültigkeit hin zu überprüfen.[295] Maßstab hierfür sind u.a. die Gemeinschaftsgrundrechte. Durch die Möglichkeit, Auslegungsfragen des EG-Rechtes autonom zu entscheiden, ist dem Gerichtshof gleichzeitig die Befugnis zur "interpretativen, die Einheit des Gemeinschaftsrechtes wahrenden Rechtsfortbildung" übertragen worden.[296]

Die Bindung einer im Wege der Vorabentscheidung eingeholten Entscheidung entfaltet an und für sich lediglich Rechtswirkungen zwischen den Parteien des Ausgangsverfahrens. Hinsichtlich von Fragen betreffend die Auslegung und die Rechtmäßigkeit von Normativakten wird jedoch von einer sog. faktischen Bindungswirkung des Urteiles gegenüber allen mitgliedstaatlichen Gerichten ausgegangen.[297]

Um allerdings eine Entscheidung des Gerichtshofes im Wege des Art. 234 EGV zu erhalten, ist zum einen zunächst die Eröffnung des nationalen Rechtsweges nach Maßgabe der nationalen Prozeßordnung erforderlich. Will der Betroffene aber unmittelbar gegen einen Normativakt der EG vorgehen, wird es bereits hieran scheitern, da die nationalen Prozeßordnungen hiergegen keinen Rechtsschutz vorsehen. Sowohl diese als auch die Konzeption des Vorabentscheidungsverfahrens gehen von einem *streitigen* Verfahren vor einem Instanzgericht zwischen zwei Prozeßparteien aufgrund eines sich nicht auf die Gültigkeitsfrage normativer Vorschriften beschränkenden Rechtsstreites aus. Der Anknüpfungspunkt ist grundsätz-

---

ff.; *Grabenwarter*, EuR 2003, 55 ff.; *Lenz*, Der Europäische Gerichtshof als gesetzlicher Richter im Sinne des Grundgesetzes, in: Lenz u.a., Das Zusammenwirken, 1 ff.; *Everling*, Das Vorabentscheidungsverfahren mwN zur Literatur in Fn. 1. Zu der Rechtslage in den Niederlanden siehe die Beiträge in *Korte*, Primus Inter Pares

293 Von der Ausgestaltung des Verfahrens her drängt sich dabei ein Vergleich mit den im deutschen Recht bekannten Verfahren der konkreten Normenkontrolle nach Art. 100 GG auf.

294 *Streil*, Das Vorabentscheidungsverfahren als Bindeglied zwischen europäischer und nationaler Rechtsprechung, in: Schwarze, 69 ff.

295 EuGH, Slg. 1976, 657 ff. [Rn. 7/11]; *Oppermann* [Rn. 758]; *Everling*, Das Vorabentscheidungsverfahren, S. 15 ff.

296 *Oppermann* [Rn. 758]

297 EuGH, Slg. 1981, 1191 ff. [9 ff.]; vgl. weiter differenzierend *Streinz* Rn. 566

lich im nationalen Recht, ob nun in positiver oder in negativer Form[298], zu suchen. Zum anderen fehlt es an dem *Anknüpfungspunkt* im *nationalen* Recht. Das Verfahren einer Individualnichtigkeitsklage und die dabei in Rede stehenden Normen beschränken sich ausschließlich auf den gemeinschaftsrechtlich relevanten Bereich. Wird die Feststellung der Nichtigkeit einer Verordnungsvorschrift begehrt, existiert darüber hinaus keine zweite Prozeßpartei auf der nationalen Ebene.

Im Übrigen sind die nationalen Gerichte auch nicht zuständig, da sie zwar eine Überprüfung vornehmen können, es ihnen aber letztendlich an der erforderlichen Verwerfungskompetenz fehlt.[299] Im Hinblick auf die Überprüfungsmöglichkeit gemeinschaftsrechtlicher Verordnungen würden sie lediglich als "Türöffner zum Gerichtshof" ohne eigenen Entscheidungsbereich fungieren.[300]

Des weiteren kann die Partei, die die Rechtswidrigkeit einer Verordnungsvorschrift im Rahmen eines vor einem nationalen Gericht anhängigen Verfahrens geltend macht, lediglich ein Ersuchen auf Vorabentscheidung gegenüber dem nationalen Richter anregen. Dieser unterliegt jedoch keiner Verpflichtung, der Anregung im Falle anderer Beurteilung der rechtlich relevanten Fragen zu folgen.[301] Es besteht nämlich kein Anspruch auf diese Rechtsschutzmöglichkeit.

Ein weiterer Nachteil dieses Verfahrens besteht in der sehr schwachen prozessualen Stellung der Parteien gegenüber dem Gerichtshof. Da es sich um ein objektives prozessuales Zwischenverfahren handelt[302], können sie in dessen Ablauf weder mittels Initiativrechten noch mittels inhaltlicher Stellungnahmen, gerichtet auf Änderung oder Erledigterklärung des

---

298 Bsp.: Rs. Francovich, EuGH, Slg. 1991 I-5357 ff; Anknüpfungspunkt war hier das Unterlassen der Umsetzung der Richtlinie durch den nationalen Gesetzgeber.

299 EuGH, Slg. 1987, 4199 ff. [11 ff.]; ausführlich zu diesem Thema *Glaesner*, EuR 1990. 143 ff.

300 Damit greifen auch die Argumente nicht ein, die eine Nichtigkeitsklage ablehnen, weil dies zu einer Überlastung des EuGH führen würde. Für diesen ist der Arbeitsaufwand nämlich unabhängig davon, ob er unmittelbar angerufen wird oder eine Rechtsfrage im Wege des Art. 234 EGV beantworten muß.

301 *Everling*, Das Vorabentscheidungsverfahren, S. 37; *Braun/Kettner*, Die Absage des EuGH, DöV 2003, 58 ff. [61]. Vgl. aber BVerfGE 82, 159 ff. [194 ff.], wonach die Grenze der Willkür nicht überschritten werden darf, da es sich beim EuGH um den gesetzlichen Richter gem. Art. 101 Abs. 2 GG handelt.

302 *Arnold*, Gesetzlicher Richter und Pflicht zur Vorlage, 17 ff. [24]

Streitgegenstandes, eingreifen.[303] Es kann insoweit als ein Verfahren ohne Parteien bezeichnet werden.

II. Art. 235, 288 Abs. 2 EGV[304]

Neben der Regelung des Art. 234 EGV besteht für den Einzelnen noch die Möglichkeit, im Wege der Amtshaftungsklage gemäß Art. 235, 288 Abs. 2 EGV als eigenständigem Rechtsbehelf[305] Zugang zum Gerichtshof zu erlangen. Diese Klage dient dem Ausgleich von sowohl administrativen als auch normativen Beeinträchtigungen.[306] Diese Klage hat daher auch das Ziel, einen Ausgleich für das Fehlen eines individuellen Klagerechtes gegenüber normativen Rechtsakten im Hinblick auf die Nichtigkeitsklage des Art. 230 Abs. 4 EGV zu schaffen, indem – wenn schon nicht vor Schadenseintritt die Nichtigkeit der Bestimmung geltend gemacht werden kann – nachträglich wenigstens die Möglichkeit besteht, Schadensersatz zu verlangen.[307] Das Rechtsschutzziel der Schadensersatzklage ist – wie der Name schon sagt – nicht auf die primäre Rechtsschutzebene, der Nichtigerklärung des zugrunde liegenden Rechtsaktes, gerichtet, sondern auf die Sekundärebene, indem ein Folgenbeseitigungsanspruch geltend gemacht werden kann, aus praktischen Gründen ist aber häufig ein finanzieller Ausgleich des durch rechtswidriges Handeln entstandenen Schadens zu leisten.[308] Dabei kann jede Handlung, welche eine schädigende Wirkung enfaltet, überprüft werden. Die Prüfungskompetenz des Gerichtshofes erstreckt sich insoweit auch auf Verordnungen der Gemeinschaft.[309] Sie soll damit die Schwächen des Art. 230 Abs. 4 EGV ausgleichen und dadurch eine "Auffangfunktion" wahrnehmen.[310]

---

[303] *Oppermann* [Rn. 769]; zu der Frage, inwieweit sich nationale Rechtsbehelfe gegen den Vorlagebeschluß auf das Verfahren auswirken *Everling*, Das Vorabentscheidungsverfahren, S. 53

[304] *Herdegen*, Die Haftung der EWG für fehlerhafte Rechtsetzungsakte; *Winkler/Trölitzsch*, Wende in der EuGH-Rechtsprechung zur Haftung der EG, EuZW 1992, 663 ff.

[305] EuGH, Slg. 1971, 325 ff. [Rn. 6]; a. A. noch EuGH; Slg. 1963, 215 [240]; vgl. auch EuGH, Slg. 1984, 1969 ff. [Rn. 11]; EuG, Slg. 1995 II-621 Rn. [58]; *Herdegen*, Die Haftung der EWG für fehlerhafte Rechtsetzungsakte, 148 ff.

[306] Vgl. *Grabitz/Hilf*, Art. 288 Rn. 13

[307] *Koenig/Haratsch* Rn. 368

[308] *Gilsdorf/Niejahr* in: von der Groeben/Schwarze, Art. 288 Rn. 67

[309] *Streinz* Rn. 552

[310] Vgl. *Herdegen* Rn. 225; auch *Oppermann* [Rn. 755]. Es soll aber auch darauf hingewiesen werden, daß der Gerichtshof ursprünglich auch der Schadensersatzklage gegen normative

Allerdings weist auch diese Rechtsschutzmöglichkeit wiederum eine Reihe von Schwächen auf. Zum einen gesteht der Gerichtshof dem Gemeinschaftsgesetzgeber einen weiten Ermessensspielraum zu.[311] Zum anderen trifft er häufig nur eine Entscheidung dem Grunde nach, nicht über die Höhe des Anspruches.[312] Die zentrale Schwäche besteht aber in der fehlenden Möglichkeit einer allgemeinen Nichtigerklärung der rechtswidrigen Handlung. Im Falle eines normativen Unrechtes bleibt somit die Gültigkeit der dem Schaden zugrunde liegenden Verordnung unberührt. Die Schadens*ursache* bleibt vielmehr weiter bestehen. Es kann damit zu weiteren Schadenseintritten kommen – auch bei demjenigen, welcher erfolgreich auf die Leistung von Schadensersatz geklagt hat –, ohne daß den unmittelbar Betroffenen die Möglichkeit zur Verfügung stände, sich gegen diese bereits auf primärer Ebene rechtlich zur Wehr setzen zu können.

Auf dieses unbefriedigende Ergebnis, welches eine Verweisung der Betroffenen auf die Schadensersatzklage mit sich bringen würde, weist auch das EuG in seinem Urteil in der Rs. Jégo-Quéré hin: Mit der Schadensersatzklage lasse sich ein Rechtsakt auch dann nicht aus der Gemeinschaftsrechtsordnung entfernen, wenn er rechtswidrig sein sollte. Dies sei auf die von der Nichtigkeitsklage verschiedenen Voraussetzungen betreffend die Zulässigkeit und die Begründetheit zurückzuführen. Die Konsequenz daraus sei, daß der Gemeinschaftsrichter nicht in die Lage versetzt würde, die vollumfängliche Rechtmäßigkeitskontrolle durchzuführen, da als Maßstab andere Voraussetzungen in der Zulässigkeit und der Begründetheit heranzuziehen seien. Insbesondere bei Maßnahmen allgemeiner Geltung erstrecke sich die gerichtliche Kontrolle nicht auf alle Faktoren, sondern beschränke sich darauf, die hinreichend qualifizierten Verstöße gegen Rechtsnormen zu sanktionieren, deren Zweck es sei, dem Einzelnen Rechte zu verleihen.[313]

Rechtsakte gegenüber eine engere Rechtsauffassung vertreten hat, *Rasmussen*, Why is Article 173, ELR 1980, 112 ff. [123] mwN.

311 Hierzu unten unter Punkt Kapitel 5, Teil 1, Punkt 2.4.

312 Vgl. z.B. EuGH, Slg. 1990 I-2477 ff. [Rn. 30]; EuGH, Slg. 1992 I-3061 ff. [Rn. 37 f.]; weitere Rechtsprechungsnachweise bei *Gilsdorf/Niejahr* in: von der Groeben/Schwarze, Art. 288 Fn. 203. Außerdem ist die Subsidiarität dieser Rechtsschutzmöglichkeit gegenüber entsprechenden nationalen Rechtsbehelfen zu bedenken, *Koenig/Haratsch* Rn. 373; ausführlich *Herdegen*, Die Haftung der EWG für fehlerhafte Rechtsetzungsakte, 151 ff.

313 EuG, Slg. 2002 II-2365 ff. [Rn. 46]

III. Art. 230 EGV – Rechtschutzziel einer Nichtigkeitsklage

Das Ziel der Nichtigkeitsklage nach Art. 230 EGV ist in Abgrenzung zu den anderen Rechtsschutzarten auf die primärrechtliche Ebene gerichtet. Sie eröffnet die Möglichkeit, die Rechtmäßigkeit der Handlungen der Gemeinschaftsorgane bereits frühzeitig zu überprüfen. Im Gegensatz zur Amtshaftungsklage ist die Nichtigkeitsklage auf die Beseitigung der rechtswidrigen Maßnahme gerichtet.[314]

Grundsätzliches Schutzziel dieser Klageart ist die Einhaltung der objektiven Rechtsordnung[315], im Falle des Abs. 4 tritt daneben zusätzlich noch der Schutz einer individuellen Rechtsposition.[316] Sollte sich die Klage als begründet erweisen, erklärt der Gerichtshof in seinem Urteil die angefochtene Handlung für nichtig, Art. 231 Abs. 1 EGV. Das Urteil wirkt nicht nur erga omnes[317], sondern auch ex tunc.[318] Dadurch verliert die angefochtene Maßnahme und eventuell weitere darauf gestützte Handlungen rückwirkend ihre Existenzberechtigung.[319]

IV. Nicht erfaßte Sachverhalte

Anhand dieser kurzen Übersicht zeigt sich eine umfangreiche Erfassung von Sachverhalten, die der Rechtsprechung des Gerichtshofes unterworfen sind und die auch durch den Einzelnen zu seinen Gunsten in Anspruch genommen werden können. Anders ist jedoch die Rechtslage im Fall des Betroffenseins in subjektiven Rechten des Gemeinschaftsrechtes durch EG-Vorschriften mit normativem Charakter. Hier eröffnet sich der Rechtsschutz nur, wenn man in der Lage ist darzulegen, man sei durch die betreffende(n) Vorschrift(en) aufgrund bestimmter persönlicher Eigenschaften oder besonderer, ihn aus dem Kreis aller übrigen Personen

---

314 *BBPS*, Rn. 552; *Oppermann* [Rn. 755]; zur teilweisen Nichtigerklärung siehe EuGH, Slg. 1998 I-1375 ff. [Rn. 256 ff.]

315 EuGH, Slg. 1979, 2575 ff. [Rn. 6]; *Oppermann* [Rn. 741]

316 Vgl. z. B. die Ausführungen in EuGH, Slg. 1963, 767 ff. [799], *Schwarze*, EU, Art. 230 Rn. 1

317 *Mackenzie Stuart/Warner*, Judicial Decision, 273 ff. [277]; *Mertens de Wilmars*, Annulation, 283 ff. [285 f.]; *Matthies*, Bindungswirkung, 304 ff. [311]

318 Schlußanträge des GA Mayras vom 27.6.1973, Slg. 1973, 1076 ff. [1078]; *Streinz* Rn. 537; *Matthies*, a.a.O.; *Constantinesco*, Recht der Europäischen Gemeinschaften [Rn. 754]

319 *BBPS*, Rn. 565

heraushebender Umstände in seinen Interessen[320] berührt und deshalb in ähnlicher Weise betroffen wie ein Adressat[321]. Die "Plaumann-Formel" ist allerdings immer wieder variiert worden und hat folglich nicht zu trennscharfen und somit kaum praktikablen Ergebnissen geführt.[322]

Von diesen Möglichkeiten der Rechtsschutzgewährung nicht erfaßt werden folglich die Sachverhalte, in denen Vorschriften normativen Charakters keines weiteren Umsetzungsaktes mehr durch die Mitgliedstaaten oder – in seltenen Fällen – durch die Gemeinschaft selber[323] bedürfen (sog. self-executing-Normen). An dieser Stelle wird das in Kapitel 2 aufgeworfene Problem relevant. Je nach Ausgestaltung der jeweiligen Regelung begrenzt diese unmittelbar den gemeinschaftsrechtlich garantierten Freiheitsbereich, ohne daß der Betroffene Umstände ähnlich einem Adressaten geltend machen kann.

Vielmehr bestimmt sich in dem Moment, in dem eine legislative Maßnahme "nur" den Bereich subjektiver Rechte tangiert, die Lage des Einzelnen aus der Zugehörigkeit zu einer Personengruppe, die sich allein nach gattungsmäßigen Merkmalen bestimmen läßt. Diese Gruppe ist nicht im Sinne einer Entscheidung als von Anfang an bestimmt anzusehen. Je nach Regelungsinhalt der betreffenden Verordnung kommt ein größerer oder auch kleinerer Personenkreis in Betracht, der im Hinblick auf den Regelungsinhalt der Verordnung dieser gegenüber subjektive Rechte geltend machen könnte, bezogen auf die jeweils konkret betroffenen Personen jedoch variabel, also nach Anzahl und Identität auch in zeitlicher Hinsicht veränderbar ist.

Allein aufgrund der quantitativen Zunahme der gesetzgebenden Tätigkeit der EG im Verlauf der Jahre nimmt auch die Möglichkeit bzw. die Gefahr eines Eingriffes insbesondere in den Freiheitsbereich zu. Besonders wahrscheinlich ist dies im Hinblick auf die nach der Rechtsprechung des Gerichtshofes im Gemeinschaftsrecht anerkannte Berufs-

---

320 Nicht geltend zu machen braucht man dagegen die Beeinträchtigung einer Rechtsposition; EuGH, Slg. 1981, 2639 ff. [Rn. 9]; *Streinz* Rn. 530. Daher greift auch die Kritik von *Braun/Kettner*, Die Absage des EuGH, DöV 2003, 58 ff. [63] nicht ein, wonach theoretisch Fälle denkbar sein sollen, in denen die Plaumann-Formel zu einer Bejahung, die neue Formel dagegen zu einer Verneinung der Zulässigkeit führen könnte.

321 EuGH, Slg. 1963, 211 ff. [238], st. Rspr.

322 *Allkemper*, Der Rechtsschutz des einzelnen nach dem EGV, S. 86; *Oppermann* [Rn. 754]

323 Vgl. z.B. EuGH, Slg. 1989, 3457 ff. [Rn. 10-12]; *Streinz* Rn. 468; *Oppermann* [Rn. 638]

freiheit[324], mitunter auch im Hinblick auf die Eigentumsgarantie[325], was sich aus dem Tätigkeitsschwerpunkt der Gemeinschaft im wirtschaftsrechtlichen Bereich ergibt. Eine Beeinträchtigung anderer Grundrechte kann aber trotz dieses Schwerpunktes angesichts des immer mehr Sachbereiche erfassenden Gemeinschaftsrechtes nicht von vornherein ausgeschlossen werden. Die potentielle Beschränkung rechtlicher Positionen des Einzelnen betrifft aber nicht nur die Sachverhalte, die den grundrechtlich relevanten Bereich tangieren, auch wenn dies die augenfälligste Fallkonstellation eines Eingriffes in die Freiheits- und Rechtssphäre des Einzelnen sein mag. Dieser Gedanke und die damit verbundene Problematik ist auch auf andere Rechte übertragbar, welche begünstigenden und subjektiven Charakter haben und dem Betroffenen durch das Gemeinschaftsrecht zugesprochen werden. Hinsichtlich dieser Rechte besteht dasselbe Risiko eines Eingriffes durch normative Akte wie bei den Gemeinschaftsgrundrechten, bei denen der Betroffene lediglich durch allgemeine Aspekte zu ermitteln und dementsprechend nach der bisherigen Rechtsprechung nicht individuell bestimmbar ist.

Für den Einzelnen macht es keinen Unterschied, ob die Beschränkung dieser Rechtspositionen durch eine Entscheidung im Sinne von Art. 249 Abs. 4 EGV oder durch eine Verordnung im Sinne von Art. 249 Abs. 2 EGV ohne eine weitere Umsetzung erfolgt. Die ungerechtfertigte Beschränkung der einschlägigen Rechtsposition in Verbindung mit dem self-executing-Charakter der Vorschrift hat für den Betroffenen vielmehr die gleiche Wirkung wie eine Entscheidung. Der einzige Unterschied besteht darin, daß er nicht explizit als Adressat benannt wird, da die Verordnung sich dem Grunde nach an alle Unionsbürger bzw. dem Gemeinschaftsrecht unterworfenen Personen richtet.

Die soeben dargestellte prozessuale Situation führt folglich dazu, daß bei Vorliegen eines solchen Sachverhaltes letztendlich weder vor nationalen noch vor dem Gerichtshof eine Rechtsschutzmöglichkeit besteht, die materiell-rechtlichen Rechtspositionen des Gemeinschaftsrechtes geltend machen zu können. Die dem Einzelnen zugesicherten Rechte können also nur in eingeschränktem Maße gegenüber der Hoheitsgewalt der Gemeinschaft geltend gemacht werden. Die fehlende zahlenmäßige Eingrenzbar-

---

324 EuGH, Slg. 1987, 1365 ff. [Rn. 26/29]; vgl. auch Art. 12 der Erklärung des EP vom 12.4.1989, ABl. der EG Nr. C 120, 52 ff.

325 Grundlegend EuGH, Slg. 1979, 3727 ff. [Rn. 17]; Slg. 1994 I-4973 ff. [Rn. 64 ff., 77 ff.]; vgl. auch Art. 9 der Erklärung des EP vom 12.4.1989, ABl. der EG Nr. C 120, 52 ff.

keit des Personenkreises führt zu der etwas paradoxen Situation, daß eine Verordnung unabhängig von der Schwere des Eingriffes in die betroffene Rechtsposition um so weniger angegriffen werden kann, desto mehr Personen durch sie potentiell betroffen sind / sein können. Umgekehrt reicht der Rechtsschutz um so weiter, je enger sich der Personenkreis darstellt, da nur ein kleiner Personenkreis vom Gerichtshof eine Stellung ähnlich der eines Adressaten zugesprochen bekommen wird. Um folglich die Eingrenzbarkeit des betroffenen Personenkreises zu bewirken, reicht es von seiten des Rates aus, die betreffenden Regelungen hinsichtlich des dadurch betroffenen Personenkreises lediglich anhand allgemeiner, objektiver Kriterien zu definieren.

Zusammenfassend läßt sich damit festhalten, daß durch normative Akte der Gemeinschaft in materiell-rechtliche Rechtspositionen des Einzelnen dann ohne die korrespondierende Rechtsschutzmöglichkeit eingegriffen werden kann, wenn es keines weiteren Umsetzungsaktes bedarf und diese sich nicht erkennbar an einen bestimmten Adressatenkreis richten. Die Schwere des Eingriffes und der Stellenwert des verletzten Rechtes finden hierbei keinerlei Berücksichtigung.

In einem ersten Teil wird nun dargestellt werden, inwieweit der Ausschluß eines solchen direkten Klagerechtes in diesen Konstellationen durch die Rechtsprechung des EuGH in Bezug auf Normativakte gerechtfertigt sein könnte. Im Fall der Verneinung dieser Rechtfertigung ist zu fragen, ob nicht eine entsprechende Verpflichtung seinerseits zur Gewährung des erforderlichen Rechtsschutzes existiert.

Teil 1
Die Möglichkeit eines anderen inhaltlichen Verständnisses der vertraglichen Regelung und die Grenzen der Rechtsprechungsgewalt

A. Eine Änderung der Rechtsprechung des EuGH als Handeln ultra vires

Zunächst ist auf eine Schranke einzugehen, welche die kompetenziellen Grenzen der Gemeinschaft nach außen im Verhältnis zu den Mitgliedstaaten als Vertragsstaaten betrifft. Es handelt sich um die Kompetenzbegrenzung dieser und ihrer Organe seitens der Mitgliedstaaten, welche als souveräne Staaten über den Inhalt des Vertrages bestimmen und jenseits des Vertrages von ihrer Souveränität nichts eingebüßt haben. Dementsprechend weist der Gerichtshof darauf hin, eine grundsätzliche Änderung des Klagesystemes des EGV bedürfe der Einhaltung des Verfahrens nach Art. 48 EUV.[326] Eine Neudefinition des Begriffes der individuellen Betroffenheit durch die Rechtsprechung bewege sich nicht mehr im Rahmen der gemäß Art. 220 ff. EGV sich ergebenden Kompetenzen, sondern stelle einen Wegfall der vertraglichen Regelung dar.[327]

Ein solcher Standpunkt ist allerdings um so erstaunlicher, als der Gerichtshof sein Mandat, das ihm gemäß Art. 220 EGV übertragen worden ist, sehr dynamisch verstanden hat, was immer wieder zu einer sehr integrationsfreundlichen "Auslegung" des Vertrages geführt hat.[328] Darüber hinaus zielt weder die Definition von GA Jacobs noch die des Europäischen Gerichtes erster Instanz darauf ab, diese Zulässigkeitsvoraussetzung entfallen zu lassen. Da der EuGH sich an dieser Stelle jedoch diesen Standpunkt zu eigen gemacht hat, ist die Frage aufzuwerfen, ob ein anderes Verständnis der in Art. 230 Abs. 4 EGV enthaltenen Rechtsbegriffe einen Eingriff in die Vertragshoheit der Mitgliedstaaten darstellt.

---

[326] EuGH, Slg. 2002 I-6677 ff. [Rn. 45]. Eine ähnliche Argumentation klingt bereits in EuGH, Slg. 1995 I-4149 ff. [Rn. 26] an. Siehe auch allgemein den Hinweis bei *Sack*, Lücken im Rechtsschutzsystem, 319 ff. [321, 324 ff.]

[327] EuGH, Slg. 2002 I-6677 ff. [Rn. 44]

[328] *Herdegen*, Rn. 153

I. Der Regelungsgehalt des Art. 48 EUV

Unabhängig von der Frage, inwieweit das allgemeine Völkerrecht im Rahmen des Europäischen Gemeinschaftsrechtes, soweit es in der Form des Vertragsrechtes betroffen ist, zur Anwendung kommt[329], regelt der Art. 48 EUV das Verfahren der Vertragsänderung. Zentraler Punkt hinsichtlich der Anwendbarkeit dieser Vorschrift ist die Klärung der Frage, was konkret unter dem Begriff der "Änderung" zu verstehen ist. Art. 48 EUV erfaßt Änderungen, die den Wortlaut der Verträge betreffen. Die Vertragsänderung wird dabei definiert als die Streichung, Umänderung oder das Hinzufügen von materiellen Vorschriften oder Verfahrensregeln.[330] Eine Änderung kann dagegen nicht außerhalb des EG-Vertrages stattfinden, wenn die Mitgliedstaaten diesen mittels Gemeinsamen Erklärungen, Staatenpraxis oder evtl. parallelen Verträgen ergänzen. Diese Mittel dienen ausschließlich der Interpretation und Ergänzung.[331]

Damit ist dem Grunde nach im Hinblick auf Art. 48 EUV auf die vielzitierte Begrifflichkeit der Mitgliedstaaten als "Herren der Verträge" zurückzugreifen[332], auch wenn derselbe Artikel ihnen gleichzeitig hinsichtlich des Verfahrens der Vertragsänderung wiederum Beschränkungen auferlegt.[333] Die Norm ist insoweit als Kompetenzvorbehalt zugunsten der Mitgliedstaaten in ihrer Funktion als Vertragsstaaten zu werten, hinter den

---

329 Vgl. zu dieser Frage *Everling*, Sind die Mitgliedstaaten noch Herren der Verträge? 173 ff.; *ders.*, Stellung der Mitgliedstaaten, 1161 ff.

330 *Grabitz/Hilf*, Art. 48 EUV [Rn. 6]; *Meng* in: G/T/E, Art. N [Rn. 34]

331 Vgl. hierzu *Meng* [a.a.O. sowie Rn. 100]; vgl. zu dem insoweit parallelen Problem in Deutschland bezogen auf die Aussage, daß sich eine Änderung der Verfassung in deren Wortlaut niederschlagen muß: *Jarass/Pieroth*, Art. 79 Rn. 2-4. De facto ist dies jedoch nach der sog. "Politik des leeren Stuhles" durch Frankreich aufgrund der Luxemburger Vereinbarung praktiziert worden. Beschlüsse im Agrarbereich sollten nach dem Recht der Verträge mit qualifizierter Mehrheit gefaßt werden. Dagegen wandte sich Frankreich und blockierte die Arbeit des Rates. Der Kompromiß bestand dann in der Formel, daß Beschlüsse nur noch mit Einstimmigkeit gefaßt werden konnten, wenn ein Mitgliedstaat oder mehrere Staaten sehr wichtige Interessen geltend macht bzw. machen, ohne daß dies vertraglich vorgesehen war; hierzu *Streinz* Rn. 264 ff.

332 Vgl. hierzu auch BVerfGE 75, 223 ff. [242] sowie die Kritik von *Everling*, Stellung der Mitgliedstaaten, 1161 ff. [1162 f.]; BVerfGE 89, 155 ff. [190]

333 *Streinz* Rn. 123. Der Gerichtshof hat daneben in seinem Urteil zum EWR-Gutachten deutlich gemacht, daß außerdem auch noch materielle Schranken bestehen, welche im Hinblick auf das Fortbestehen der Gemeinschaft bei Vertragserneuerung von den Mitgliedstaaten auch nicht im Wege des Art. 48 EUV abgeändert werden können. EuGH, Slg. 1991 I-6079 ff. [Rn. 71 f.]

die gemeinschaftsrechtliche Rechtsprechung durch den Gerichtshof zurückzutreten hat.

II. Rechtsentwicklung im internationalen Recht durch die Gerichte

Allerdings schließt die völkerrechtliche Kompetenz der Mitgliedstaaten neben dieser im Rahmen der Zuständigkeit von Gerichtshof und EuG (Art. 46 EUV) die Weiterentwicklung des Rechtes etwa durch richterliche Rechtsfortbildung nicht aus. Vielmehr kann diese Methode der Rechtsentwicklung heute als allgemein anerkannt bezeichnet werden.[334] Interpretation und Inhaltsbestimmung der vertraglichen Regelungen sind als Minus zur Rechtsfortbildung folglich erst recht möglich, da sie die bestehenden und regelmäßig abstrakt abgefaßten Vertragsvorschriften konkretisieren und eine klare Grenzziehung zwischen Auslegung und darüber hinausgehende Rechtsfortbildung nicht immer möglich ist.[335] Die erwähnten Charakteristika des Gemeinschaftsrechtes implizieren daher gerade eine Kompetenz des EuGH – in den Schranken des Vertrages – (auch) zur rechtsfortbildenden Auslegung.[336] Grundlegender Ausgangspunkt des Vertrages ist, wie bereits erwähnt, Art. 220 EGV, der dem EuGH die "Wahrung des Rechtes" aufgibt.[337]

Bei dieser Problematik der Rechtsentwicklung durch die Gerichte handelt es sich um eine solche, die auch im Bereich der nationalen Rechtsordnungen bekannt ist und diskutiert wird.[338] Insofern könnte sich zunächst die Frage stellen, inwieweit der staatsrechtliche Ansatz der Gewaltenteilung sich auf eine völkerrechtliche Organisation wie die EG übertragen läßt. Doch auch Gerichte im internationalen Bereich – wie z. B. der IGH – hatten sich mit der Problematik auseinanderzusetzen, an welcher Stelle die Grenze der Rechtsprechung verläuft und an welcher bereits die

---

334 *Zuleeg*, JZ 1994, 1 ff. [3, 6]

335 *Ukrow*, Richterliche Rechtsfortbildung, S. 71 f.

336 *Zuleeg*, JZ 1994, 1 ff.; ausführlich *Ukrow*, Richterliche Rechtsfortbildung, S. 90 ff. sowie jüngst *Michel*, Kompetenzentwicklung, insb. S. 144 ff. sowie S. 161 ff.

337 *BBPS* Rn. 520

338 Anerkannt durch die st. Rspr. des BVerfG; BVerfGE 8, 28 ff. [34 f.]; 34, 269 ff. [286 ff.]; 37, 67 ff. [81 f.]; 49, 304 ff. [318 ff.]; 54, 224 ff. [235]; 54, 277 ff. [299 f.]; 57, 220 ff. [248]; 59, 231 ff. [256 f.]; 69, 315 ff. [369 ff.]; 71, 354 ff. [363]; 84, 212 ff. [226 f.]; 88, 103 ff. [115 f.]

Rechte und Kompetenzen der Vertragspartner tangiert sind.[339] Selbst im Bereich des Völkerrechtes ist jedoch anerkannt, daß ein Gerichtshof die Möglichkeit einer extensiven Auslegung von Vorschriften besitzt. Dabei darf er nur nicht rechtsschöpfend tätig werden und den zwischen den Vertragsparteien gefundenen Konsens im Wege der Rechtsprechung unterlaufen.[340] Besonders deutlich wird dies im Bereich der Rechtsprechung des EGMR.[341]

III. Die Stellung des Gerichtshofes der Europäischen Gemeinschaften[342]

Von internationalen Gerichten wie dem IGH zu unterscheiden ist der Gerichtshof der Europäischen Gemeinschaft. Zwar basiert seine Legitimation auf einem völkerrechtlichen Vertrag und seine Rechtsprechungskompetenz bezieht sich auf Fragestellungen, die nicht dem nationalen Recht zugeordnet werden können, so daß es sich auch bei ihm dem Grunde nach um ein internationales Gericht handelt. Seine nach dem EG-Vertrag definierte Funktion ist jedoch eine andere. Während andere internationale Gerichte nur dann entscheiden können, wenn sie durch die betroffenen souveränen Staaten aufgrund einer Streitigkeit angerufen werden, statuiert der EG-Vertrag in Art. 292 EGV eine obligatorische Gerichtsbarkeit, welche über die ansonsten "nur punktuelle Zuständigkeit internationaler Gerichte weit hinausgreift".[343] Kennzeichnend für den Europäischen Gerichtshof ist seine Stellung in der Gemeinschaftsstruktur, deren Bestandteil er nicht nur selber ist und somit unmittelbaren Einfluß auf deren Entwicklung hat, sondern auch seine gegenüber den anderen Gemeinschaftsorganen gleichberechtigte Stellung (vgl. Art. 7 EGV).[344] Wichtiger Aspekt seiner Rechtsprechung ist somit die Überwachung der Einhaltung der nach dem EG-Vertrag vorgenommenen Aufgaben- und

---

[339] Vgl. hierzu die Entscheidungen ICJ Reports 1966, 6 ff. (Südwestafrika-Fall) sowie ICJ Reports 1975, 12 ff. (Western Sahara)

[340] Vgl. hierzu ICJ Reports 1975, 12 ff. (Western Sahara); *Ipsen* § 19 Rn. 16; anders noch ICJ Reports 1966, 6 ff. (Südwestafrika-Fall); vgl. auch *Bernhardt*, Rechtsfortbildung durch internationale Richter, 527 ff. [530 f.]

[341] *Bernhardt*, Rechtsfortbildung durch internationale Richter, 527 ff. [535 ff.]

[342] Ausführlich hierzu die Analyse von *Rasmussen*, On Law and Policy sowie *Mittmann* Kapitel 4, S. 183 ff.

[343] Auch ein Gericht wie der IGH kann grundsätzlich trotz seiner Stellung als Organ der Vereinten Nationen nur aufgrund einer Vereinbarung zwischen den betroffenen Staaten tätig werden; *Hobe*, S. 428

[344] *Wolf-Niedermaier*, S. 42

Kompetenzverteilung und die damit verbundene Erhaltung des institutionellen Gleichgewichtes[345], aber eben auch die Prüfung der Vertragsmäßigkeit des abgeleiteten Gemeinschaftsrechtes, die Fortbildung des Grundrechtsschutzes sowie die präventive Kontrolle völkerrechtlicher Abkommen der Gemeinschaft mit dem EG-Vertrag.[346] Als ein *gleichberechtigtes* Organ ist der Gerichtshof und seine Rechtsprechung aber nicht nur als Ergebnis politischen Handelns in der Form eines völkerrechtlichen Vertrags zu verstehen. Es gehört zu seiner Funktion, den Rahmen und die Regeln für das weitere Handeln mitzugestalten. Möglich wird dies durch ein Mitbestimmen der Handlungsspielräume, Einflußmöglichkeiten und Machtpositionen der beteiligten Organe und Staaten[347], darin selbstverständlich die eigene Position mit eingeschlossen[348]. Aus dieser Perspektive heraus wird es auch ermöglicht, den Gerichtshof weniger als internationales Gericht denn als Verfassungsgericht der Gemeinschaft anzusehen, die ihn in die Nähe nationaler Verfassungsgerichte rückt.[349] Aus diesem, seiner eigenen Rechtsprechung zugrundegelegten Verständnis heraus steht es dem Gerichtshof offen, angesichts der im EG-Vertrag angelegten Dynamik des Rechts, dieses im Rahmen seiner Rechtsprechung von dem herkömmlichen völkerrechtlichen Verständnis zu lösen und neue Wege der Rechtsfindung zu beschreiten, und dies z. T. auch gegen den expliziten Willen der Mitgliedstaaten durchzusetzen.[350] Im Bereich von "Verfassungsfragen" stellt er die letzte Entscheidungsinstanz dar, die zur rechtsverbindlichen Klärung dieser befugt ist. Nur aus diesem Verständnis heraus erklärt sich auch die Statuierung des Vorranges des Gemeinschaftsrechtes[351], der un-

---

345 *Dänzer-Vanotti*, Rechtsprechung und Rechtsetzung, 205 ff. [206 f.]; *Wolf-Niedermaier*, S. 42; EuGH, Slg. 1994 I-625 ff. [Rn. 11 f.]

346 Hierzu im einzelnen *Iglesias*, Der EuGH als Verfassungsgericht, EuR 1992, 225 ff.

347 *Wolf-Niedermaier*, S. 16

348 *Dänzer-Vanotti*, Rechtsprechung und Rechtsetzung, 205 ff. [207]

349 *Schwarze*, in: ders., S. 11 ff. [18]

350 Vgl. dazu die Stellungnahme der niederländischen und belgischen Regierung in der Rs. Van Gend & Loos, EuGH, Slg. 1963, 1 ff. [13 f.]; die Stellungnahme der italienischen Regierung in der Rs. Costa / E.N.E.L., EuGH, Slg. 1964, 1251 ff. [1261 f.]; Rs. Kupferberg betr. die unmittelbare Wirkung von FHA, EuGH, Slg. 1982, 3641 ff. [15 ff.] – anders noch die Stellungnahmen der britischen, deutschen, dänischen, französischen und niederländischen Regierung in der Rs. Polydor, Slg. 1982, 329 ff. [340]

351 *Ipsen*, Die Verfassungsrolle des Europäischen Gerichtshofes für die Integration, in: Schwarze, S. 29 ff. [52 ff]; *Wolf-Niedermaier*, S. 96 ff.

mittelbaren Wirkung[352] und der Autonomie des Gemeinschaftsrechtes auch gegenüber dem Mitgliedstaat[353].

Mit anderen Worten: Der Gerichtshof steht nicht nur an der Schnittstelle zwischen den Mitgliedstaaten und ihren völkerrechtlichen Kompetenzen einerseits und der Gemeinschaft und ihrer von den Mitgliedstaaten übertragenen Befugnissen andererseits, welche dem Einfluß der letzteren zu einem großen Teil dadurch entzogen sind. Es gehört zu seinen ureigensten, originären Zuständigkeiten, diese Abgrenzung selbst vorzunehmen und inhaltlich zu definieren. Folglich handelt es sich nicht um eine Überschreitung der ihm zugeteilten Kompetenzen, sondern um das Gegenteil, nämlich deren Wahrnehmung.

Lecourt hat diese Situation bereits 1976 wie folgt beschrieben: "Dès lors, le juge ne pourrait pas, sans trahir son rôle, se condidérer comme l'interprète d'un droit achevé, constituant le terme ultime de rapports organiques entre États. Il est, par les traités mêmes, obligé de se placer au cœur de la perspective dynamique par eux tracée; non qu'il puisse dépasser les limites naturelles d'un pouvoir purement judiciaire, mais qu'il doive dans toute l'étendue des domaines à vocation commune tirer la pléntitude des effets recherchés. Il ne peut rien ajouter aux traités, mais il doit leur donner tout leur sens et faire porter à leurs dispositions toutes les conséquences utiles, explicites ou implicites que la lettre et l'esprit commandent."[354]

IV. Die Rechtsfortbildung des EuGH in der Rechtsprechung des BVerfG

Grundsätzlich geht auch das BVerfG aus der Sicht des Grundgesetzes von der Zulässigkeit der Rechtsfortbildung durch den EuGH aus.[355] Zur Begründung beruft sich das Gericht darauf, nach europäischer Rechtstradition sei der Richter nie ausschließlich "la bouche qui prononce de la loi" gewesen. In diesem Sinne sind daher auch die Gemeinschaftsverträge

---

[352] *Wolf-Niedermaier*, S. 78 ff.

[353] ausführlich *Ipsen*, Die Verfassungsrolle des Europäischen Gerichtshofes für die Integration, in: Schwarze, S. 29 ff. [54 ff.]; *Wolf-Niedermaier*, S. 74

[354] *Lecourt*, S. 237; ähnlich wurde dies auch vom amerikanischen Chief Justice C. E. Hughes ausgedrückt: "We are under a constitution, but the constitution is, what the judges say it is." hier zit. nach *Rüthers*, Rechtstheorie [Rn. 244]

[355] BVerfGE 75, 223 ff. [241 ff.]; 89, 155 ff. [209 f.]; 73, 339 ff. [378 f.]

und die daraus folgende Aufgabe des Europäischen Gerichtshofes zu verstehen.[356]

V. Schlußfolgerung

Damit ist festzuhalten, daß die im Vertrag angelegte Dynamik fortschreitender Integration letztendlich bis auf die Kompetenz der rechtsprechenden Gewalt durchdringt. Der Gerichtshof kann sich daher auf weiterreichende Befugnisse als andere Gerichte, die im zwischenstaatlichen Bereich Recht sprechen, berufen. Dementsprechend fällt es unstreitig in seine Kompetenz, unbestimmte, das heißt nicht durch den Vertrag bereits definierte Begriffe des Vertrages auszulegen, zu definieren und sie auch der zeitlichen Entwicklung und damit dem jeweiligen Stand der Integration anzupassen. Dies ist dabei möglich, ohne daß er unzulässigerweise in die Zuständigkeit der Mitgliedstaaten nach Art. 48 EUV eingriffe, diesen aber wiederum nicht die Möglichkeit nimmt, inhaltliche Festlegung hinsichtlich einzelner Vorschriften zu treffen. Dem Gerichtshof steht insofern nicht nur die Möglichkeit offen, den Vertrag "mit Leben zu erfüllen" und im Sinne der Ziele der Gemeinschaft nach Art. 2 EGV, aber auch der Präambel des Vertrages fortzuentwickeln. Dies ist ihm vielmehr aufgrund der denkbar weiten Formulierung des Art. 220 EGV sogar zum Auftrag gemacht worden.

Hinsichtlich der Frage, ob eine Neudefinition des Begriffes der individuellen Betroffenheit ein Handeln ultra vires seitens des EuGH darstelle, ist deshalb festzuhalten, daß diese Neudefinition Bestandteil seiner Kompetenzen ist. Aufgrund der Anknüpfungspunkte im geschriebenen Recht über Art. 220 und 230 Abs. 4 EGV bestand nicht das Erfordernis, seine Kompetenz unter Hinweis auf Art. 48 EUV zu verneinen.

B. Mögliche Grenzen einer Rechtsprechungsänderung zugunsten der unmittelbaren Anfechtbarkeit von EG-Rechtssetzungsakten innerhalb der Gemeinschaftsrechtsordnung

Nicht vom Gerichtshof in Erwägung gezogen wurde der folgende Aspekt, der sich mit der Frage der Zuständigkeitsverteilungen befaßt, wie sie sich aus dem EG-Vertrag entnehmen lassen. Gleichwohl soll auch diese Frage diskutiert werden, da eine gewisse Ähnlichkeit zu dem Problem der Ab-

---

[356] BVerfGE 75, 223 ff. [244]

grenzung zu Art. 48 EUV gegeben ist, als es die Kehrseite des soeben diskutierten Punktes darstellt. Wie bereits die vorhergehend erörterte Frage, inwieweit die Mitgliedstaaten aufgrund ihrer völkerrechtlichen Kompetenzen der Rechtsprechung des Gerichtshofes Grenzen setzen können, stellt sich nun das Problem, ob nicht die innergemeinschaftliche Kompetenzverteilung ähnlich der Gewaltenteilung eines Staates eine Grenze für die Interpretation der Verträge bildet. Insofern geht es auch hier um eine Abgrenzung unterschiedlicher Kompetenzbereiche. Allerdings betrifft diese Abgrenzung nicht das Verhältnis des Gerichtshof zu "außerhalb" der Gemeinschaftsverträge stehenden Berechtigten, sondern das Verhältnis zu anderen Gemeinschaftsorganen, nämlich dem Rat als dem Gesetzgeber in dieser.

I. Der Begriff des Gesetzgebers auf der Ebene der Europäischen Gemeinschaft

Mitunter werden die Gemeinschaftsorgane, welche am Zustandekommen der legislativen Maßnahmen jeweils beteiligt sind, als "Gesetzgeber" der Europäischen Gemeinschaft bezeichnet. Zum Teil werden eine Reihe von Bedenken gegen diese Begrifflichkeit vorgebracht. Der Begriff der Gesetzgebung würde suggerieren, es handele sich um parlamentarisch legitimierte Rechtsetzungsakte.[357] Im Rahmen der Rechtsetzung durch den Rat und die Kommission – sei es nun in der Form einer Verordnung oder auch in der Form einer Richtlinie – ist dies gerade nicht der Fall. Da der Schwerpunkt dieser Gesetzgebung beim Rat liegt, wird das Recht vielmehr durch ein Organ einer internationalen Organisation (fast) alleine geschaffen, welches sich aus den Exekutiven der Mitgliedstaaten zusammensetzt.[358] Dagegen

[357] *Grams*, Zur Gesetzgebung der europ. Union, S. 71

[358] Zur praktizierten und vom EuGH anerkannten Selbstermächtigung des Rates *Hummer*, Das "institutionellen Gleichgewicht", 459 ff. [472 f.]. Dagegen scheint die Kritik von *Grams* a.a.O., S. 70, in Bezug auf die in den Verträgen verwandte Begrifflichkeit nicht plausibel, da als Maßstab die Bedeutung angelegt wird, welche den Begriffen "Verordnung" und "Gesetz" im Rahmen der Rechtsordnung der Bundesrepublik beigemessen wird. Diese Sichtweise ist jedoch zu einseitig und übersieht, daß ähnlichen oder gleichen Begriffen in verschiedenen Zusammenhängen auch verschiedene Bedeutungen zukommen können. Vgl. zu letzterem als Beispiel nur das unterschiedliche Verständnis des Begriffes der öffentlichen Gewalt in Art. 19 Abs. 4 GG einerseits und Art. 93 Nr. 4a GG andererseits; hierzu jeweils *Krüger* in Sachs, Art. 19 Rn. 120 ff. bzw. *Sturm*, a.a.O., Art. 93 Rn. 74 ff. Siehe auch den entsprechenden Hinweis in EuGH, Slg. 1991 I-6079 ff. [Rn. 14]: "Die wörtliche Übereinstimmung der Bestimmungen des Abkommens mit den entsprechenden gemein-

hat sich der Begriff der Gesetzgebung bereits seit einiger Zeit für diesen Vorgang eingebürgert[359] und seinen Weg auch schon in die Rechtsprechung des EuGH gefunden.[360] Gegen die Verwendung dieses Begriffes ist schließlich grundsätzlich dann nichts einzuwenden, wenn man sich bei seiner Verwendung auch bewußt ist, von einer Rechtsetzungsform zu sprechen, welche zwar Rechtsakte mit unmittelbar verpflichtender Wirkung für die Bürger der Mitgliedstaaten hervorbringt,[361] die jedoch gerade *nicht* im Wege eines *parlamentarisch* legitimierten Gesetzgebungsverfahren zustande gekommen ist. Immerhin sind der Europäischen Gemeinschaft Hoheitsrechte übertragen worden, welche die Befugnis zur Rechtsetzung auf der Rechtsgrundlage der vertraglichen Vorschriften nicht nur erlaubt, sondern in diesem Bereich die Rechtsetzung durch die Mitgliedstaaten oder eines einzelnen Mitgliedstaates ausschließt.[362] Materiell-rechtlich betrachtet macht es für den betroffenen Privaten aufgrund der Definition der Wirkungsweise einer Verordnung in Art. 249 Abs. 2 EGV keinen Unterschied, ob die Rechtsregel, mit der er konfrontiert wird, nun als Verordnung oder als Gesetz bezeichnet wird, da die Wirkung in beiden Fällen identisch ist.

Letztlich sollte hierbei bedacht werden, daß es sich um einen Streit um Worte handelt, der solange zu keinen Differenzen in der Praxis führt, wie man sich der Besonderheiten auf der Ebene der Gemeinschaft bewußt ist. Auch nach der Terminologie des Verfassungsvertrages liegt die Bezeichnung des Rates als Europäischen Gesetzgeber nahe. Der Entwurf sieht

---

schaftsrechtlichen Bestimmungen bedeutet nicht, daß beide notwendigerweise gleich auszulegen sind."

359 Siehe hierzu nur die Beiträge von *Kutscher*, Über den Gerichtshof, 392 ff. [392]; *Schwarze*, Funktionen des Rechtes in der Europäischen Gemeinschaft, in: ders., Gesetzgebung, 9 ff. [15 ff.]; *v. Simson*, Rechtsetzungsaufträge in der Europäischen Gemeinschaft, in: a.a.O., 55 ff. [57]

360 EuGH, Slg. 1995 I-4149 ff. [Rn. 29]: Richtlinie als Form der mittelbaren Gesetzgebung; vorsichtig noch EuGH, RsprGH Bd. II, 197 ff. [227]: Bei einer allgemeinen Entscheidung handele es sich fast um einen Gesetzgebungsakt.

361 *Wagner*, Das Recht der EWG, DöV 1965, 307 ff. [308]; für Verordnungen vgl. Art. 249 II EGV; bzgl. Entscheidungen vgl. Art. 249 IV EGV; a.A. entgegen des klaren Wortlautes der Vorschrift noch *Schlochauer*, AVR 63 S. 1 ff. [24 ff.]

362 EuGH, Slg. 1970, 69 ff. [Rn. 4] mit Anm. Ipsen in EuR 1970, 243 ff., 246 ff.; Slg. 1970, 451 ff. [Rn. 4] = EuR 1970, 334 ff. mit Anm. Ipsen in EuR 1971, 39 ff.; *Meier*, Mitwirkung der BReg. bei der Gesetzgebung, NJW 1971, 961 ff. [961]

nämlich nunmehr ein "Europäisches Gesetz" vor.[363] Auch daraus kann die Berechtigung der hier verwandten Begrifflichkeit eines europäischen Gesetzgebers gefolgert werden.

II. Die Besonderheiten der Gesetzgebung auf europäischer Ebene im Vergleich zur nationalen Gesetzgebung

Trotz der äußerlich identischen Begrifflichkeit darf aber, wie bereits hervorgehoben, über die vorhandenen formalen Differenzen nicht hinweggesehen werden. Daher ist eine genauere Betrachtung der Organe und ihrer Zusammensetzung erforderlich, welche in Abgrenzung zur Gesetzgebung auf nationaler Ebene bei der Gesetzgebung auf der Ebene der Europäischen Gemeinschaft mitwirkend beteiligt sind. Das zentrale Augenmerk ist zur Beurteilung der Vergleichbarkeit der Rechtsetzung mit dieser auf der nationalen Ebene auf die Rollenverteilung zwischen Rat, Kommission und Parlament zu richten.

1. Die Stellung des Rates im Rahmen des Gesetzgebungsverfahrens

Der Rat[364] als ein Organ der Gemeinschaft (Art. 7, 202 ff. EGV) ist auf die Aufgaben und ihre Ausführung begrenzt, die ihm in den Verträgen zuge-

---

363 Nach Art. I-32 Abs. 1 Uabs. 1 VerfVertr übt die Union die ihr in der Verfassung übertragenen Zuständigkeiten mittels der dort aufgezählten Rechtsakte aus. Hierzu gehört die Variante des Erlasses eines Europäischen Gesetzes. Nach Uabs. 2 ist dieses ein Gesetzgebungsakt mit allgemeiner Geltung. Es ist in allen seinen Teilen verbindlich und gilt unmittelbar in jedem Mitgliedstaat. Diese Definition entspricht der Sache nach dem bisherigen Art. 249 Abs. 2 EGV. Es besteht zwar auch nach dem VerfVertr die Möglichkeit, eine Verordnung zu erlassen. Nach Art. I-32 Abs. 1 Uabs. 4 ist diese aber dann ein Rechtsakt mit allgemeiner Geltung ohne Gesetzescharakter und dient der Durchführung der Gesetzgebungsakte und bestimmter Einzelvorschriften der Verfassung. Sie kann entweder in allen ihren Teilen verbindlich sein und unmittelbar in jedem Mitgliedstaat gelten oder für jeden Mitgliedstaat, an den sie gerichtet ist, hinsichtlich des zu erreichenden Zieles verbindlich sein, jedoch den innerstaatlichen Stellen die Wahl der Form und der Mittel überlassen. Zu den Verfahren siehe Art. I-34 ff. VerfVertr.

364 Zur Organisation und Arbeitsweise des Rates siehe *Sabsoub*, Der Rat, S. 17 ff.; betreffend die Entwicklung dieses Organes auch in den Verhandlungsphasen *Buerstedde*, Der Ministerrat im Aufbau und Wirken der Europäischen Gemeinschaften, JöR 14, 87 ff., *ders.*, Der Ministerrat im konstitutionellen System; zur Konzeption im VerfE *Jan-Peter Hix*, Das institutionelle System im Konventsentwurf eines Vertrages über eine Verfassung für Europa – Der Ministerrat und der Europäische Rat –, in: Schwarze, Der VerfE des Europ.

wiesen sind. Hierzu gehört die Funktion, mit den anderen Organen nach Maßgabe der jeweiligen Rechtsgrundlage rechtsetzend sekundäres Gemeinschaftsrecht zu erlassen.[365] Dabei treffen im Rat die Interessen der Mitgliedstaaten mit den gemeinschaftlichen Interessen, insbesondere vertreten durch die Kommission[366], zusammen, welche zu einem Ausgleich gebracht werden müssen.

Die Rechtsetzung erfolgt in der Regel auf Initiative der Kommission[367] durch einen Beschluß des Rates unter abgestufter Mitwirkung des Parlamentes. Das bedeutet für den Rat eine Abhängigkeit von der Kommission insoweit, als er grundsätzlich nicht im Alleingang Sekundärrecht setzen kann. Umgekehrt kann jedoch kein Rechtsakt ohne die Mitwirkung des Rates verabschiedet werden.[368] Darüber hinaus gibt es für den Rat aber auch die Möglichkeit, alleine rechtsetzend tätig zu werden, z. B. nach Art. 144 EGV. Die Beschlußfassung im Rat bildet aber nicht nur den formalen Abschluß der Rechtsetzung. Mitunter erfolgt die abschließende Fassung der Rechtsakte erst in diesem Gremium. Aus diesen Aspekten ergibt sich die zentrale Stellung des Rates bei der Rechtsetzung.[369] Die in ihm getroffenen Entscheidungen sind folglich der "Dreh- und Angelpunkt" für das spätere Sekundärrecht.

Daher ist es wichtig, sich die Zusammensetzung des Rates kurz vor Augen zu führen. Der Rat[370] besteht aus Vertretern der nationalen Regierungen im Range eines Ministers, Art. 203 Abs. 1 EGV, und als solche im Interesse und nach Weisung dieser handeln. Als Konsequenz hieraus ergibt sich, daß sich bei der Rechtsetzung auf Gemeinschaftsebene Elemente der Legislative und der Exekutive überschneiden bzw. das Zuständigkeiten, die auf nationaler Ebene grundsätzlich zumindest in ihren wesentlichen Teilen der Legislative und damit dem Parlament zwingend vorbehalten sind, auf

---

Konvents, 75 ff. [77 ff.] sowie *Rupert Scholz*, Das institutionelle System im Entwurf eines Vertrages über eine Verfassung für Europa, a.a.O., 101 ff. [107]

365 Vgl. z.B. Art. 135, 151 Abs. 5, 152 Abs. 4, 153 Abs. 4 EGV

366 Vgl. Art. 213 Abs. 2 Uabs. 1, 2 EGV

367 Art. 250 EGV; vertiefend hierzu *von Buttlar*, Das Initiativrecht der Europ. Kommission; betreffend die begrenzten Ausnahmen vom Initiativmonopol der Kommission a.a.O., S. 29 ff.

368 *Gündisch/Mathijsen*, Rechtsetzung und Interessenvertretung, S. 58; siehe auch im folgenden Punkt 2.

369 *Oppermann* [Rn.319, 658]; *Streinz* Rn. 249; *Mosler*, National- und Gemeinschaftsinteressen, ZaöRV 26, 1 ff. [21]

370 Zu der Ausarbeitung der Gestaltung des Rates und seiner Entwicklung in allen Gemeinschaften siehe *Buerstedde*, JöR 14, 90 ff. [93 ff.]

gemeinschaftsrechtlicher Ebene von der nationalen Exekutive wahrgenommen werden. Dieser Staatsgewalt fehlt die unmittelbare demokratische Legitimation, wie sie für den Bereich der nationalen Gesetzgebung prägend ist. Hinzu kommt das Charakteristikum der nicht mehr erforderlichen Zustimmungsbedürftigkeit für die vom Rat erlassenen normativen Rechtsakte durch die nationalen Parlamente.

2. Die Kommission als Verordnungsgeber

Mitunter tritt auch die Kommission als Verordnungsgeber ohne den Rat auf. Dies ist dann möglich, wenn sie auf der Grundlage einer entsprechenden Ermächtigung durch den Rat Durchführungsverordnungen erläßt, wie es sich aus Art. 211, 4. SpStr ergibt. Auch bei der Kommission handelt es sich um ein nicht von den Unionsbürgern gewähltes Gemeinschaftsorgan. Sie besteht vielmehr aus Mitgliedern, welche nach Maßgabe der zahlenmäßigen Verteilung aufgrund eines Vorschlagsrechtes durch die Mitgliedstaaten vom Kommissionspräsidenten zu Mitgliedern ernannt werden, Art. 214 Abs. 2 EGV. Zwar müssen sie die volle Gewähr der Unabhängigkeit bieten, Art. 213 Abs. 1, Abs. 2 Uabs. 2 EGV. Doch auch in diesem Organ haben ausschließlich die nationalen Regierungen Einfluß auf seine personelle Zusammensetzung und nicht der betroffene Bürger.

3. Die Stellung des Europäischen Parlamentes[371]

Anders stellt sich dagegen die Rolle des Europäischen Parlamentes im Rahmen des Gesetzgebungsverfahrens dar. Seine Stellung (Art. 7, 189 ff. EGV) ist mit fortschreitender Entwicklung der europäischen Integration immer weiter gestärkt worden. Ursprünglich nur als Versammlung eingesetzt und zusammengesetzt aus Vertretern der nationalen Parlamente, wird es seit 1979 aufgrund eines Ratsbeschlusses von den Unionsbürgern unmittelbar gewählt.[372] Dabei kann es auf die Entwicklung auf zwei Arten Einfluß nehmen: Zum einen ist es in Abhängigkeit von der jeweiligen Kompetenzgrundlage mit unterschiedlicher Intensität in das Gesetz-

371 Zum Parlament als Rechtsetzungsorgan *Gündisch/Mathijsen*, Rechtsetzung und Interessenvertretung, S. 87 ff.; ausführlich *Jarzembowski*, Das Europäische Parlament, S. 113 ff.; *Corbett*, The European Parliament

372 *Sabsoub*, Der Rat, S. 3; *Gündisch/Mathijsen*, Rechtsetzung und Interessenvertretung, S. 87; Beschluß des Rates [76/787/EGKS, EWG, Euratom], ABl. 1976 Nr. L 278/1 ff.

gebungsverfahren einzubinden. Zum anderen bestehen Möglichkeiten der parlamentarischen Kontrolle. Die Einbindung in das Rechtsetzungsverfahren erfolgt aufgrund von drei unterschiedlichen Verfahren: Das Anhörungsverfahren, das Verfahren der Zusammenarbeit, Art. 252 EGV, und das Verfahren der Mitentscheidung, Art. 251 EGV.[373] Neben dem Haushaltsverfahren weist dabei allein das Verfahren der Mitentscheidung dem Parlament die Rolle eines "Mitgesetzgebers" zu, da nur dann, wenn sich der Erlaß der Rechtsregeln hiernach richtet, der Rat gezwungen ist, sich mit dem Parlament auf einen für beide Organe zu akzeptierenden Inhalt und Text zu einigen verpflichtet ist.

Besonders hervorzuheben ist jedoch, daß im Gegensatz zu einem nationalen Parlament, dem bei Fragen der Gesetzgebung gleichfalls Initiativrechte zustehen[374], dem Europäischen Parlament lediglich die Möglichkeit einer Reaktion[375] auf von anderer Seite eingebrachter Vorschläge zukommt, ohne daß es bereits bei deren ursprünglicher Formulierung auf deren Inhalt oder gar auf ihr grundsätzliches Zustandekommen Einfluß nehmen könnte. Das Europäische Parlament übt ähnlich einem nationalen Parlament zwar auch eine Kontrollfunktion gegenüber der Kommission der Gemeinschaft aus. Diese Kontrolle findet insbesondere durch das Mißtrauensvotum nach Art. 201 EGV statt.[376] Darüber hinaus besitzt das Parlament nur die Kontrollrechte, welche ihm in den einzelnen vertraglichen Vorschriften zuerkannt werden.[377]

Der Rat sowie seine einzelnen Mitglieder unterliegen dagegen ihm gegenüber nach der Konzeption der Verträge keinerlei Kontrolle. Durch die Selbstverpflichtung des Rates besteht allerdings auch diesem gegenüber

---

[373] Zu dem Ablauf der einzelnen Verfahren siehe *Streinz* Rn. 443 ff. sowie *Gündisch/Mathijsen*, Rechtsetzung und Interessenvertretung, S. 145 ff.

[374] Vgl. für Deutschland Art. 76 Abs. 1 GG: "aus der Mitte des Bundestages"; Art. 75 Abs. 1, 36 belg. Verf.: "Jeder Zweig der föderalen gesetzgebenden Gewalt hat das Initiativrecht."; § 41 Abs. 1 dän. Verf.: "Jedes Mitglied des Folketing ist berechtigt, Gesetzesvorlagen einzubringen oder andere Beschlüsse zu beantragen."; siehe auch Art. 39 Abs. 1 frz. Verf., Art. 71 S. 1 ital. Verf., Art. 82 Abs. 1 ndl. Verf.; dt. Übersetzung bei *Kimmel*

[375] Anders verhält es sich nur in Bezug auf Regelungen, die den parlamentarischen Bereich betreffen. Hierzu *von Buttlar*, Das Initiativrecht der Europ. Kommission, S. 31 ff. Hinsichtlich sonstiger Rechtsetzungsbefugnisse wurde die Möglichkeit sog. Initiativberichte außervertraglich vereinbart, a.a.O., S. 207 ff.

[376] Vgl. aber auch noch jüngst die Machtprobe zwischen Parlament und dem damals designierten Kommissionspräsidenten Barrosso, FAZ Nr. 252 vom 28.10.2004

[377] Siehe hierzu im einzelnen *Oppermann* [Rn. 275 f.]

ein Fragerecht.[378] Aber weder auf seine Zusammensetzung noch auf das Verhalten der einzelnen Mitglieder hat es irgendwelche Einwirkungsmöglichkeiten. Ihm kommt somit kein der Wahl- und Abberufungsfunktion entsprechender Sanktionsmechanismus, wie er im nationalen Bereich üblich ist, zu.

Die Rolle des Europäischen Parlamentes beschränkt sich damit bis heute auf die Einflußnahme auf die europäische Gesetzgebung in Form politischen Drucks, jedoch nicht mit der Durchsetzungskraft, welche wesentliches Element der nationalen Parlamente ist. Daher weist es im Gesetzgebungsprozeß nur eine sehr schwache Position auf.[379]

4. Zwischenergebnis

Damit ergibt sich eine unterschiedliche Bewertung der Situation abhängig davon, auf welchen Aspekt man abstellt. Materiell weisen die Rechtsetzungsakte der EG Gesetzescharakter auf, formell werden sie jedoch schwerpunktmäßig von einem Teil der nationalen Exekutive geschaffen. Dabei sollte dieser Zwiespalt nicht dadurch aufgelöst werden, indem dem einen oder dem anderen eine vorrangige Bedeutung zugesprochen würde, da eine solche nicht zwingend erkennbar ist. Auffällig und nicht ohne Auswirkungen auf das Ergebnis ist jedoch die Tatsache, wonach es im Gegensatz zur Rechtsetzung im nationalen Bereich weitestgehend an einer parlamentarischen Kontrolle, gleich auf welcher Ebene, mangelt, folglich zumindest eine politische Kontrolle fehlt. Dieses Argument der vorhandenen politischen Kontrolle wird aber in den Mitgliedstaaten, deren Rechtsordnung keine Normenkontrolle durch den Einzelnen vorsehen, als Hauptargument für diese Ablehnung vorgebracht. Die Tatsache, daß es sich materiell gesehen um Gesetzgebung handelt und als Folge damit zwangsläufig verbunden die Ablehnung eines anderen, erweiterten Verständnisses der individuellen Betroffenheit in Art. 230 Abs. 4 EGV, könnte jedoch dann letztendlich die größere Bedeutung zugemessen werden als

---

[378] *Saalfrank*, S. 197

[379] Nach den im VerfE vorgesehenen Bestimmungen findet wieder eine weitere Verschiebung des Einflusses bei der Gesetzgebung zugunsten des Parlamentes statt. Danach können Europäische Gesetze grundsätzlich nur noch vom Parlament und Ministerrat gemeinsam erlassen werden. Das Verfahren richtet sich nach Art. III-302 VerfE. Allerdings verbleibt es bei dem fehlenden Initiativrecht des Parlamentes. Vgl. hierzu *Huber*, EuR 2003, 574 ff.; *Johann Schoo*, Das institutionelle System aus der Sicht des Europäischen Parlamentes, in: Schwarze, Der VerfE des Europ. Konventes, 63 ff.; *Scholz* [Fn. 325] [102 ff.]

der Zuordnung des Gemeinschaftsgesetzgebers zur Exekutive, wenn diese Abweichung durch andere Aspekte ausgeglichen wird. Solche Aspekte können sich aus den Besonderheiten der Struktur der EG ergeben. Sollte eine solche Rechtfertigung sein, käme es auf die gegenüber der nationalen Gesetzgebung bestehenden Differenzen nicht weiter an, was sich dann in letzter Konsequenz auch auf das Verständnis der Voraussetzungen des Art. 230 Abs. 4 EGV auswirkte.

III. Der Aspekt der vertraglichen Zuständigkeitsverteilungen

Gegen eine Einbeziehung normativer Akte des EG-Gesetzgebers könnte zum Beispiel sprechen, daß der Rechtsschutz in den einzelnen Mitgliedstaaten gegenüber der Exekutive zwar stark ausgeprägt ist, hinsichtlich des Rechtsschutzes gegenüber dem nationalen Gesetzgeber jedoch große Differenzen zu finden sind. Wie bereits dargelegt, nimmt der Rat materiell betrachtet in der Gemeinschaft die Funktion ein, welche auf der nationalen Ebene von Parlament und Regierung wahrzunehmen ist. Insofern könnte sich ähnlich der Gewaltenteilung im Staat die Zuständigkeitsverteilung zwischen den einzelnen Organen der Gemeinschaft auswirken, was zu einer Unbeachtlichkeit der Zugehörigkeit der nationalen Vertreter im Rat zur nationalen Exekutive führen könnte. Aus der Sicht der Gemeinschaft könnte ein "Funktionswechsel" der handelnden Personen stattgefunden haben. Aufgrund der Gleichstellung in der Wirkung mit dem nationalen Gesetzgeber könnte sich dies als Hindernis für einen weitergefaßten Individualrechtsschutz darstellen.

Entscheidend für eine Verneinung eines solchen Funktionswechsels ist eine Betrachtung der Argumente, aufgrund derer in den einzelnen Staaten wie Frankreich[380] und Großbritannien[381] der unmittelbare Rechtsschutz gegen den Gesetzgeber ausgeschlossen wird. Dabei geht es nicht nur um die Frage der Trennung der staatlichen Gewalten, sondern vor allem um die Legitimationsgrundlage des parlamentarischen Gesetzgebers. Im Gegensatz zur Gemeinschaft wird auf nationaler Ebene – unabhängig von der jeweiligen Begrifflichkeit und von der in den Einzelheiten variierenden Ausgestaltung – ein von den Bürgern gewähltes Parlament tätig, welches in seiner Zusammensetzung als Spiegel des (Mehrheits-) Willens des Volkes aufgefaßt wird. Wenn dieses Parlament ein Gesetz beschließt, folgt für

[380] siehe dazu oben Kapitel 3, B. XIII.
[381] siehe dazu oben Kapitel 3, B. XIV.

diese nationalen Rechtsordnungen daraus, daß dieses Gesetz sozusagen "automatisch" dem mehrheitlichen Willen des Volkes entsprechen muß. Ändert es seinen Willen, muß es dies ausschließlich im Wege der Wahlen kundtun.

Die einzelnen nationalen Vertreter im Rat, welche im Range eines Ministers stehen, werden jedoch nicht direkt gewählt. Sie besitzen nicht nur lediglich eine mittelbare Legitimation, sie sind auch dem Parlament für ihr Ressort verantwortlich und müssen ihm gegenüber Rechenschaft ablegen. Dagegen besitzt das Europäische Parlament lediglich gegenüber der Kommission Kontrollbefugnisse, während für die Mitglieder des Rates die Kontrolle bei den staatlichen Parlamenten verbleibt.[382] Zwar ist der Rat verpflichtet, im Rahmen der einzelnen Gesetzgebungsverfahren dem Parlament die erforderlichen Informationen zukommen zu lassen.[383] Mit einer Kontrollfunktion, wie man dies als Instrument der parlamentarischen Kontrolle auf der staatlichen Ebene kennt, ist dies jedoch nicht verbunden und auch nicht vergleichbar.

Anhand dieser Unterschiede wird die fehlende Basis für eine Übertragung des Souveränitätsgedankens des Gesetzgebers aus dem nationalen Bereich auf die Zuständigkeitsverteilung der Gemeinschaft deutlich. Bei letzterer fehlt es an der unmittelbaren Widerspiegelung des Willens des Wahlvolkes durch seine direkt gewählten Vertreter. Die Rechtsetzung findet, was die Frage der zentralen Entscheidungsbefugnis betrifft, schwerpunktmäßig außerhalb des parlamentarischen Bereiches statt. Daraus ergeben sich zwei Konsequenzen: Zum einen ist aufgrund dieser die im staatlichen Bereich einiger Mitgliedstaaten vorzufindende Argumentation betreffend den Ausschluß des Individualklagerechtes nicht übertragbar. Zum anderen findet mangels Änderung der Legitimationsgrundlage kein "Funktionswechsel" der Vertreter im Rat statt.

Für ein extensives Verständnis spricht deshalb das Argument, daß die Verschiebung der Machtgewichte bei der Normsetzung zugunsten der nationalen Exekutiven einen bis heute weder auf europäischer noch auf

---

[382] *Streinz* Rn. 283, 316; vgl. zu letzterem *Pasetti Bombardella*, RDE 1987, 67 ff. [70]; vgl. für Deutschland Art. 23 Abs. 2, 3 GG iVm dem Gesetz über die Zusammenarbeit von Bundesregierung und Deutschem Bundestag in Angelegenheiten der Europäischen Union, BGBl. 1993 I, S. 311 sowie das im Amsterdamer Vertrag enthaltene Protokoll Nr. 9 über die Rolle der einzelstaatlichen Parlamente in der Europäischen Union, ABl. 1997 Nr. C 340/113

[383] *Schwarze*, EU, Art. 251 Rn. 25, Art. 252 Rn. 10

nationaler Ebene ausgeglichenen Zuwachs an Macht bedeutet, der auch zumindest die Gefahr von Machtmißbrauch mit sich bringt.[384]

Deshalb kann der Aspekt der vertraglichen Zuständigkeitsverteilungen nicht dazu herangezogen werden, einer weitergehenden Definition der individuellen Betroffenheit entgegengehalten zu werden.

IV. Das Ermessen des Rates in der Rechtsprechung des EuGH

Die Möglichkeit der Kontrolle des Gesetzgebers insbesondere durch den Einzelnen könnte allerdings an der Frage des gesetzgeberischen Ermessens scheitern. Wie auch das BVerfG dem deutschen Gesetzgeber einen Spielraum aufgrund der Gewaltenteilung zuzugestehen hat und zugesteht[385], innerhalb dessen letzterer eigene Prognoseerwägungen anstellen kann, gesteht auch der Gerichtshof der Gemeinschaft im Rahmen der vertraglichen Funktionsteilung dem Gemeinschaftsgesetzgeber ein weites Ermessen bei der Bewertung wirtschaftlicher oder sozialer Sachverhalte zu.[386] Der Gerichtshof überprüft somit nicht die Praktikabilität wirtschaftlicher Entscheidungen, sondern beschränkt sich auf die rechtlichen Aspekte.[387] Damit will er wohl auch der Tatsache Rechnung tragen, daß er trotz der Verrechtlichung der Beziehungen zwischen den Mitgliedstaaten in einem Gesamtrahmen tätig wird, in dem zwischenstaatliche Elemente der Diplomatie und der Politik nicht unerheblichen Umfanges zu finden sind. Oft bestimmen politische Kompromisse und Ausgleichslösungen den Inhalt eines Rechtsaktes. Dieser ist nicht selten Teil einer Gesamtlösung, in der auf verschiedenen Gebieten ein Interessenausgleich stattfindet.[388]

Diese Rechtsprechung hat in der Praxis des Gerichtshofes allerdings bereits soweit geführt, daß selbst offensichtliche Rechtsverstöße auf der Basis dieses Argumentes nicht sanktioniert, da gar nicht erst überprüft

---

[384] Siehe auch die Bedenken bei *Everling*, Kontrolle des Gemeinschaftsgesetzgebers, 89 ff. [95, 97]

[385] BVerfGE 77, 84 ff. [106]; 92, 365 ff. [396]; dagegen das Urteil BVerfGE 88, 203 ff. [254 ff.]; 93, 165 ff. [172 ff.]; vgl. dazu noch jüngst die Kritik von Thierse in F.A.Z. vom 24.9.2004

[386] *Everling*, Kontrolle des Gemeinschaftsgesetzgebers, 89 ff. [94]; vertiefend *Schmid-Lossberg*, Kontrolldichte im EG-Wirtschaftsrecht

[387] Vgl. zur Möglichkeit eines Übergreifens der Rechtsprechung des EuGH ins Politische sowie die vom Gerichtshof daraus gezogenen Konsequenzen *Schockweiler*, Richterliche Kontrollfunktion, 191 ff. [195]

[388] *Schockweiler*, Richterliche Kontrollfunktion, 191 ff. [198]

wurden. Als Beispiel mag hier die in sich widersprüchliche Rechtsprechung hinsichtlich der Stellung völkerrechtlicher Abkommen im Recht der Gemeinschaft und der jahrelange Streit um die Regelungen der Bananenmarktordnung dienen. In diesem Streit standen einerseits grundrechtliche Gewährleistungen, andererseits subjektive Rechte des Einzelnen aus den WTO-Verträgen und deren ungerechtfertigte Beschränkung durch die besagte Verordnung zur Diskussion. Grundsätzlich sieht der Gerichtshof völkerrechtliche Verträge der Europäischen Gemeinschaft als integrierenden Bestandteil der Gemeinschaftsrechtsordnung an, die aufgrund der Regelung des Art. 300 Abs. 6, 7 EGV eine Stellung zwischen dem Primär- und dem Sekundärrecht einnehmen.[389] In diesem Zusammenhang erkennt er auch die aufgrund eines solchen Abkommens errichtete eigenständige Gerichtsbarkeit nicht nur an, sondern sieht die im Rahmen dieser Gerichtsbarkeit ergangenen Entscheidungen für alle Organe der Gemeinschaft einschließlich des Gerichtshofes für verbindlich an.[390] Bei den Regelungen der angesprochenen Gemeinschaftsverordnung tauchte dann allerdings das Problem auf, daß die angerufenen Streitschlichtungsgremien der WTO sowohl die Ausgangsverordnung als auch spätere Änderungen für rechtswidrig erklärten.[391] Der Europäische Gerichtshof ist dagegen soweit gegangen, eine Klage eines Mitgliedstaates sowohl der WTO als auch der Gemeinschaft[392] als unbegründet abzuweisen. Dies geschah mit dem Hinweis eben auf jenen weiten Entscheidungsspielraum des Rates, obwohl das Sekundärrecht dem Welthandelsrecht nach dem Konzept des EG-Vertrages nachrangig sein sollte und sich aus der Verschränkung auch dieser beiden Rechtssysteme ineinander aus der WTO-Rechtswidrigkeit gleichzeitig die Unvereinbarkeit mit Gemeinschaftsrecht ergibt. Das dem Rat nach dieser Rechtsprechung zugestandene Ermessen geht also so weit, selbst offensichtlich rechtswidrige Maßnahmen für rechtmäßig zu erklären.[393, 394] Mittlerweile hat der Gerichthof explizit entschieden, daß die

---

389 Grundlegend EuGH, Slg.1972, 1219 ff. [Rn. 5-9]; Slg. 1974, 449 ff. [Rn. 28/30]; zweifelnd hinsichtlich der Höherrangigkeit gegenüber Verordnungen *Tomuschat* in: von der Groeben / Schwarze, Art. 300 Rn. 84

390 EuGH, Slg. 1991 I-6079 ff. [Rn. 39]

391 *Kuschel*, EuZW 1999, 74 ff. sowie *Meier*, EuZW 1999, 428 ff.

392 Es waren auch Klagen von Unternehmen beim EuG anhängig. Diese sind insgesamt bereits als unzulässig verworfen worden. Dabei handelte es sich um die Rs. 516-520/93, Nachweise im Schlußantrag des GA Gulmann, EuGH, Slg. 1994 I-4980 ff. [Rn. 3]

393 Bestätigung fand diese großzügige Rechtsprechung bei der Frage der Rechtmäßigkeit der Einlagesicherung der Banken, EuGH, Slg. 1997 I-2405 ff. [Rn. 56, aber auch Rn. 26 f., 48];

WTO-Übereinkünfte wegen ihrer Natur und Systematik grundsätzlich nicht als Maßstab für die Beurteilung der Rechtmäßigkeit von Handlungen der Gemeinschaftsorgane herangezogen werden können.[395] Schließlich sei der Verhandlung zwischen den Mitgliedstaaten der WTO in der Streitbeilegungsvereinbarung ein hoher Stellenwert eingeräumt worden.[396] Die Möglichkeit der Verhandlung würde den Legislativ- und Exekutivorganen aber genommen, wenn die Gerichte unvereinbare innerstaatliche Rechtsvorschriften unangewandt lassen müßten.[397]

Das Zugestehen eines solch weiten Ermessens steht aber nicht mehr mit der Selbstzurückhaltung der Justiz im Zusammenhang, welche nicht die Praktikabilität einer Maßnahme, sondern lediglich den rechtlichen Aspekt dieser zu bewerten hat. Unabhängig von ersterem hatte der Gerichtshof die grundlegende Möglichkeit, ausschließlich auf zweiteres gestützt die Maßnahmen des Rates zu bewerten und im Einklang mit seiner bisherigen Rechtsprechung zu entscheiden. So stellen sich die einschlägigen Entscheidungen nicht nur als inkonsequent, sondern auch als Aufforderung an den Rat dar, diesen Spielraum unabhängig von anderweitigen Bindungen auch zu nutzen.

---

dazu *Everling*, Kontrolle des Gemeinschaftsgesetzgebers, S. 94 ff. mwN [Fn. 18]. Vergleichsweise streng ist dagegen die Kontrolle der Einhaltung der mitgliedstaatlichen Verpflichtungen durch diese; vgl. hierzu nur EuGH, Slg. 1997 I-5375 ff. [Rn. 9]. Siehe aber auch das Urteil EuGH, EuZW 1995, 109 ff. [Rn. 21]

394 In diesem Kontext zeigte sich auch die verbleibende Möglichkeit der Konfrontation zwischen EuGH und BVerfG auf der Basis der Solange-II-Rechtsprechung: Während der EuGH einen Grundrechtsverstoß verneinte, EuGH, Slg. 1994 I-4973 ff. [Rn. 79 ff.], bejahte das BVerfG die Möglichkeit eines solchen und wies die Instanzgerichte an, entgegen der Rechtsprechung des Gerichtshofes einstweiligen Rechtsschutz zu gewähren, BVerfG, EuZW 1995, 126 f.. Der EuGH hat dem letztendlich die Spitze genommen, indem er die Kommission verpflichtete, Härtefallregelungen zu erlassen, EuGH, Slg. 1996 I-6065 ff. [Rn. 34 ff]. Bemerkenswert an dieser Konstellation ist, daß der Konflikt sich an der der Maastricht-Entscheidung entgegengesetzten Situation zu entzünden drohte. Ging es in diesen noch darum, eine unkontrollierte Kompetenz*überschreitung* des EuGH zu verhindern, so entstand der Konflikt aus einer Kompetenz*unterschreitung* bzw. Kompetenz*nichtgebrauch*, da die geforderte grundrechtliche Gewährleistung zur Disposition stand.

395 EuGH, EuZW 2005, 214 ff. [Rn. 39], Ausnahmen nur in den in Rn. 40 genannten Fällen; EuG, BeckRS 2005, 70106 [Rn. 76 ff., insb. Rn. 114 ff.]; dazu *Steinbach*, Rechtswirkung von WTO-Streitbeilegungsentscheidungen, EuZW 2005, 331 ff.; a.A. *Weber / Moos*, EuZW 1999, 229 ff.

396 a.a.O. [Rn. 42, 47]

397 a.a.O. [Rn. 48]; a.A. GA Tizanno, a.a.O. [Rn. 57]

Aus diesen Entscheidungen hebt sich das Urteil vom 13.7.2004 ab.[398] In dem Verfahren hatte die Kommission unter anderem die Nichtigerklärung der Schlußfolgerungen des Rates vom 25.11.2003 in Bezug auf Frankreich und Deutschland angefochten. Dem Antrag lag folgendes Verhalten zugrunde: Am 17.6.1997 hatte sich der Europäische Rat in einer Entschließung über den Stabilitäts- und Wachstumspakt[399] auf Leitlinien seines Handelns im Rahmen eines Defizitverfahrens verständigt. Rechtsgrundlagen für diese Entschließung bildeten Art. 104 EGV und die Verordnung [EG] Nr. 1467 / 97[400]. Auf seiner Tagung vom 25.11.2003 hat der Rat zunächst über Empfehlungen der Kommission nach Art. 104 Abs. 8 und 9 EGV abgestimmt. Die hierfür erforderlichen Mehrheiten kamen nicht zustande. Im Anschluß daran hat der Rat aber auch noch unter Anwendung des Art. 104 Abs. 9 EGV Schlußfolgerungen betreffend die genannten Mitgliedstaaten angenommen. Diese Schlußfolgerungen lag keine Kommissionsempfehlung zugrunde.[401]

Auch hier stellt der Gerichtshof zunächst das Vorliegen eines Ermessens des Rates fest.[402] Dies leitet er aus der Differenzierung zwischen Empfehlungen einerseits und Vorschlägen im Sinne des Art. 250 EGV ab.[403] Der Gerichtshof stellt dann jedoch deutlich klar, daß weder Art. 104 EGV noch die EG-Verordnung Nr. 1467 / 97 die Möglichkeit eines alternativen Verfahrens vorsehen.[404] Dies ergebe sich aus dem Wortlaut und der Systematik der vertraglich geschaffenen Regelung, von welchen sich der Rat nicht lösen dürfe.[405] Damit wird deutlich, daß sich das Ermessen des Rates nur auf den von der Kommission empfohlenen Rechtsakt bezieht, welcher inhaltlich aufgrund unterschiedlicher Einschätzung geändert werden darf.[406] Nicht davon erfaßt ist somit dagegen das Verfahren. Danach setzt jeder Schritt das formale Vorliegen einer Empfehlung voraus.

Allerdings dürfte in diesem Urteil keine ernsthafte Abkehr von der bisherigen Rechtsprechung zum Ermessensspielraum des Rates zu sehen

---

398 EuGH, EuZW 2004, 465 ff.; dazu der Beitrag von *Chalriel*, RMC 2004, 509 ff.

399 AblEG Nr. C 236, S. 1 f.

400 des Rates vom 7.7.1997 über die Beschleunigung und Klärung des Verfahrens bei einem übermäßigen Defizit, AblEG Nr. L 209, S. 6 ff.

401 EuGH, EuZW 2004, 465 ff. [465]

402 EuGH, EuZW 2004 [Rn. 80]

403 a.a.O.

404 a.a.O. [Rn. 81 ff., insb. Rn. 81, 85]

405 a.a.O. [Rn. 81]

406 a.a.O. [Rn. 80]

sein. Das fehlende Ermessen des Rates beschränkt der Gerichtshof ausdrücklich auf das Verfahren, welches durch Vertrag und Verordnung ausführlich geregelt worden ist und deshalb als abschließend angesehen werden kann. Der Rat ist somit für sein Handeln zwingend auf das formale Vorliegen einer Empfehlung der Kommission angewiesen. Mehr in einem Nebensatz stellt der Gerichtshof aber auch fest, daß der Rat zu einem anderen Ergebnis kommen kann als die Kommission. Dieser hat damit die Befugnis, die Empfehlung aufgrund abweichender Einschätzung der Wirtschaftsdaten inhaltlich zu ändern. Dabei hat der Gerichtshof seine Aussage diesbzgl. so allgemein gehalten, daß wohl davon ausgegangen werden kann, daß dem Rat sowohl hinsichtlich der Einschätzung der Daten als auch betreffend der daraus zu ziehenden Konsequenzen ein weites Ermessen vom Gerichtshof zugestanden wird, welches dieser wie in der bisherigen Rechtsprechung nicht überprüfen wird.

V. Die Rückbindung der Ratsmitglieder an die nationalen Verfassungen

Damit bleibt die Frage zu diskutieren, ob der Rechtsschutz überhaupt auf der Gemeinschaftsebene gegenüber dem Rat erforderlich ist oder ob er nicht auf der nationalen Ebene anzusiedeln sein sollte. Eine solche Erwägung ergibt sich aus der Tatsache, daß der Rat sich nach Art. 203 EGV aus Staatenvertretern im Range eines Ministers zusammensetzt. Dadurch kommt ihm als Ganzes einerseits die Funktion eines Gemeinschaftsorganes zu. Andererseits sind die Ratsmitglieder Vertreter der Mitgliedstaaten und ihrer Interessen. Diese für die Staatenvertreter typische Stellung in der EG ist mit dem Stichwort der "Doppelfunktion" gekennzeichnet worden.[407] Sie nehmen in dieser Funktion die auswärtige Gewalt des jeweils vertretenen Staates wahr, die grundsätzlich Bestandteil der staatlichen Hoheitsgewalt darstellt. Nach Art. 1 Abs. 3, 20 Abs. 3 GG ist sämtliche deutsche Staatsgewalt an das Grundgesetz und insbesondere an die Grundrechte gebunden.[408] Diese Bindung setzt sich bei der Mitwirkung an Gesetzgebungsakten der Gemeinschaft aufgrund von Art. 23 Abs. 1 S. 1 GG fort.[409]

---

407 *Schilling*, Zur Verfassungsbindung des deutschen Vertreters, 458 ff. [462]; *Mosler*, National- und Gemeinschaftsinteressen, ZaöVR 26 (1966), 1 ff. [6]

408 Entsprechendes wird für die Vertreter der anderen Mitgliedstaaten gelten.

409 Hierzu *Schilling*, Zur Verfassungsbindung des deutschen Vertreters, 458 ff.; *Streinz*, Bundesverfassungsgerichtliche Kontrolle, S. 22 ff. [33 f.]; *Scholz*, Gemeinschaftsrecht und

Eine andere Frage ist es aber, inwieweit aus dieser objektiv-rechtlichen Bindung an das Grundgesetz und die Grundrechte sich für den Rechtsschutz des Einzelnen Konsequenzen ergeben. Das ist nur dann der Fall, wenn es sich bei der Weisung, das Grundgesetz bei dem mitwirkenden Rechtsetzungsakt zu beachten, nicht lediglich um Weisungen objektiv-rechtlichen Charakters handele, sondern der Einzelne einen subjektiv-rechtlichen Abwehranspruch dem Staat gegenüber geltend machen könnte.[410] Grundsätzlich kann sich der Rechtsschutz jedoch immer nur gegen das Ergebnis einer Verhandlung richten, mag diese nun parlamentarischer Art sein oder im Rat der Gemeinschaft stattgefunden haben. Es ist allgemein nicht möglich, einen einzelnen Bestandteil auf dem Weg zu einem möglicherweise belastenden Rechtsakt herauszugreifen und diesen getrennt gerichtlich anzufechten. Schließlich ergibt sich die Belastung nicht aus dem Abstimmungsverhalten des einzelnen Staatenvertreters, sondern erst aus dem Mehrheitsbeschluß und dem sich daraus ergebenden Rechtsakt.[411] Erst bei dem Erfordernis der Umsetzung eines auf europäischer Ebene erlassenen Rechtsaktes in nationales Recht eröffnet sich die Prüfungskompetenz zum Beispiel des BVerfG.[412]

Damit besteht aus den nationalen Grundrechten und der daraus folgenden objektiv-rechtlichen Bindung kein isolierter Abwehranspruch gegen den Staat, vertreten durch das jeweilige Ratsmitglied. Folglich kann sich hieraus auch nicht eine Rechtsschutzmöglichkeit vor nationalen Gerichten ergeben, die einer solchen vor der europäischen Gerichtsbarkeit

---

Verfassungsrechtsschutz, 53 ff. [89]; *Meier*, Mitwirkung der BReg. bei der Gesetzgebung, NJW 1971, 961 ff. [965]; a.A. *Hailbronner*, 1. Bericht, 7 ff. sowie *Herdegen*, Diskussionsbeitrag, *K. Hailbronner*, Zwischenwort, *R. Wolfrum*, Schlußwort, jeweils in der Aussprache zum Ersten Beratungsgegenstand, VVDStRL 56 (1997), Kontrolle der auswärtigen Gewalt; *Heintzen*, Zur Frage der Grundrechtsbindung, 367 ff. [379 ff.]; ausführlich *Chwolik-Lanfermann*, Grundrechtsschutz, S. 195 ff.

410 Zu dem Erfordernis dieser Differenzierung siehe auch *Heintzen*, Zur Frage der Grundrechtsbindung, 367 ff. [371 ff.]

411 Zum Ganzen BVerfG, NJW 1990, 974; siehe auch *Streinz*, Bundesverfassungsgerichtliche Kontrolle, S. 52 ff., 59, der aber zwischen unmittelbar verpflichtenden Verordnungen einerseits und vollzugsbedürftigen Verordnungen und Richtlinien andererseits unterscheidet, S. 56 ff., und den Beschluß des Mitwirkungsakt bei ersteren mit dem Zustimmungsgesetz zu einem völkerrechtlichen Vertrag auf eine Stufe stellt, S. 58 f.

412 BVerfG, NJW 1990, 974; ein Beispiel aus jüngster Zeit bietet hierfür das Urteil des BVerfG zum Gesetz über den Europäischen Haftbefehl vom 18.7.2005, 2 BvR 2236 / 04, Rn. 60 ff., in dem nur die Verfassungswidrigkeit des deutschen Gesetzes [insb. Rn. 80, 83], nicht jedoch des Rahmenbeschlusses des Europäischen Rates festgestellt wird.

voranginge. Die Bindung der nationalen Vertreter im Rat an die nationale Verfassung führt somit hinsichtlich des Rechtsschutzes Privater nicht zu einer Verlagerung des Rechtsschutzerfordernisses auf die nationale Ebene und damit auch nicht zu einem anderen Ergebnis.[413]

VI. Ergebnis

Aus dem Vorstehenden wird deutlich, daß die Gesetzgebung des Rates ungeachtet einer materiell mit einem nationalen Gesetz vergleichbaren Wirkung diese dennoch nicht mit einem nationalen Gesetzgeber verglichen werden kann.

Diese fehlende Vergleichbarkeit ist nicht nur im Prozeß der Rechtsetzung selbst zu berücksichtigen, sondern auch für den sich daran anschließenden Zeitraum, in welchem die normative Regelung Geltung unmittelbar gegenüber dem und Befolgung durch den Einzelnen verlangt. Da dem Europäischen Parlament nicht die gleiche Rechtsposition eingeräumt worden ist wie im staatlichen Bereich und weiterhin auch nicht eingeräumt werden soll, fehlt es auch aus der Sicht der Rechtsordnungen, die keinen unmittelbaren Rechtsschutz gegen den Gesetzgeber kennen, an einer zumindest politischen Kontrollinstanz.[414] Selbst die verbleibende Kontrolle bzw. die Verantwortlichkeit der einzelnen Vertreter gegenüber den nationalen Parlamenten schafft hier keine Abhilfe, da diese sich lediglich auf jeweils eine Person bzw. einen Staatenvertreter konzentriert, aber dadurch keine Kontrolle des rechtsetzenden Organs insgesamt erfolgt.

Im Vergleich dazu ist der rechtsprechenden Gewalt seit jeher eine weitreichende Kompetenz eingeräumt worden, so daß sich der Gerichtshof als entsprechende Kontrollinstanz nicht nur anbietet. Nach seiner eigenen Ansicht sei er zu einer solchen Kontrolle bereit – jedoch nicht im

---

[413] Nicht haltbar dagegen erscheint mir die Position von Heintzen, der die objektiv-rechtliche Bindung als akzessorisch zu der grundrechtlichen Überprüfbarkeit ansieht; zur Frage der Grundrechtsbindung, 367 ff. [382]. In den betreffenden Vorschriften des Grundgesetzes findet sich für diese Bedingung jedoch kein Anhaltspunkt.

[414] Siehe hierzu auch *von Danwitz*, Garantie effektiven Rechtsschutzes, 1108 ff. [1112] sowie *Borowski*, EuR 2004, 879 ff. [894]. Auch der Gerichtshof hat bereits 1974 darauf aufmerksam gemacht, daß normative Akte nicht sowohl der parlamentarischen als auch der gerichtlichen Kontrolle entzogen sein sollten; BullEG Beil. 9/75, 17 ff. [18]. Die mögliche Kontrolle gesetzgebender Akte nimmt er dabei auch dann in Anspruch, wenn diese durch ein gewähltes Parlament verabschiedet würden.

Wege der Nichtigkeitsklage.[415] Da er selber diese Funktion zu seinen Aufgaben zählt[416], muß er deshalb die ihm übertragene Rechtsschutzfunktion nicht nur im Interesse der überstimmten Minderheit, sondern auch im Interesse der betroffenen Personen und Unternehmen wahrnehmen.[417] Das bedeutet in der Konsequenz, daß er mit der fortschreitenden Zusicherung materiell-rechtlicher Positionen durch das Gemeinschaftsrecht auch in die Lage versetzt wird, dieses prozessual abzusichern.

Weder die Einordnung des Rates als europäischen Gesetzgeber noch die objektiv-rechtliche Bindung der Staatenvertreter an die nationalen Verfassungen stellen damit aufgrund der strukturellen Unterschiede ein Hindernis dar, der Vorschrift des Art. 230 Abs. 4 EGV ein anderes, weitergehendes Verständnis zugrunde zulegen. Eine Verneinung der dazugehörenden Kompetenz hätte deshalb auch nicht auf dieser Basis erfolgen können.

C. Die begrenzende Funktion des Wortlautes

Als weiteres und letztes Argument für sein ablehnendes Urteil führt der Gerichtshof an, er sei zwar zur Auslegung der vertraglichen Vorschriften berufen, doch würde es sich bei der nun vorgeschlagenen – und durch das EuG vorgenommenen – neuen Inhaltsbestimmung nicht mehr um eine solche handeln. Diese neue "Auslegung" führe vielmehr zu einem Verständnis jenseits des Vertragstextes.[418] Die Voraussetzung der individuellen Betroffenheit in Art. 230 Abs. 4 EGV sei zwar im Lichte des Grundsatzes eines effektiven gerichtlichen Rechtsschutzes unter Berücksichtigung der verschiedenen Umstände, die einen Kläger individualisieren können, auszulegen. Diese "Auslegung" könne aber nicht zu einem Wegfall der fraglichen und ausdrücklich im Vertrag vorgesehenen Voraussetzung führen, ohne daß die Gemeinschaftsgerichte die ihnen vertraglich verliehenen Befugnisse überschritten.[419] Einer anderen Auslegung soll also der Wortlaut der Vorschrift des Art. 230 Abs. 4 EGV entgegenstehen. Diese bedeutet für den Gerichtshof eine Vertragsänderung, da verbunden mit dem Fortfall der Voraussetzung, und damit eine Rechtsfortbildung jen-

[415] Vgl. EuGH, Slg. 2002 I-6677 ff. [Rn. 40]
[416] BullEG Beil. 9 / 75, 17 ff. [18]
[417] So auch *Everling*, Kontrolle des Gesetzgebers, 89 ff. [102]
[418] EuGH, Slg. 2002 I-6677 ff. [Rn. 44]
[419] a.a.O.

seits des Vertragstextes. Wie bereits dargelegt worden ist, fällt die Möglichkeit der Norminterpretation jedoch in die Kompetenz des Gerichtshofes. Im Anschluß daran ist nun zu überlegen, ob es sich – würde der Vorschrift tatsächlich ein anderes Verständnis als bisher zugrundegelegt – um eine Änderung des Wortlautes handeln, welche abseits des Vertrages erfolgte. Trotz der prinzipiellen Kompetenz des Gerichtshofes zur Auslegung des Gemeinschaftsrechtes ist auch er als Gemeinschaftsorgan nach Art. 7 Abs. 1 EGV, welcher durch die Art. 220 ff. EGV konkretisiert wird, gehalten, nach Maßgabe der ihm im Vertrag zugewiesenen Befugnisse zu handeln.

I. Die Auslegungsmethoden des Gerichtshofes[420]

Zunächst bedient sich der EuGH zur Auslegung des Gemeinschaftsrechtes grundsätzlich der klassischen Methoden, welche auch im Rahmen der Interpretation von Gesetzestexten im nationalen Bereich angewandt werden.

Ausgangspunkt ist der Wortlaut des Vertrages, welcher dem Gerichtshof einen ersten Anhaltspunkt liefert und das tragende Element des Regelungszweckes darstellt[421]. Da der Wortlaut in der Regel jedoch mehrdeutig ist und folglich unterschiedliche Interpretationsmöglichkeiten der Vorschrift zuläßt, ist es erforderlich, darüber hinaus weitere Auslegungsmethoden heranzuziehen, um den aktuellen Wortsinn ermitteln zu können.[422] Die einzelnen Methoden wirken dabei nicht isoliert, sondern das Ergebnis läßt sich erst aufgrund einer Zusammenschau aller ermitteln.[423]

Vor allem der Sinn und der Zweck der auszulegenden Norm sowie ihr systematischer Zusammenhang sind neben dem Wortlaut zu beachten.[424] Von sehr geringer Bedeutung ist die Betrachtung der Entstehungsgeschichte der Vetragsvorschrift.[425] Aber auch aus dem Völkerrecht bekannte Überlegungen wie die Lehre der implied powers finden sich in der Rechtsprechung des EuGH wieder.[426] Nach eigenen Aussagen von ihm angehö-

420 *Anweiler*, Die Auslegungsmethoden, insb. S. 74 ff.; weitere Literaturhinweise bei *Oppermann*, [Vor Rn. 680]; siehe auch *Dederichs*, Die Methodik des EuGH

421 *Larenz*, Methodenlehre, S. 313

422 a.a.O., S. 328

423 a.a.O., S. 319

424 *Mittmann*, S. 215

425 *a.a.O.*

426 EuGH, Slg. 1971, 263 ff. [Rn. 15/19 ff.]; siehe hierzu auch *Anweiler*, Die Auslegungsmethoden, S. 122 ff.

rigen Personen steht diese Auslegungsmethode im Vordergrund bei den Erwägungen des Gerichtshofes.[427] Die historische Auslegung ist dagegen in der Rechtsprechung des Gerichtshofes im Hinblick auf das Primärrecht kaum vorzufinden. Dies wird zum einen mit der fehlenden Veröffentlichung der vorbereitenden Materialien der Gründungsverträge[428], zum anderen mit der Tatsache begründet, bei den Verträgen handele es sich um Kompromisse. Die mitunter gegensätzlichen Ansichten der einzelnen Verhandlungsparteien könnten daher nicht zum Zwecke einer späteren Auslegung dieser herangezogen werden.[429] Daneben weist das Gemeinschaftsrecht aber auch Besonderheiten auf, die sich aus einer gewissen Eigenständigkeit des Systemes ergeben. Dieser autonome Charakter des Gemeinschaftsrechtes schlägt sich z.B. in einer eigenständigen Begriffsbildung nieder und ist vom Gerichtshof immer wieder betont worden.[430]

Dagegen scheint der Gerichtshof in seiner Rechtsprechung die Anwendbarkeit der Art. 31 ff. WVRK zu verneinen. So weist er in seinem ersten EWR-Gutachten[431] darauf hin, daß das Abkommen über den Europäischen Wirtschaftsraum und seine Auslegung sich nach Maßgabe der WVRK richtet.[432] Dem stellt er den EWG-Vertrag als Gegensatz gegenüber ("Dagegen ..."), welcher eine eigenständige Rechtsordnung darstelle.[433] Aus dieser Bildung von Gegensätzen läßt sich der Schluß ziehen, daß er von der fehlenden Anwendbarkeit der Auslegungsregeln der WVRK ausgeht.[434]

II. Auslegung als Aspekt der Rechtsanwendung[435]

Bei den Vorschriften des EG-Vertrages handelt es sich um abstrakt-generelle Regelungen, die eine Vielzahl von tatsächlichen Situationen erfassen wollen und auch müssen. Auch wenn von den Vertragsparteien eines

---

[427] *Pescatore*, Principes d'interpretation, 325 ff. [327 f.]

[428] *Kutscher*, Über den Gerichtshof, 392 ff. [393]. Anders verhält es sich allerdings mit Hinblick auf die Verträge von Amsterdam und Nizza, *BBPS* Rn. 532

[429] a.a.O.

[430] Vgl. z.B. EuGH, Slg. 1980, 75 ff. [Rn. 6]

[431] EuGH, Slg. 1991 I-6079 ff.

[432] a.a.O. [Rn. 14, 19 f.]

[433] a.a.O. [Rn. 21]

[434] Kritisch hierzu zu Recht *Mittmann*, S. 228 f.

[435] Vgl. zur Methodik der Auslegung *Seiler*, Auslegung [26-37] sowie *Ukrow*, Richterliche Rechtsfortbildung [109 ff.]; ausführliche Darstellung bei *Rüthers*, Rechtstheorie [Rn. 640 ff.]

völkerrechtlichen Vertrages wie von einem Gesetzgeber zu verlangen ist, sich deutlich und unmißverständlich auszudrücken[436], bringt die Notwendigkeit einer abstrakten Textfassung es mit sich, den reinen Wortlaut aufgrund der dahinter stehenden Motive (telos) mit einem Inhalt zu füllen. Dieser dient dann als Brücke zwischen dem klaren, aber abstrakten Begriff und dem konkreten Fall.[437] Diese Brücke ist aufgrund von Auslegung[438] der in dem abstrakten Tatbestand enthaltenen Begrifflichkeiten aufzubauen.[439] Erst die Auslegung als abstrakte, nicht fallbezogene Ermittlung des Norminhaltes[440] ermöglicht es, den genauen Inhalt der betreffenden Vorschrift ermitteln zu können. In einem nächsten Schritt ist dann festzustellen, ob der in Frage stehende Sachverhalt sich unter diese Bedingungen subsumieren läßt oder nicht. Das heißt für Art. 230 Abs. 4 EGV: Es ist festzustellen, ob die Klage eines sog. nicht-privilegierten Klägers gegen Verordnungsvorschriften zulässig ist und damit in der Sache entschieden werden kann oder ob es an dieser Zulässigkeit gerade fehlt und zwar auch in den Fällen, in denen keine Betroffenheit ähnlich einem Adressaten, jedoch in subjektiven Rechten, welche ihre Basis in der Gemeinschaftsrechtsordnung haben, dargetan werden kann. Dabei soll hier nicht in Frage gestellt werden, daß der Rechtsanwender den Wortlaut als Ausgangspunkt ignorieren darf. Dieser ist vielmehr als rechtsstaatlich erforderlicher Anknüpfungspunkt zu beachten. Trotzdem bleiben die Probleme, welche die Ungenauigkeit und die Begrenztheit der Sprache[441] mit sich bringen, deren

---

[436] BVerfGE 21, 73 ff. [79]; 47, 239 ff. [247]; 59, 36 ff. [52]; 63, 312 ff. [324]; 65, 1 ff. [54] sowie jüngst die Entscheidung vom 27.7.2005, 1 BvR 668 / 04 [Rn. 117 ff.] sprechen vom Grundsatz der Normklarheit.

[437] Vgl. dazu auch *Seiler*, Auslegung [4 f., 22, 24, 29]; siehe auch *Brugger*, AöR 119 (1994), 1 ff. [2].

[438] Hinsichtlich der Frage, ob die Möglichkeit der Festlegung der Auslegungs*methode* einer Regelung zugänglich ist vgl. vertiefend *Vollmer*, Auslegung und "Auslegungsregeln" in Bezug auf §§ 133, 157 BGB

[439] In gewisser Weise erübrigt sich diese Aufgabe dann, wenn der Gesetzgeber oder im Bereich des Völkerrechts die Vertragspartner bestimmte Begrifflichkeiten bereits in dem Regelungswerk selber definieren. Vgl. hierzu als Beispiel: Art. 14 Abs. 2, Art. 50 S. 2, Art. 87 Abs. 1 EGV.

Besonders vielfältig ist z.B. die Definition der "Nachtzeit" in Abhängigkeit von Sinn und Zweck der Regelung: § 292 Abs. 2 StGB – vom Ende der Abend- bis zum Beginn der Morgendämmerung, BGH GA 1971, 336; dagegen § 19 Abs. 1 Nr. 4 BJagdG sowie §§ 104 StPO Abs. 3 bzw. 188 Abs. 1 ZPO

[440] *Gaitanides* in: von der Groeben/Schwarze, Art. 220 Rn. 46

[441] Zur Bedeutung der Sprache im Recht vgl. *Rüthers*, Rechtstheorie [Rn. 150 ff.]

sich die Vertragsparteien bei der Formulierung des EG-Vertrages bedienen mußten.[442]

Auslegung zwecks Anwendung – mehrsprachiger – völkerrechtlicher Verträge, die ein eigenes Gerichtssystem schaffen, um auf diese Art und Weise die angestrebte Integration zu fördern und zu vertiefen, ist daher grundsätzlich nie die Anwendung des reinen Wortlautes der Vorschrift. Sie bedeutet immer auch die Ausfüllung der dort verwandten Begriffe[443], was automatisch ein eigenständiges Tätigwerden des Rechtsanwenders, insbesondere des Richters bedeutet.[444] Dieser Gedanke ist auch auf den Gerichtshof nach Art. 220 EGV anzuwenden. Er kann nicht bereits vollendetes Recht anwenden, sondern ist durch die Verträge selbst verpflichtet, sich ins Herz des dynamischen Entwicklungsprozesses zu setzen, um so ihnen ihren Sinn und ihre Durchsetzungskraft zu verschaffen.[445] Diese dazu erforderliche Brücke zu bauen – um im Bild zu bleiben –, ist damit die Aufgabe des EuGH, der sich dieser nicht nur nicht entziehen kann, sondern ebenfalls nicht entziehen darf.

Die Begrifflichkeit der "unmittelbaren und individuellen" Betroffenheit ist weder legaldefiniert noch erklärt sie sich aus sich selbst heraus. Der EuGH ist zu ihrer Konkretisierung berufen, da die Vertragsparteien diese in seine Hände gegeben haben. Insofern gehört die Klärung der Frage, was inhaltlich von einer Vorschrift erfaßt wird, zur Rechtsanwendung und damit zum Aufgabenbereich des Gerichtshofes.

---

[442] *Seiler*, Auslegung [23, 26]

[443] Vgl. dazu *Ukrow*, Richterliche Rechtsfortbildung [134]: "Im übrigen ist Rechtsanwendung ohnedies stets durch eine Gemengelage von Kognition und Dezision, von Erkenntnis (des gesetzten Rahmens) und Willensakt (Wahl unter mehreren Möglichkeiten) gekennzeichnet."

[444] BVerfGE 34, 269 ff. [286 ff.]; danach steht der Richter in der Pflicht, auch denjenigen Rechtsstreit zu entscheiden, dessen Ausgang noch nicht vom Gesetz vorgegeben ist. Er hat das Recht fortzubilden. Bestätigt wurde mit diesem Urteil die Rechtsprechung des BGH entgegen dem Wortlaut der §§ 253, 847 BGB, BGH Z 26, 349 ff. [354 ff.] [sog. Herrenreiter-Fall]; *Seiler*, Auslegung [38]. Besonders deutlich wird dies zum einen in Art. 1 ZGB, aber auch in Art. 4 frz. Code Civil. Vgl. dazu bereits GA Lagrange, Slg. 1955-56 vom 12.6.1956, 231 ff. [268] sowie *Mackenzie Stuart*, [48]. Diese Bestimmungen finden in der deutschen Rechtsordnung zwar keine Entsprechung, jedoch bleibt auch hier den Gerichten in der Sache nur der gleiche Ausweg, wenn sich dem Gesetz unmittelbar keine Lösung des konkreten Falles entnehmen läßt, vgl. *Rüthers*, Rechtstheorie [Rn. 214]; vgl. dagegen das ALR, Einl. § 46.

[445] *Lecourt*, S. 237

Bei der Rechtsanwendung bildet grundsätzlich der Wortlaut den Ausgangspunkt der Auslegung. Im Gemeinschaftsrecht den Wortlaut an sich als Ausgangspunkt zu nehmen, ist bereits problematisch, da aufgrund der Sprachenregelung der Gemeinschaft alle Amtssprachen mit Blick auf die Verträge auch authentische Sprachen sind. Bei Abweichungen im Text aufgrund sprachlicher Unterschiede[446] ist jede Fassung für sich als verbindlich anzusehen, Art. 314 EGV[447], was folglich eine wörtliche Auslegung anhand des Wortlautes erschwert.

Vorliegend besteht das Problem jedoch nicht in der Anknüpfung der Interpretation an den Wortlaut einer bestimmten Vorschrift, sondern es geht um die entgegengesetzte Problematik: Der Gerichtshof macht in dem hier diskutierten Fall die *begrenzende* Funktion des Wortlautes geltend. Der Begriff der individuellen Betroffenheit, so wie er in Art. 230 Abs. 4 EGV verwandt würde, ließe aus dieser Perspektive, welche hier seiner Auffassung nach die maßgebliche sein soll, kein anderes Verständnis zu.[448] Bei dieser Frage handelt es sich nicht nur um die Frage der Trennung von Legislative und Judikative, sondern es ist gerade der Wortlaut, welcher nicht zur Disposition der Gerichte als Rechtsanwender im Allgemeinen und des Gerichtshofes im Besonderen steht.[449] Nach *Depenheuer* kommen dem Wortlaut drei Funktionen zu: Er ist Gegenstand, Ausgangspunkt und Grenze der Norminterpretation und dient auf diese Weise der Legitimationsvermittlung für den Rechtsanwender.[450] Die Unabhängigkeit und die Autorität des Gerichtes als Rechtsanwender soll dadurch gewährleistet sein können, da auch bei der Interpretation und der Rechtsfortbildung immer noch ein Teil der Verantwortung bei dem demokratisch legitimierten Gesetzgeber liegt.

Allerdings weist auch *Depenheuer* darauf hin, es komme hinsichtlich des möglichen Wortsinnes auf den Kontext an, in den der jeweilige Begriff gestellt worden ist.[451] Dies führt zu der Konsequenz, daß es juristisch

---

[446] Vgl. hierzu *Grabitz/Hilf* Art. 314 Rn. 6; zum Problem der Mehrsprachigkeit *Anweiler*, Die Auslegungsmethoden, S. 146 ff.

[447] Die Regelung des Art. 314 EGV entspricht damit der des Art. 33 Abs. 1 WVRK.

[448] EuGH, 2002 I-6677 ff. [Rn. 44]

[449] *Depenheuer*, Wortlaut als Grenze, S. V

[450] a.a.O., S. 9 ff.

[451] a.a.O., S. 39

keinen eindeutigen Wortlaut gibt.[452] Entscheidend ist dabei der Aspekt, daß der Wortlaut an sich leer ist. Sein Inhalt bestimmt sich vielmehr nach der Flexibilität der Sprache, m.a.W.: nach dem sprachlich Möglichen.[453] Das sprachlich Mögliche ist jedoch kein Fixpunkt, sondern in der Zeit variabel und daher in der Lage, sich an gewandelte Verhältnisse inhaltlich, aber ohne textliche Änderung anzupassen.[454] Dies verdeutlicht die Begrenztheit des Wortlautes als abgrenzendes Kriterium. Folgerichtig kommt *Depenheuer* auch zu dem Ergebnis, daß jede mögliche Auslegung in den Grenzen des sprachlich Möglichen durch die betreffende Norm legitimiert ist.[455] Dies muß im vorliegenden Fall hinsichtlich der Interpretation einer Bestimmung des EG-Vertrages um so mehr gelten, als dieser in 22 Sprachen verbindlich ist. Divergenzen gerade im Wortlaut sind nicht nur nicht auszuschließen, sondern treten fast zwangsläufig auf.

Damit ist festzuhalten, auch im vorliegenden Fall kann der Wortlaut in einer begrenzenden Funktion nur insoweit herangezogen werden, als es sich um eine negative Abgrenzung zu dem handelt, was von keiner sprachlichen Fassung als Auslegungsmethoden gedeckt ist. Die bisher verwandte Definition der individuellen Betroffenheit ist jedoch dem Wortlaut nicht derart immanent, daß sie untrennbar mit ihm verbunden sei. Die Ansätze sowohl von GA Jacobs[456] als auch vom EuG erster Instanz[457] zeigen ein prinzipiell anderes mögliches Verständnis eines solchen Begriffes auf.

IV. Art. 33 EGKS-Vertrag[458]

Hinsichtlich der Interpretation und ihrer Begrenztheit der heute vorhandenen Vorschrift des Art. 230 Abs. 4 EGV ist mitunter auch ein Blick auf die Vorgängervorschrift des Art. 33 EGKSV[459] hilfreich. Nach dieser richtete sich die Möglichkeit der Erhebung eines recours en annulation und war

---

452 a.a.O.

453 a.a.O., S. 33 f.

454 a.a.O., S. 5 f.

455 a.a.O., S. 58 These 6

456 GA Jacobs, Schlußanträge vom 21.3.2002, Slg. 2002 I-6681 ff. [Rn. 49 ff.]

457 EuG, Slg. 2002 II-2365 ff. [Rn. 41 ff.]

458 Der EGKS-Vertrag war zeitlich befristet für die Dauer von 50 Jahren abgeschlossen worden und trat dementsprechend mit Ablauf des 23. Juli 2002 außer Kraft, Art. 97 EGKSV. Es wird darauf hingewiesen, daß der EGKSV im Gegensatz zu den anderen Verträgen lediglich in französischer Sprache verbindlich ist.

459 Auf Art. 63 § 2 Abs. 2 S. 2 sowie Art. 66 § 5 Abs. 2 S. 2 EGKSV soll an dieser Stelle nur hingewiesen werden.

gegen Maßnahmen der Hohen Behörde bzw. nach der Fusion der Organe[460] gegen die Kommission zu richten. Die Einbeziehung natürlicher und juristischer Personen in das vertragliche Klagerecht hat sich erst nach und nach unter Einschränkungen durchsetzen können.[461] Dies ist auf die grundlegende Erwägung zurückzuführen, daß die Gemeinschaft von Anfang an dadurch geprägt sein sollte, verbindliche Rechtshandlungen nicht nur gegenüber den Mitgliedstaaten, sondern auch dem Einzelnen gegenüber vornehmen zu können.[462] Auch diese Vorschrift unterschied wie Art. 230 EGV zwischen privilegiert Klageberechtigten und Klageberechtigten, die zusätzlich ein besonderes Rechtsschutzinteresse geltend machen müssen. Nach Abs. 1 konnten die Mitgliedstaaten gegen alle anfechtbaren Rechtshandlungen Nichtigkeitsklage erheben und diese auf alle Anfechtungsgründe stützen.[463] Dagegen konnten Unternehmen[464] und Verbände nur unter den Voraussetzungen des Abs. 2 von ihrem Klagerecht Gebrauch machen. Es bestand die Möglichkeit, gegen allgemeine Entscheidungen[465] Klage zu erheben, wenn diese ihrer Ansicht nach einen Ermessensmißbrauch ihnen gegenüber darstellen.[466] Der Gerichtshof hatte in seiner Rechtsprechung bereits früh klargestellt, er werde das Merkmal des *détournement de pouvoir à leur égard* und damit die Klagemöglichkeit Privater ausweiten.[467] So hatte er den schlüssigen Vortrag von Gründen, die für einen solchen Ermessensmißbrauch sprechen, ausreichen lassen.[468] Im

---

[460] Vgl. hierzu *Streinz* Rn. 227

[461] Überblick zu diesem Verhandlungspunkt bei *Drewes*, Entstehen und Entwicklung des Rechtsschutzes, S. 61 ff.

[462] a.a.O.; *Everling*, Die Stellung des Bürgers, ZfRV 1992, 241 ff. [242 f., 245, 246 ff.]

[463] *Drewes*, Entstehen und Entwicklung des Rechtsschutzes, S.63 f.

[464] Der Begriff des Unternehmens ist in Art. 80 EGKSV definiert.

[465] Da nach Art. 14 EGKSV die Entscheidung in allen ihren Teilen verbindlich ist, besteht zwischen dieser und einer Verordnung nach dem EG-Vertrag kein sachlicher Unterschied; *Schmidt* in: von der Groeben/Schwarze, Art. 249 Rn. 29

[466] Art. 33 Abs. 2 EGKSV lautet: "Les entreprises ou les associations visées à l'article 48 peuvent former, dans les mêmes conditions, un recours contre les décisions et recommandations individuelles les concernant ou contre les décisions et recommandations générales qu'elles estiment entachées de détournement de pouvoir à leur égard." Textausgabe 1951

[467] EuGH, Slg. 1954/55, 131 ff. [146]; Slg. 1955 / 56, 52 ff. [86]

[468] EuGH, Slg. 1955/56, 52 ff. [87]. Diese Vorgehensweise entspricht der in Bezug auf § 42 Abs. 2 VwGO angewandten Möglichkeitstheorie; siehe hierzu *Kopp/Schenke*, § 42 Rn. 66 mwN. Nicht möglich ist es in diesem Zusammenhang für den Einzelnen jedoch gewesen, neben der Behauptung des Ermessensmißbrauches auch noch eine Verletzung der anderen, in Art. 33 Abs. 1 EGKSV genannten Gründe geltend zu machen; hierzu EuGH, Slg. 1955/56, S. 197 ff. [226]; a.A. GA Roemer, EuGH, Slg. 1958/1959, S. 375 ff. [385]

Ergebnis wurde diese Regelung aufgrund der Besonderheiten des EGKSV als weniger streng angesehen als die vergleichbare des EG-Vertrages.[469] Dies ergibt sich insbesondere auch daraus, daß der Wortlaut des Art. 33 EGKSV das Klagerecht eines Unternehmens an *seine Ansicht* knüpfte, während nach dem EG-Vertrag das Klagerecht unabhängig von der Rechtsauffassung des Klägers bestimmt wird.

Aus der Abgrenzung dieser beiden Vorschriften könnte sich damit tatsächlich eine Stütze für die restriktive Auslegung des Begriffes der individuellen Betroffenheit durch den EuGH gewinnen lassen. Grundlegende Voraussetzung für eine entsprechende Argumentation ist jedoch die Vergleichbarkeit. Trotz der punktuellen Parallele der einzelnen Vorschrift ist darüber hinaus eine Vergleichbarkeit des Gesamtzusammenhanges erforderlich. Eine solche ist mittlerweile aufgrund der fortgeschrittenen Entwicklung nicht mehr vorhanden. Handelte es sich zunächst sowohl bei der EGKS als auch der EWG um Wirtschaftsgemeinschaften, so ist spätestens mit Abschluß des Unionsvertrages klargestellt, daß diese Art der Zusammenarbeit überholt ist. Art. 1 Abs. 2 EUV hält nämlich fest: "Dieser Vertrag stellt eine neue Stufe bei der Entwicklung einer immer engeren Union der Völker Europas dar." In Art. 2, 3. Spstr wird als Ziel der Union die Stärkung des Schutzes der Rechte und Interessen der Angehörigen der Mitgliedstaaten durch Einführung einer Unionsbürgerschaft angeführt. Damit ist den Vorschriften des EG-Vertrages eine andere Basis zugrundezulegen als dies noch beim EGKSV der Fall gewesen ist. Im Bereich der Gemeinschaft bzw. der Union hat eine Entwicklung eingesetzt, die die EGKS nicht tangiert hat, was sich auch auf das Verständnis der Rechtsschutzmöglichkeiten auswirkt, auch wenn die ursprüngliche Konzeption des Art. 230 Abs. 4 EGV enger gewesen sein mag als die des Art. 33 EGKSV.

V. Die Bedeutung des Wortlautes in der bisherigen Rechtsprechung des Gerichtshofes

Bereits im Rahmen seiner früheren Rechtsprechung hatte sich der Gerichtshof mit der Frage der Wortlautinterpretation und ihrer Gewichtung im Verhältnis zu den anderen Auslegungsmethoden auseinanderzusetzen. Dabei sollen zunächst nur einige Beispiele aus der Rechtsprechung betrachtet werden, die sich allgemein mit dieser Problematik beschäftigt haben. Auf die Rechtsprechung des EuGH betreffend den Rechtsschutz

---

[469] EuG, Slg. 2001 II-337 ff. [Rn. 79]

gegenüber rechtsetzenden Akten der EG soll dagegen erst weiter unten eingegangen werden.[470]

1. Rs. Humblet

Aus der Anfangszeit der Rechtsprechung ist zunächst die Rs. Humblet[471] zu nennen. Geklagt hatte ein Beamter der Montanunion, welcher sich seitens des Verhaltens seines Heimatstaates in seinen Rechten, die sich aus dem Protokoll über die Vorrechte und Immunitäten der EGKS[472] ergaben, verletzt sah. Die belgische Finanzbehörde hatte dem Kläger gegenüber einen zu zahlenden Steuersatz zwangsweise festgelegt, nachdem dieser sich mehrfach geweigert hatte, seine Einkünfte aus seiner Tätigkeit bei der EGKS offenzulegen, obwohl diese von der Steuerpflichtigkeit befreit waren und die Finanzbehörde dies auch anerkannt hat.[473] Fraglich war, ob eine Privatperson in eigenem Namen eine Klage beim Gerichtshof anhängig machen kann.[474] Der Gerichtshof hat hierzu entschieden, die Verfasser des Protokolles wollten offensichtlich die Beachtung der durch das Protokoll geschaffenen Vorrechte und Immunitäten gewährleisten. Dies könne der Schaffung des Art. 16 dieses Protokolles entnommen werden. Diese erfolgte nicht nur im Interesse der Gemeinschaft und ihrer Organe, sondern auch in dem derjenigen Personen, denen die Vorrechte und Immunitäten zuerkannt worden seien.[475] Darüber hinaus wird darauf hingewiesen, daß die in dem Protokoll vorgesehenen Privilegien dem jeweils Begünstigten subjektive Rechte verleihen. Aufgrund dieser Qualifikation ist davon auszugehen, daß "einem materiellen Recht die Befugnis des Berechtigten entspricht, dieses Recht selbst und nicht durch die Vermittlung eines Dritten im Klagewege geltend zu machen".[476] Daher sei der Grundsatz anzuwenden, wonach eine Vorschrift, die Rechtsschutz gewährt, im

---

470 Teil 2, Punkt 5.4.

471 EuGH, Slg. 1960 (VI), 1163 ff.

472 Art. 16 dieses Protokolls hat den Inhalt, daß "jeder Streit über die Auslegung oder Anwendung dieses Protokolls ... dem Gerichtshof zur Entscheidung vorzulegen" ist, a.a.O. [1174]

473 EuGH, Slg. 1960 (VI), 1163 ff. [1170 f.]

474 vgl. hierzu die Anträge der Parteien a.a.O. [1172 f.]

475 a.a.O. [1187]

476 a.a.O. [1189]

Zweifelsfall nicht zu lasten des Rechtsunterworfenen ausgelegt werden dürfe.[477]

2. Rs. Van Gend & Loos

In der Rs. Van Gend & Loos gegen die niederländische Finanzverwaltung[478] hatte sich ein niederländisches Transportunternehmen gegenüber einer staatlichen Stelle direkt auf Vorschriften des EGV berufen. Abgewehrt werden sollte eine belastende Maßnahme von seiten der niederländischen Finanzbehörde. Entgegen der ansonsten hinsichtlich der Geltung völkerrechtlicher Verträge als zwischen den Vertragsstaaten geschlossenen Verpflichtungen und der daraus folgenden Mediatisierung des einzelnen Staatsangehörigen[479] hat der Gerichtshof entgegen dem Wortlaut des Art. 25 EGV[480] entschieden: Die Tragweite der Vorschrift sei aufgrund des Geistes der Vertragsvorschriften, seiner Systematik und ihrem Wortlaut zu entnehmen. Das Urteil wird im Ergebnis aber nur noch auf das Ziel des Vertrages gestützt, in dem der Gerichtshof die grundsätzliche Möglichkeit der unmittelbaren Anwendbarkeit vertraglicher Vorschriften bejahte. Schließlich sei das Ziel des EG-Vertrages die Schaffung eines gemeinsamen Marktes. Seine Funktionsfähigkeit betreffe den Einzelnen, der der Gemeinschaft angehört. Daraus folge zugleich, daß dieser Vertrag mehr sei als ein Abkommen, welches nur wechselseitige Verpflichtungen zwischen den vertragsschließenden Staaten begründe.[481] Die Konsequenz, die der Gerichtshof zieht, ist die, daß die Gemeinschaft eine neue Rechtsordnung des Völkerrechts darstelle, deren Rechtssubjekte nicht nur die Mitgliedstaaen, sondern auch die Einzelnen seien.[482] Das von der Gesetzgebung der Mitgliedstaaten unabhängige Gemeinschaftsrecht solle daher den Einzelnen nicht nur Pflichten auferlegen, sondern auch Rechte verleihen.[483] Diese entstünden aber nicht nur aufgrund ausdrücklicher Erwähnung. Entstehungsgrund könne auch eine eindeutige Verpflichtung sein, die der

---

477 a.a.O.

478 EuGH, Slg. 1963, 1 ff.

479 Hierzu *Kimminich / Hobe*, S. 155 ff. mwN; vgl. auch die hilfsweise vorgetragenen Argumente der niederländischen, belgischen und deutschen Regierung in EuGH, Slg. 1963, 1 ff. [17 f.]

480 damals noch Art. 12 EWGV

481 EuGH, Slg. 1963, 1 ff. [24]

482 EuGH, Slg. 1963, 1 ff. [25]

483 a.a.O.

Vertrag den Einzelnen wie den Mitgliedstaaten und den Gemeinschaftsorganen auferlegt.[484]

3. Rs. Ratti

Die Rs. Ratti[485] geht auf ein Vorabentscheidungsersuchen eines Mailänder Strafgerichtes zurück. In Frage stand die rechtliche Konsequenz aus einem Verhalten eines italienischen Bürgers, welcher gegen strafrechtlich sanktionierte Bestimmungen des italienischen Rechtes verstieß. Die gleiche Materie war aber auch durch Richtlinienbestimmungen geregelt worden, deren Umsetzungsfrist bereits abgelaufen war, ohne in Italien in nationales Recht umgesetzt worden zu sein. Das in Rede stehende Verhalten stand mit den Richtlinienbestimmungen in Einklang.[486] Die Auswirkungen der Richtlinienbestimmungen auf das nationale Recht hat der Gerichtshof wie folgt beschrieben: Allein aus Art. 189 EWGV (Art. 249 EGV) könne nicht geschlossen werden, neben Verordnungen könnten nicht auch andere Rechtsakte möglicherweise ähnliche Wirkungen erzeugen.[487] Auch die Richtlinie entfalte eine verbindliche Wirkung, mit der es unvereinbar sei, bereits dem Grunde nach die Möglichkeit der Berufung betroffener Personen auf die darin enthaltene Verbindlichkeit auszuschließen.[488] Ihre Wirkung würde insbesondere in den Fällen abgeschwächt, in denen die Gemeinschaftsbehörden die Mitgliedstaaten mittels Richtlinie zu einem bestimmten Verhalten verpflichtet hätten, der dies nicht umsetzende Mitgliedstaat sich vor innerstaatlichen Gerichten aber auf die fehlende Einhaltung seiner eigenen Verpflichtung erfolgreich berufen könne.[489] Daher sei sie von den innerstaatlichen Gerichten als Bestandteil des Gemeinschaftsrechtes zu berücksichtigen. Die Konsequenz hieraus für ein nationales Gericht besteht darin, dem Antrag eines Klägers auf Nichtanwendung einer mit der Richtlinienbestimmung unvereinbaren nationalen Vorschrift stattzugeben, wenn diese unbedingt und hinreichend genau ist.[490] Diese Wirkungsweise nicht – rechtzeitig – umgesetzter Richtlinienbestimmungen ist weder in Art. 249 Abs. 3 EGV noch in einer

---

[484] EuGH, Slg. 1963, 1 ff. [24 f.]; vgl. auch EuGH, Slg. 1991 I-5357 ff. [Rn. 31]
[485] EuGH, Slg. 1979, 1629 ff.
[486] EuGH, Slg. 1979, 1629 ff. [1632 f.]
[487] a.a.O., [Rn. 18 f.]
[488] a.a.O. [Rn. 20]
[489] a.a.O. [Rn. 21]
[490] a.a.O. [Rn. 22 f.]

anderen Vorschrift des EGV festgehalten. Der Wortlaut spricht nicht für ein solches Ergebnis. Stattdessen stellt der Gerichtshof wiederum nur auf die Zielsetzung und die Begünstigung des einzelnen Bürgers ab.

4. Rs. Les Verts

Das Urteil in der Rs. Les Verts[491] betraf die Situation, in der die Fraktion der Grünen ("Les Verts – Parti écologiste") Klage auf Nichtigerklärung zweier Beschlüsse des Europäischen Parlamentes vom Oktober 1983 verlangte. Nach der ursprünglichen Fassung von Art. 173 EGV (jetzt Art. 230 EGV in geänderter inhaltlicher Fassung) war das Europäische Parlament als möglicher Klagegegner nicht ausdrücklich erwähnt worden. Das hat den Gerichtshof in seiner Entscheidung jedoch nicht daran gehindert, dieses in diesen Kreis einzubeziehen. Zwar sei in Art. 173 EWG-Vertrag nur von den Handlungen des Rates und der Kommission die Rede. Aus dem System des Vertrages sei jedoch die Möglichkeit "einer direkten Klage gegen alle Handlungen der Organe gegeben, die dazu bestimmt sind, eine Rechtswirkung zu erzeugen".[492] Im Gegensatz zum EGKS-Vertrag, der die Nichtigkeitsklage im Rahmen von zwei Bestimmungen behandelt, enthalte der EG-Vertrag hierzu nur eine Vorschrift, die dementsprechend allgemeinen Charakter erhalte. Daher würde eine Auslegung von Art. 173, welche die Handlungen des Parlamentes aus dem Kreis der anfechtbaren Handlungen ausschlösse, sowohl dem Geist des Vertrages, wie er in Art. 164 EWGV (Art. 220 EGV) Ausdruck gefunden habe, als auch seinem System nicht entsprechen. Schließlich bestünde die Wahrscheinlichkeit, es könne Handlungen ohne die Möglichkeit der gerichtlichen Überprüfung vornehmen, die in die Zuständigkeit anderer Organe oder gar der Mitgliedstaaten fallen oder schlichtweg seine ihm gezogenen Grenzen überschreiten.[493]

Aufgrund dieser Überlegungen hat der Gerichtshof die Nichtigkeitsklage gegen Handlungen des Parlamentes, die Rechtswirkungen gegenüber Dritten entfalten sollen, für zulässig erklärt. Wie der Generalanwalt in seinen Schlußanträgen hervorhebt, unterwirft Art. 173 EWGV bei wörtlicher Auslegung die Beschlüsse des Parlamentes gerade keiner richter-

---

[491] EuGH, Slg. 1986, 1339 ff.; vertiefend *Stauß*, Das Europäische Parlament und seine Untergliederungen

[492] EuGH, a.a.O. [Rn. 24]

[493] a.a.O. [Rn. 25]; vgl. dazu ausführlich die Schlußanträge vom G. F. Mancini, a.a.O., 1341 ff. [1348] betref-fend die Haltung des Parlamentes

lichen Kontrolle.[494] Für die gefundene Lösung spricht "nur" das System der Verträge.

5. Rs. Parlament / Rat

Die Rs. Parlament / Rat[495] betraf den umgekehrten Fall. Hier hatte das Europäische Parlament eine Nichtigkeitsklage gegen eine Verordnung des Rates erhoben, ohne nach der damaligen Fassung des Art. 146 EAGV[496] dazu berechtigt zu sein. Strittig war daher seine Aktivlegitimation, die nach dem Wortlaut des Vertrages nicht gegeben war. Das Parlament machte eine Mißachtung seiner Befugnisse geltend.[497]

Nach der Rechtsprechung des EuGH sind die dem Parlament zugesicherten Befugnisse aber Bestandteil des von den Verträgen gewollten institutionellen Gleichgewichtes. Daher müßten Verstöße gegen diese auch von dem betroffenen Organ geahndet werden können.[498] Hinsichtlich des Fehlens einer vertraglichen Bestimmung, die ein Recht des Parlamentes in Bezug auf die Erhebung der Nichtigkeitsklage regelt, stellt der Gerichtshof mit knappen Worten fest, dieser Umstand möge eine verfahrensrechtliche Lücke darstellen. Eine solche könne jedoch nicht schwerer wiegen als das grundlegende Interesse an der Aufrechterhaltung und Wahrung des von den Verträgen zur Gründung der Europäischen Gemeinschaften festgelegten institutionellen Gleichgewichtes.[499] Die vom Parlament erhobene Nichtigkeitsklage wurde also entgegen dem vertraglichen Wortlaut für zulässig erklärt.[500]

---

494 a.a.O. [S. 1349]

495 EuGH, Slg. 1990 I-2041 ff.

496 Dieser entsprach der früheren Fassung des Art. 173 EWGV (230 EGV).

497 EuGH, Slg. 1990 I-2041 ff. [2050]

498 a.a.O. [Rn. 22]

499 EuGH, Slg. 1990 I-2041 ff. [Rn. 21, 22, 26]; zu den Bedingungen, die das Parlament erfüllen muß, insb. der Geltendmachung eigener Befugnisse vgl. a.a.O. [Rn. 27]; anders dagegen die Entscheidung EuGH, Slg. 1988, 5615 ff. [Rn. 12 ff., 19 ff.]. Vgl. außerdem die Schlußanträge von GA W. van Gerven, a.a.O., 2052 ff. [2058 ff.].

500 EuGH, Slg. 1990 I-2041 ff. [Rn. 27]

6. Rs. Francovich

In der Rs. Francovich[501] ging es um eine nicht fristgerechte Umsetzung einer Richtlinie der EG zum Schutz der Arbeitnehmer bei Zahlungsunfähigkeit des Arbeitgebers durch den italienischen Staat[502], wodurch den betroffenen Arbeitnehmern der nach Ablauf der Frist Konkurs gegangenen Unternehmen dieser in der Richtlinie vorgesehene Schutz nicht zugute kam. Da im konkreten Fall die unmittelbare Anwendbarkeit der einschlägigen Richtlinienbestimmungen mangels hinreichend genauer Bestimmung verneint werden mußte, stellte sich als Folgeproblem die Frage, ob dem hilfsweise geltend gemachten Schadensersatzanspruch, welcher weder im nationalen noch im Gemeinschaftsrecht vorgesehen war, stattzugeben war.[503] Der EuGH hat den Anspruch dem Grunde nach stattgegeben. Hauptargument war auch in diesem Fall, den gemeinschaftsrechtlichen Bestimmungen zu voller Wirksamkeit zu verhelfen.[504] Bestünde nicht die Möglichkeit eines Schadensersatzanspruches, hinge es wiederum von dem jeweiligen Mitgliedstaat und dem Zeitpunkt seines Tätigwerdens ab, ob der Einzelne die ihm zuerkannten Rechte gerichtlich geltend machen könnte oder nicht.[505] Diese Minderung des Schutzes der Rechte des Einzelnen müsse durch einen gemeinschaftsrechtlich begründeten Schadensersatzanspruch begegnet werden für den Fall, daß diese Rechte durch einen Verstoß gegen das Gemeinschaftsrecht verletzt würden, welcher dem Mitgliedstaat zurechenbar sei. Dieser Anspruch folge aus dem Wesen der mit dem EWG-Vertrag geschaffenen Rechtsordnung sowie aus Art. 5 EWGV.[506] Das Gemeinschaftsrecht sah aber nach Art. 288 Abs. 2 EGV lediglich einen Schadensersatzanspruch gegen die Gemeinschaft selber vor. Letztlich hat sich die Rechtsprechung aber für die effektive Geltendmachung der zuerkannten subjektiven Rechte des Einzelnen entschieden.

---

501 EuGH, Slg. 1991 I-5357 ff.; bei der betreffenden Richtlinie handelt es sich um die RiLi 80/987/EWG des Rates vom 20.10.1980, ABl. L 283, 23. Vgl. hinsichtlich der Reaktionen in der Literatur nur: *Ossenbühl*, DVBl. 1992, 993 ff.; *von Danwitz*, Zur Entwicklung der gemeinschaftsrechtlichen Staatshaftung, JZ 1994, 335 ff.; *Schockweiler*, La résponsabilité de l'autorité nationale, RTDE 1992, 27 ff. [insb. 46 ff.]; *Dänzer-Vanotti*, Unzulässige Rechtsfortbildung, RIW 1992, 733 ff. [740 f.]

502 Vgl. hierzu bereits das Urteil des EuGH, Slg. 1989, 143 ff.

503 Vgl. hierzu die Schlußanträge von GA Mischo vom 28.5.1991, Slg. 1991 I-5370 ff. [5378 ff.]

504 EuGH, Slg. 1991 I-5357 ff. [Rn. 32 f.]

505 a.a.O. [Rn. 34]

506 EuGH, Slg. 1991 I-5357 ff. [Rn. 35 f.]

Dementsprechend wurde ein ungeschriebener Staatshaftungsanspruch entwickelt.[507]

7. Rs. Angonese

Die Rs. Angonese[508] betraf die Frage der Anwendbarkeit der Bestimmungen über die Grundfreiheiten des EG-Vertrages im Verhältnis Arbeitnehmer / Arbeitgeber. Die Kommission hat zu dieser Frage keine Stellungnahme abgegeben.[509] Dem Wortlaut der Vorschrift als solcher ist nicht zu entnehmen, ob diese sich lediglich an die Mitgliedstaaten richtet oder ob sie noch einen weiteren Adressatenkreis anspricht. In Fortführung seiner Rechtsprechung in den Rs. Walrave[510] und Bosman[511] entschied der Gerichtshof[512], der Art. 39 EGV sei auch auf das Verhältnis Arbeitnehmer zu privatem Arbeitgeber anwendbar. Die Vorschrift sei nicht nur allgemein gehalten und wende sich deshalb nicht ausschließlich an die Mitgliedstaaten.[513] Durch die unterschiedliche Reichweite der einschlägigen gesetzlichen Regelungen in den einzelnen Mitgliedstaaten werde die Gefahr begründet, daß privatrechtliche Verträge die Vorschrift unterliefen.[514]

8. Rs. Asocarne

In der Rs. Asocarne[515] mußte sich der Gerichtshof mit der Frage der Anfechtbarkeit von "Scheinrichtlinien" der Gemeinschaft befassen. Im Ergebnis hat er das Rechtsmittel verworfen. Das Hauptargument war dabei die Aussage, es läge weder eine verschleierte Entscheidung vor noch sei die Rechtsmittelführerin im Sinne des Art. 230 Abs. 4 EGV individuell betroffen.[516] Als Vorfrage wäre jedoch zu klären gewesen, inwieweit diese Vorschrift, die die Möglichkeit der Anfechtung sog. Scheinrichtlinien in Paral-

---

507 hierzu *Czaja*, Die außervertragliche Haftung der EG
508 EuGH, Slg. 2000 I-4139 ff.
509 a.a.O., Schlußantrag des GA Fennelly, 4142 ff. [Rn. 11]
510 EuGH, Slg. 1974, 1405 ff. [Rn. 16/19]
511 EuGH, Slg. 1995 I-4921 ff. [Rn. 69 ff.]
512 EuGH, Slg. 2000 I-4139 ff. [Rn. 30-36]
513 a.a.O. [Rn. 30]
514 EuGH, Slg. 2000 I-4139 ff. [Rn. 30-36]. Zu der Frage der indirekten Drittwirkung von EG-Richtlinien dagegen EuGH, Slg. 1994 I-3325 ff. [Rn. 19 ff., 24 f.]
515 EuGH, Slg. 1995 I-4149 ff.
516 a.a.O. [Rn. 12]

lele zur geregelten Anfechtbarkeit sog. Scheinverordnungen *nicht* erwähnt, überhaupt auf den Sachverhalt Anwendung findet. Der Gerichtshof nimmt hierzu nicht abschließend Stellung. Lediglich in einem Nebensatz erklärt er, eine solche Auslegung des Art. 230 Abs. 4 EGV könne mitunter – allerdings entgegen dem Wortlaut der Vorschrift – in Erwägung gezogen werden.[517] In welche Richtung der Gerichtshof letztlich eher tendiert – zum Wortlaut der Vorschrift oder eher zum Sinn und Zweck der Vorschrift – kann diesem kurzen Einwurf aber nicht entnommen werden.[518] Es ist jedoch bezeichnend, daß der Gerichtshof unter explizitem Hinweis auf den entgegenstehenden Wortlaut eine solche Möglichkeit trotzdem in Erwägung zieht.

9. Grundrechte: Rs. Stauder, Internationale Handelsgesellschaft, Nold, Hauer u.a.

Darüber hinaus ist seit Ende der 60er Jahre die Existenz von Grundrechten auch auf der Ebene des europäischen Gemeinschaftsrechtes durch die Rechtsprechung des Gerichtshofes anerkannt[519], obwohl es hierfür im Vertrag zum Zeitpunkt der Entwicklung dieser Garantien keine Anhaltspunkte gab. Der erst später eingefügte Art. F Abs. 2 EUV übernahm in seiner Formulierung lediglich die Rechtsprechung des Gerichtshofes.[520] In diesem Zusammenhang hat sich der Gerichtshof auf die Tatsache einlassen müssen, die Durchsetzungskraft des Gemeinschaftsrechtes hänge nicht nur davon ab, daß der Einzelne sich auf ihm darin zugestandene Rechtspositionen berufen kann, sondern auch von dem Zugeständnis des Gemeinschaftsrechtes an einen Freiheitsbereich des Einzelnen, welchen auch diese Rechtsordnung zu beachten hat.

10. Zwischenergebnis

Diese Beispiele aus der Rechtsprechung könnten beliebig fortgesetzt werden. Die hier aufgeführten Beispielsfälle mögen jedoch ausreichen, um aufzuzeigen, wie gering die Bedeutung des Wortlautes des Vertragstextes in

---

517 a.a.O.

518 Vgl. weiter den Beitrag von *Klüpfel*, Zur Anfechtbarkeit von Richtlinien, EuZW 1996, 393 ff.

519 EuGH, Slg. 1969, 419 ff. [Rn. 7]; Slg. 1970, 1125 ff. [Rn. 3 f.]; 1974, 491 ff. [Rn. 12 ff.]; 1979, 3727 ff. [Rn. 14 f.]; ständige Rechtsprechung

520 *Beutler* in G/T/E, Art. F Rn. 23

der Rechtsprechung des Gerichtshofes bisher gewesen ist. Wenn eine bessere Anwendbarkeit bzw. Durchsetzbarkeit des Gemeinschaftsrechtes erreicht werden konnte, wurde der Wortlaut des Vertrages entweder extensiv im Sinne des zu erzielenden Ergebnisses ausgelegt. Oder aber der Anknüpfungs- und Argumentationspunkt war ausschließlich das Ziel und der Zweck, welcher der Gemeinschaft im Allgemeinen und der in Frage stehenden Handlung im Besonderen innewohnen, sowie auf die Systematik und den Sinnzusammenhang. Im Gegensatz zu den teleologischen Argumenten, welche in der Rechtsprechung eine zentrale Stellung einnehmen[521], wird dem Wortlaut nur eine untergeordnete Bedeutung beigemessen. Die Rechtsprechung des EuGH kann daher grundsätzlich als dadurch gekennzeichnet bezeichnet werden, daß ihr das Bemühen zugrunde lag, das Scheitern einer Klage nicht durch die Überspannung der formalen Voraussetzungen herbeizuführen.[522] Diese Argumente halfen dann auch in den Rechtssachen weiter, in denen der Gerichtshof für eine Entscheidung angerufen wurde, obwohl sich für das zugrundeliegende Problem keine – geschriebene – Norm im Gemeinschaftsrecht finden ließ. Der Vertrag schwieg und der Gerichtshof mußte trotzdem eine Antwort auf den ihm zur Entscheidung vorgelegten Sachverhalt finden. Ihm kam es dabei im Ergebnis darauf an, dem Gemeinschaftsrecht zu seiner Wirksamkeit zu verhelfen. Der Wortlaut wäre ihm dabei eher noch hinderlich gewesen.

VI. Die Stellungnahme des Gerichtshofes in der Rs. Plaumann

In diese Rechtsprechung fügt sich auch die Stellungnahme des EuGH in der Rs. Plaumann ein. In dieser ging es zwar nicht um die Auslegung des Begriffes der individuellen Betroffenheit im damaligen Art. 173 EWGV, sondern um das Verständnis der Aussage "eine andere Person betreffend". Unabhängig vom Bezugspunkt des konkreten Falles hat der Gerichtshof damals jedoch in allgemeiner Form festgestellt, die Bestimmungen des Klagerechtes dürften nicht restriktiv interpretiert werden. Schweige der Vertrag zu einer Frage, dann ist dieser Vorschrift kein einschränkender Sinn beizulegen.[523] Auch dieser Stellungnahme kann keine begrenzende Funktion des Wortlautes entnommen werden.

---

521 *Streinz*, Die Auslegung des Gemeinschaftsrechtes, ZeuS 2004, 387 ff. [404] spricht von einer "überragenden Bedeutung" der teleologischen Argumente.
522 So bereits *Riese*, Über den Rechtsschutz, EuR 1966, 24 ff. [31]
523 EuGH, Slg. 1963, 211 ff. [237]

VII. Die Überlegungen von Generalanwalt Jacobs und vom Europäischen Gericht erster Instanz

Der Sache nach an diese Überlegungen anknüpfend setzt sich GA Jacobs mit seinem Vorschlag mit der grundlegenden Frage auseinander, wie innerhalb der durch den Wortlaut und der Struktur des Vertrages vorgegebenen Beschränkungen sichergestellt werden kann, daß dem Einzelnen effektiver Rechtsschutz gewährt wird.[524] Seiner Ansicht nach kann in diese Vorschrift nicht zwingend hineingelesen werden, der Einzelne müsse, um individuell betroffen und damit klagebefugt zu sein, sich aus dem Kreis der übrigen Betroffenen herausheben wie ein Adressat.[525] Der Begriff der individuellen Betroffenheit könne auch dahingehend verstanden werden, dieser sei erfüllt, wenn die Handlung aufgrund seiner persönlichen Umstände nachteilige Auswirkungen auf seine Interessen hat oder wahrscheinlich haben wird.[526] Die persönlichen Umstände werden vom EuG dahingehend konkretisiert, es müsse sich bei ihnen um Rechtspositionen handeln, welche beeinträchtigt würden.[527]

Darüber hinaus soll noch einmal kurz ein Blick auf seinen Argumentationsgang geworfen werden. Zunächst überprüft es nämlich, ob im konkreten Fall die Zulässigkeit der Klage nicht doch nach der bisherigen Rechtsprechung gegeben ist. Nach deren – vorläufigen – Verneinung entwickelt es sodann eine inhaltlich neue Definition der individuellen Betroffenheit. Aus dieser argumentativen Vorgehensweise kann allgemein der Schluß gezogen werden, die bisherige Definition der individuellen Betroffenheit werde vom EuG nicht nur als zu eng angesehen, sondern sie schöpfe die Möglichkeiten der Interpretation des Wortlautes nicht hinreichend aus. Der Unterschied zur bisherigen Rechtsprechung und den beiden neuen Vorschlägen besteht im Anknüpfungspunkt für den Begriff "individuell": Wurde ursprünglich auf besondere Merkmale abgestellt, die eine adressatenähnliche Stellung ausmachen sollten[528], setzen die anderen beiden

---

[524] Hierzu sowie zum Folgenden GA Jacobs, EuGH, Slg. 2002 I-6677 ff., 6681 ff. [Rn. 54 ff.]

[525] GA Jacobs, Schlußanträge vom 21.3.2002, Slg. 2002 I-6681 ff. [Rn. 59]; EuG, Slg. 2002 II-2365 ff. [Rn. 49]

[526] a.a.O. [Rn. 60]; EuG, a.a.O. [Rn. 51]

[527] EuG, a.a.O.

[528] Vgl. z.B. EuGH, Slg. 1984, 1005 ff. [Rn. 14]; EuG, Slg. 1995 II-1 ff. [Rn. 30]: namentliche Nennung der Unternehmen; EuGH, Slg. 1994 I-1856 ff. [Rn. 19]: Nutzung einer eingetragenen Marke

Definitionen bei den konkreten Rechtspositionen und damit bei den subjektiven Rechten des Einzelnen an.

Es kann somit zusammenfassend festgehalten werden: Beide Positionen ziehen den Wortlaut nicht nur als Ausgangspunkt heran. Vielmehr spiegeln die vorgetragenen Möglichkeiten des inhaltlichen Verständnisses dieses Begriffes nur verschiedene Seiten einer Medaille wider. Diese sind wiederum jeweils in das Gesamtsystem zu stellen, um auf diese Art und Weise feststellen zu können, welches Verständnis sich am sinnvollsten und vor allem ohne Widersprüche in dieses einfügt.

VIII. Ansichten in der Literatur

Die Frage, ob der Wortlaut des Art. 230 Abs. 4 EGV extensiv ausgelegt werden kann oder darf, wird in der Literatur kontrovers erörtert.[529] Sowohl die Frage der Kompetenz als auch die des politischen Ermessens sind bereits in einem anderen Zusammenhang erörtert und als in Betracht kommendes Hindernis einer erweiterten Auslegung verneint worden. Auch der Aspekt des Ausgleiches durch die Möglichkeit der Erhebung einer Schadensersatzklage[530] sowie der vertraglich vorgesehene inzidente Rechtsschutz über Art. 241 EGV[531] steht dem nicht entgegen. Es werden aber noch weitere Argumente vorgebracht, die einer anderen, weitergehenden Auslegung entgegenstehen sollen.[532] So sei ein Verhalten der Gemeinschaftsorgane, welches auf eine Vereitelung des Rechtsschutzes des Einzelnen abziele, aufgrund ihrer Verpflichtung dem Recht und dem Grundsatz der Gesetzmäßigkeit der Verwaltung gegenüber nur im Ausnahmefall denkbar.[533] Des weiteren hätte man es nicht nur mit einem politischen Kompromiß zu tun.[534] Außerdem führte es auch zu einer erheblichen Rechtsunsicherheit, wenn Normativakte gemeinschaftsweit in Frage gestellt werden könnten. Die Funktionsfähigkeit der Gemeinschaft wäre

---

529 Zur Kritik an der Rechtsprechung auch von seiten von Mitgliedern des Gerichtshofes selber siehe die Nachweise bei GA Jacobs, EuGH, Slg. 2002 I-6677 ff., 6681 ff. Fn. 5

530 So *Everling*, Justiz, 5 ff. [9]

531 So *Kutscher*, Über den Gerichtshof, 392 ff. [397]

532 Eine Übersicht über die einzelnen Argumente sowie die betreffenden Gegenargumente und seinem eigenen Lösungsansatz findet sich bei *Rasmussen*, Why is Article 173, ELR 1980, 112 ff. [117 ff.]

533 *von Winterfeld*, Möglichkeiten der Verbesserung, 1409 ff. [1410]

534 *Rasmussen*, Why is Article 173, ELR 1980, 112 ff. [120]

beeinträchtigt, würden mühsam ausgehandelte Rechtsvorschriften wieder aufgehoben.[535]

Dem letztgenannten Argument ist damit zu begegnen, daß der Gerichtshof sowohl in Verfahren nach Art. 230 als auch nach Art. 234 EGV politische Kompromisse als rechtswidrig aufgehoben hat, ohne sich mit der Frage der Fragilität dieser Kompromisse zu befassen.[536] Welches gerichtliche Verfahren letztlich zur Nichtigerklärung der Maßnahme führte, ist jedoch für diesen Aspekt unerheblich. Auch das Argument der sich daraus ergebenden Rechtsunsicherheit greift m.E. nicht durch. Es kann nicht dazu führen, daß Maßnahmen, die gegen höherrangiges Gemeinschaftsrecht verstoßen, allein aus dieser Erwägung heraus als rechtmäßig behandelt werden sollen. Schließlich geht es dem Gerichtshof auch nicht darum, die Möglichkeit einer Nichtigerklärung auf Initiative Privater grundsätzlich zu unterbinden. Das abweisende Urteil zielt nur auf eine Eingrenzung des verfahrensrechtlichen Weges ab. Dadurch wird aber ebenfalls das Argument der Rechtsunsicherheit nicht entkräftet. Die Unanfechtbarkeit einer solchen Maßnahme führt vielmehr dazu, daß der Betroffene gerade im Unklaren darüber bleibt, ob ein bestimmtes Verbot oder Gebot nun rechtmäßig ist oder eben nicht. Dieses Anliegen, hierüber Klarheit zu erhalten, muß aber auch bei Art. 230 Abs. 4 EGV anerkannt werden.[537] Dies ergibt sich schon daraus, daß der Gerichtshof im umgekehrten Fall mit Hilfe des *effet-utile*-Argumentes die Eingriffsbefugnisse der Gemeinschaftsorgane zu Lasten des Einzelnen auch über den Wortlaut hinaus erweitert hat.[538] Immerhin hat sich der Gerichtshof in ständiger Rechtsprechung dazu bekannt, nicht nur Funktionen eines Verfassungsgerichtes wahrzunehmen, sondern in diesem Rahmen auch die Rechte des Einzelnen zu schützen.[539]

Des weiteren wird als Gegenargument vorgebracht, mit dem bisherigen Verständnis würde der Rechtslage z. B. in Frankreich und Großbritan-

---

535 *Schwarze*, Rechtsschutz Privater, 927 ff. [933]; *von Danwitz*, Garantie effektiven Rechtsschutzes, 1108 ff. [1112]; Rat in EuGH, Slg. 1978, 845 ff. [849]

536 Auch an dieser Stelle kann wiederum auf die Nichtigerklärung des Beschlusses des ECOFIN-Rates verwiesen werden, auch wenn dieses Beispiel keine Verordnung betrifft, EuGH, EuZW 2004, 465 ff.; aus der früheren Rechtsprechung vgl. nur EuGH, Slg. 1977, 1211 ff.; 1979, 1185 ff.

537 *von Winterfeld*, Möglichkeiten der Verbesserung, 1409 ff. [1409, 1411 f.]

538 EuGH, Slg. 1980, 119 ff. [Rn. 12 ff.] betreffend die Zulässigkeit einstweiliger Maßnahmen **der Kommission** in Kartellsachen aufgrund von Art. 3 I VO 17

539 *von Winterfeld*, Möglichkeiten der Verbesserung, 1409 ff. [1409]

nien Rechnung getragen. Dem ist zu entgegnen, der Gerichtshof wähle zwar die Rechtsordnungen der Mitgliedstaaten als Anhaltspunkte, orientiere sich aber an keiner bestimmten und ziehe auch nicht die Minimal- oder Maximallösung als gemeinsamen Nenner heran[540], sondern wendet die in Bezug auf das Gemeinschaftsrecht als optimal erscheinende Lösung an.[541] Eine sich ausschließlich auf den Wortlaut bezogene Interpretation stehe zudem in Widerspruch zu seiner früheren Rechtsprechung, in welcher der Gerichtshof sich von einer am Wortlaut verhafteten Interpretation gelöst und die systematische Auslegung in den Vordergrund gestellt hat.[542]

Des weiteren ist selbstverständlich zu bedenken, daß Art. 230 Abs. 4 EGV dem Ausschluß der sog. Popularklage dient. Es ist jedoch darauf hinzuweisen, daß vorliegend lediglich die Frage behandelt wird, inwieweit individueller Rechtsschutz gegen Normativakten der EG dem Grunde nach zu gewährleisten ist. Das heißt natürlich nicht, eine solche Klagemöglichkeit wäre ohne weitere Voraussetzungen wie z.B. einer Klagefrist oder besonderer persönlicher Merkmale zu schaffen. Hier wurde und soll im weiteren aber nur der Frage nachgegangen werden, ob sich eine solche Möglichkeit dem Grunde nach mit der Regelung des Art. 230 EGV in Einklang bringen läßt.

Auch das Subsidiaritätsprinzip[543] und das Prinzip der begrenzten Einzelermächtigung können nicht gegen eine extensive Auslegung des Wortlautes vorgebracht werden. Diese Prinzipien dienen dazu, zum einen die Hoheitsgewalt der Gemeinschaft von der der Mitgliedstaaten zu trennen, zum anderen aber auch zu verdeutlichen, bei den Befugnissen der ersteren handele es sich nur um von zweiteren abgeleitete Befugnisse, die nicht durch ein extensives Verständnis des Vertrages beliebig erweitert werden können.[544] Im Falle einer Neuinterpretation des Art. 230 EGV

---

540 GA Roemer in seinen Schlußanträgen vom 18.9.1973, Slg. 1973, 1254 ff. [1257]; *Grabitz/Hilf*,
Art. 288 Rn. 28

541 GA Roemer, a.a.O. [1259]. Außerdem hat der EuGH in einer Stellungnahme bereits erkennen lassen, daß er für die Möglichkeit einer Normenkontrolle durch Privatpersonen ist, Bull EG 1975, Beilage 9, 17 ff. [18 f.]

542 *von Danwitz*, Garantie effektiven Rechtsschutzes, 1108 ff. [1114] mwN aus der Rechtsprechung

543 Vertiefend *Lecheler*, Das Subsidiaritätsprinzip; zu einzelnen Aspekten siehe die Beiträge in *Hrbek*, Das Subsidiaritätsprinzip

544 *Merten*, Subsidiarität, S. 77 ff. [80 ff.]; *Schwarze*, EU, Art. 5 EGV Rn. 1

würde den Mitgliedstaaten jedoch keine noch ihrem Kompetenzbereich zugehörige Hoheitsgewalt genommen, da nach der Aufgabenverteilung der Art. 220 ff. EGV sowohl die Vertragsauslegung als auch die Entscheidung über die Rechtmäßigkeit sekundärer Gemeinschaftsrechtsakte bereits jetzt beim EuGH zur Entscheidung zentralisiert sind.

IX. Ergebnis

Aus einer Zusammenschau der vorgetragenen Argumente ergibt sich insgesamt ein Bild, in dem die Argumente, welche für ein weitreichenderes Verständnis des Wortlautes vorgetragen werden, die überzeugenderen sind. Es wird dadurch in Bezug auf die materielle Rechtslage eine Anpassung eines an sich offenen Wortlautes versucht. Es ist ausdrücklich festzuhalten, daß vorliegend dem Europäischen Gerichtshof keine Rechtsfortbildung "im leeren Raum" oder gar – wie von ihm in dem Urteil in der Rs. UPA vom 25. Juli 2002 behauptet – entgegen dem Wortlaut des Vertragstextes abverlangt wird. Vielmehr beinhaltet sowohl die Lösung des GA Jacobs als auch das Urteil des diesem darin folgenden EuG ein neues, überarbeitetes Verständnis abstrakter Begrifflichkeiten[545], die weiterhin eine Funktion hinsichtlich des Ausschlusses der Popularklage durch Privatrechtssubjekte erfüllen sollen. Es geht daher nicht um den Wegfall von zwischen den Mitgliedstaaten vereinbarten Voraussetzungen, sondern um eine Fortentwicklung innerhalb des Vertragstextes, dessen abstrakter Text mit einem neuen, dem aktuellen Rechtsstand angepaßten Verständnis versehen werden soll. Ziel ist eine *Änderung* der Vertragsauslegung, *nicht* eine *Umgestaltung* des Vertrages. Hinsichtlich letzterem wären in der Tat nur die Mitgliedstaaten dazu befugt.

Der Gerichtshof hat in früheren Urteilen zwar festgestellt, die Vorschriften, welche die Ausübung des Klagerechtes von bestimmten Verfahrensvoraussetzungen abhängig machen sowie darüber hinaus das klar erkennbare vertragliche Rechtsschutzsystem, die Grenze bildeten, die seiner richterlichen Interpretation gesetzt seien.[546] Gerade die von GA

---

545 Vgl. auch das Zitat von Kant bei *Schwarze*, Abstraktion, S. 29 Fn. 19: "Die Ausdrücke des Abstrakten und Konkreten beziehen sich nicht sowohl auf die Begriffe an sich selbst – denn jeder Begriff ist ein abstrakter Begriff – , als vielmehr nur auf ihren Gebrauch. Und jeder Begriff kann hinwiederum verschiedene Grade haben, ..."

546 EuGH, Slg. 1974, 1 ff. [Rn. 5]; 177 ff. [Rn. 31 ff.]; 917 ff. [Rn. 14 ff.]; *Schwarze*, Abstraktion, S. 219 f.

Jacobs vorgebrachte und vom EuG aufgegriffene neue Interpretation der Voraussetzungen des Art. 230 Abs. 4 EGV zeigt jedoch deutlich, diese Vorschrift und die in ihr normierten Voraussetzungen besitzen nicht jene Eindeutigkeit, wie dies z.B. beim Zeitablauf von Fristen der Fall ist, um ihr bisheriges Verständnis der sich im Laufe der Zeit geänderten materiellen Rechtslage resistent zu machen.

Eine Argumentation mit dem Wortlaut als Hindernis für eine Weiterentwicklung der Rechtsprechung findet daher keinen Rückhalt in den vertraglichen Vorschriften. Vielmehr ist im Gegenteil eine solche Möglichkeit auf dieser Grundlage zu bejahen. Eine solche würde sich auch in die bisherige allgemeine Linie der Rechtsprechung des Gerichtshofes einfügen.

D. Mögliche Bestätigung der bisherigen Rechtsprechung durch den Verfassungsvertrag[547]

Nach den bisher erfolgten Überlegungen findet die aktuelle Rechtsprechung des Gerichtshofes keine Beschränkung mehr im bis dato existierenden Gemeinschaftsrecht. Auch wenn die Zukunft des Vertrages über den Entwurf einer Europäischen Verfassung nach dem französischen und niederländischen Nein ungewiß ist, soll an dieser Stelle kurz auf die darin enthaltenen Regelungen eingegangen werden. Immerhin spiegelt sich darin ein im Konvent und seinen Arbeitsgruppen diskutierter und gefundener Konsens zwischen den verschiedenen Positionen der Mitgliedstaaten und somit auch ein gemeinsamer Wille wider. Der Verfassungsvertrag ist dem Grunde nach in die Zukunft gerichtet. Wie der Art. 6 Abs. 2 EUV jedoch deutlich gemacht hat, können die vertraglichen Vereinbarungen mitunter nur noch deklaratorischer Natur sein, was den acquis communautaire betrifft. Seine Regelungen und das diskutierte und ihnen zugrundegelegte Verständnis reflektiert aber auch die bisherige Rechtsauffassung und macht auf diese Art und Weise zunächst einmal deutlich, inwieweit diese beibehalten oder gerade geändert werden und, wenn letzteres zutrifft, welche Entwicklung angestrebt wird.
Dabei ist für die vorliegende Fragestellung die Betrachtung von zwei unterschiedlichen Aspekten erforderlich: Zum einen wird die Regelung des Gemeinschaftsgrundrechtes auf effektiven Rechtsschutz selber in das Blickfeld rücken und darzulegen sein, insbesondere welche Reichweite

---

[547] Soweit die Vorschriften mit VerfVertr oder nicht weiter gesondert gekennzeichnet sind, wird der Wortlaut in der am 29.10.2004 in Rom unterzeichneten und am 16.12.2004 im ABl. der EG 2004/C 310/1 ff. veröffentlichten Fassung zugrundegelegt.

dieses Grundrecht in Bezug auf Handlungen der Gesetzgebung entfaltet. Zum anderen wird darauf einzugehen sein, wie die Rechtsprechung des Gerichtshofes vor allem im Hinblick auf den Individualrechtsschutz aufgegriffen und in die Regelung des Art. III-270 des Verfassungsvertrages eingearbeitet worden ist.

I. Die Regelungen betreffend die grundrechtlichen Garantien[548]

In Teil II des Verfassungsvertrages ist zunächst die in Nizza feierlich verabschiedete Europäische Grundrechte-Charta integriert worden, dessen Titel VI die justiziellen Rechte behandelt. Der Abs. 4 der Präambel verdeutlicht den Zweck der Charta, indem dort festgestellt wird: "Zu diesem Zweck ist es notwendig, angesichts der Weiterentwicklung der Gesellschaft, ... den Schutz der Grundrechte zu stärken, indem sie in einer Charta sichtbarer gemacht werden." Aus dieser einleitenden Formulierung wird nicht nur der Stellenwert deutlich, der den gemeinschaftsgrundrechtlichen Verbürgungen beigemessen wird, sondern auch, daß die Mitgliedstaaten davon ausgehen, die Verbürgungen der Charta existieren bereits mit dem Inhalt, der sich aus den Regelungen der Charta ergibt. Art. II-107 legt fest, jede Person, deren durch das Recht der Union garantierten Rechte oder Freiheiten verletzt worden sind, habe das Recht, nach Maßgabe der in diesem Artikel vorgesehenen Bedingungen bei einem Gericht einen wirksamen Rechtsbehelf einzulegen.

Mit diesem dünnen Satz ist zugegebenermaßen nicht viel gesagt, insbesondere nicht, was die Charta unter einem "wirksamen Rechtsbehelf" versteht. Allerdings bestimmt Art. II-112 Abs. 3 VerfVertr, die Rechte der Charta, die den durch die EMRK garantierten Rechten entsprechen, hätten die gleiche Bedeutung und Tragweite wie in der Konvention. Der konkrete Inhalt ergibt sich hier wiederum aus der Rechtsprechung des EGMR. Bereits weiter oben ist jedoch dargelegt worden, dieser tendiere mittlerweile dazu, Maßnahmen der Gesetzgebung ebenfalls hierunter zu subsumieren. Darüber hinaus ist festzuhalten, daß Art. II-107 des Entwurfes Art. 13 EMRK nachempfunden wurde.[549] Auch wenn diese Norm ebenfalls auslegungsbedürftig ist, kann hierbei auf ein Rechtsverständnis zurückgegriffen werden, welches von den Rechtsordnungen der Mitglied-

---

[548] Zur Aufnahme der Grundrechte-Charta in den Verfassungsvertrag *Weber*, Einheit und Vielfalt, DVBl. 2003, 220 ff.

[549] *Grabitz / Hilf*, EUV, nach Art. 6 EUV Rn. 268

staaten unabhängig ist, was dem Gerichtshof einen noch weiteren Interpretationsspielraum eröffnet als dies bisher bereits der Fall ist.

II. Die Regelungen bzgl. des Individualrechtsschutzes[550]

Die Regelungen über den Gerichtshof und den Individualrechtsschutz finden sich im Verfassungsvertrag in den Art. I-19, I-29 sowie in Teil III, Unterabschnitt 5, Art. III-353 ff. und hier insbesondere in der Vorschrift des Art. III-360 ff. wieder.
In Anlehnung an den Art. 220 EGV gewährleistet der Gerichtshof nach Art. I-29 Abs. 1 Uabs. 1 S. 2 die Achtung des Rechts bei der Auslegung und Anwendung der Verfassung. Nach Uabs. 2 schaffen die Mitgliedstaaten die erforderlichen Rechtsbehelfe, damit ein wirksamer Rechtsschutz auf dem Gebiet des Unionsrechtes gewährleistet ist. Diese Wendung könnte als Stütze der Aussage des Gerichtshofes herangezogen werden, daß nicht er, sondern – auch wegen Art. 10 EGV (nach dem Entwurf Art. I-5 Abs. 2) – die Mitgliedstaaten als Verpflichtete bei der Erweiterung der Rechtsschutzmöglichkeiten heranzuziehen sind. Danach läge es bei ihnen, die erforderlichen, dezentralen Rechtsschutzmittel zu schaffen, um den in Art. II-107 geforderten effektiven Rechtsschutz zu verwirklichen.[551]

Allerdings besagt diese Regelung nicht, auf welcher Ebene innerhalb der Gemeinschaft dieser Rechtsschutz durch die Mitgliedstaaten geschaffen werden soll und ob die Staaten als Vertragspartner oder in ihrer Funktion als Mitgliedstaaten der Gemeinschaft betroffen und aufgefordert sind. Es ist aber auch im Rahmen des Verfassungsvertrages davon auszugehen, daß aufgrund der in den Art. III-360 ff. enthaltenen Ausgestaltung der verschiedenen Rechtswege, welche die Jurisdiktionsgewalt des EuGH eröffnen, von einem in sich geschlossenen System des Rechtsschutzes auf europäischer Ebene ausgegangen werden kann, welches die Mitgliedstaaten in ihrer Funktion als Vertragspartner geschaffen haben.

Die Rechtsschutzmöglichkeit gegenüber Verordnungen, nach dem Verfassungsvertrag Europäische Gesetze oder Europäische Rahmengesetze, ist in Art. III-365 normiert. Während es betreffend die Zulässig-

---

550 Auch Art. 230 Abs. 4 EGV hat bereits mehrere Umnumerierungen hinter sich, ist materiell-rechtlich gesehen aber nie verändert worden, GA Jacobs, Slg. 2002-I, 6677 ff. [6681 ff. Rn. 77]

551 So *Cremer*, Der Rechtsschutz des Einzelnen, EuGRZ 2004, 577 ff. [583]

keit privilegierter Nichtigkeitsklagen gem. Abs. 1 der Vorschrift keine wesentlichen inhaltlichen Änderungen gibt, sind solche im Wortlaut des Abs. 4 auszumachen. Diese Vorschrift lautet: "*Jede natürliche und juristische Person kann unter den in den Absätzen 1 und 2 genannten Bedingungen gegen die an sie ergangenen oder sie unmittelbar und individuell betreffenden Handlungen sowie gegen Rechtsakte mit Verordnungscharakter, die sie unmittelbar betreffen und keine Durchführungsmaßnahmen nach sich ziehen, Klage erheben.*" Damit unterscheidet die Vorschrift zwischen drei Alternativen, welche die Zulässigkeit einer Direkklage durch Einzelne nach dem Klagegegenstand differenziert.

Während die erste Alternative – *gegen die an sie ergangenen Handlungen* – der Sache nach die bereits nach Art. 230 Abs. 4 EGV bestehende Anfechtungsbefugnis des Adressaten einer Entscheidung erfaßt[552], ist eine Abgrenzung der zweiten – *gegen die sie unmittelbar und individuell betreffenden Handlungen* – und der dritten Alternative – *gegen Rechtsakte mit Verordnungscharakter* – in Bezug auf den Rechtsschutz gegen Verordnungen nach der bisherigen Vertragsrechtsterminologie erforderlich. Dabei handelt es sich bei der dritten Alternative um eine Klagebefugnis, welche sich im geltenden Recht nicht wiederfinden läßt. Ihre genaue Formulierung und Reichweite war entsprechend sowohl in der zuständigen Arbeitsgruppe als auch dem später eingerichteten Arbeitskreis betreffend den Gerichtshof umstritten.[553] Auch wenn die Mehrheit sich für eine Änderung des bisherigen Art. 230 Abs. 4 im Sinne einer Erweiterung der Klagemöglichkeiten aussprach, wurde keiner der dort vorgeschlagenen Formulierungen übernommen. Man entschied sich vielmehr für eine Variante, bei der davon ausgegangen werden kann, daß die dritte Alternative lediglich die Klagebefugnis im Hinblick auf Europäische Verordnungen erleichtern wollte, Rechtsakte allgemeiner Geltung, also Handlungen der Gesetzgebung in Form von Europäischem Gesetz und Europäischen Rahmengesetz davon nicht erfaßt werden sollten.[554]

Hinsichtlich der Anfechtbarkeit von Maßnahmen mit Gesetzescharakter soll es dagegen bei einer restriktiven Handhabung bleiben, wie sie die zweite Alternative ausdrücken soll. Das heißt, es bedarf weiterhin des Nachweises der unmittelbaren und individuellen Betroffenheit. Insofern

---

552 a.a.O. [578]

553 a.a.O. [580 f.]

554 ausführlich hierzu a.a.O. [579 ff.]

soll die bisherige Rechtsprechung des Gerichtshofes zum Rechtsschutz gegen Normativakte in dieser textlich abgesichert werden.[555]

Andererseits findet insoweit eine sprachliche Erweiterung des Vertragstextes statt, als nicht mehr der Klagegegenstand konkret benannt wird, sondern dieser in ganz allgemeiner Form nur noch als "Handlung" umschrieben wird und damit sämtliche, in Art. I-33 des Verfassungsvertrages aufgezählten Rechtsakte umfaßt.

III. Schlußfolgerung

Diese Darlegungen zeigen, daß sich auch dem Entwurf eines Verfassungsvertrages nichts entnehmen läßt, was gegen eine mögliche Anfechtbarkeit von Verordnungen durch Private spricht. Es ist lediglich explizit festgehalten worden, daß eine Individualnichtigkeitsklage nicht ohne die Erfüllung zusätzliche Zulässigkeitsvoraussetzungen erhoben werden können soll. Diese zusätzlichen Voraussetzungen werden weiterhin mit den Begriffen der "unmittelbaren und individuellen Betroffenheit" umschrieben. Die Unklarheiten, die sich aus den verschiedenen inhaltlichen Interpretationen vor allem des zweiten Begriffes ergeben, werden dadurch aber nicht mittels des geplanten Vertragstextes klargestellt. Dieser läßt vielmehr denselben Interpretationsspielraum durch den Gerichtshof wie der EGV. Aus diesen Gründen kann daher nicht davon ausgegangen werden, daß die im Konvent gefundene Formulierung die bisherige Rechtsprechung des Gerichtshofes als die allein "richtige" festschreibt. Vielmehr ist auch diese dergestalt gehalten, daß sie inhaltlich an die jeweilige Rechtsentwicklung angepaßt werden kann, ohne daß es einer Veränderung des Wortlautes bedarf.

E. Ergebnis zu der Frage der Möglichkeit einer Rechtsprechungsänderung

Zusammenfassend kann an dieser Stelle festgehalten werden, daß der Gerichtshof seine Möglichkeiten zu einer weiteren Entwicklung des EG-Rechtes noch nicht ausgeschöpft hat. Die von ihm vorgebrachten Argumente begründen gerade für den Gerichtshof keine Rechtspflicht, eine Klage als unzulässig bzw. das eingelegte Rechtsmittel als unbegründet abzuweisen.

---

[555] a.a.O. [578]

Als Zwischenergebnis kann deshalb bereits an dieser Stelle folgendes festgehalten werden: Es bestand entgegen der Auffassung des Gerichtshofes für ihn die Möglichkeit, in der Sache anders zu entscheiden. Darüber hinaus sind ebenfalls keine weiteren Argumente ersichtlich, welche das von ihm angestrebte Ergebnis tatsächlich in der vom Gerichtshof vorgetragenen Ausschließlichkeit tragen könnten. Die bisherigen Erwägungen zeigen nur, daß entgegen den Argumenten des Gerichtshofes ein geändertes inhaltliches Verständnis der individuellen Betroffenheit für ihn möglich gewesen wäre. Die von ihm vorgebrachten Argumente ziehen weder jedes für sich genommen noch in ihrer Gesamtheit der Aufgabe des Grundsatzes der Effektivität des Rechtsschutzes eine Grenze, an der das Interesse des Einzelnen gegenüber einem Allgemeininteresse zurückzutreten hätte.

Damit wird deutlich, daß die Argumentation des Europäischen Gerichtshofes letztendlich wohl nicht der Bedeutung und der Funktion dieses Gemeinschaftsgrundrechtes gerecht wird. Durch die vom Gerichtshof vorgenommene restriktive Auslegung der Zulässigkeitsvoraussetzung des Art. 230 Abs. 4 EGV wird der Schutz der Freiheitsrechte des Individuums diesem bei Verordnungsvorschriften, die keiner weiteren nationalen Durchführungsmaßnahme bedürfen, aus der Hand genommen und ausschließlich in die Hände derer gelegt, welche nach Art. 230 Abs. 2 EGV klagebefugt sind. Gerade eine solche Vorgehensweise entspricht nicht dem weiter oben dargelegten Inhalt des Gebotes des effektiven Rechtsschutzes.[556] Nicht ein Mitgliedstaat, der Rat, die Kommission oder das Parlament sollen über den Schutz dieser Rechte einerseits wachen, andererseits damit aber auch darüber bestimmen können, sondern dem Einzelnen – wird er in der betreffenden Rechtsordnung als Subjekt aufgefaßt – muß dieses Recht auf Geltendmachung seiner Rechte zugestanden und die Möglichkeit hierzu verschafft werden.

Aus diesen Überlegungen ergibt sich auch die Konsequenz, daß diese Rechte des Einzelnen mit Pflichten auf seiten der gemeinschaftlichen Hoheitsgewalt korrespondieren. Da grundsätzlich alle Organe der Bindung an die Gemeinschaftsgrundrechte unterliegen, ist für den Gerichtshof insofern keine Ausnahme zu machen – eine solche würde bereits zu dem in Art. 220 EGV formulierten Auftrag in Widerspruch stehen. Daher ist im Anschluß daran nun zu überlegen, aus welchen Aspekten sich nicht möglicherweise eine Verpflichtung zu einer Rechtsprechungsänderung des

[556] Kapitel 5, Punkt I

EuGH ableitet – eine Frage, mit der sich der Gerichtshof selber nicht mehr auseinandergesetzt hat. Schließlich werden die im politischen Bereich handelnden Organe der EG nicht müde, die Bedeutung der Grundrechte – darin eingeschlossen natürlich auch das Gebot der Effektivität des Rechtsschutzes – für die Gemeinschaft selber zu betonen.

Teil 2
Existenz einer Rechtspflicht des Europäischen Gerichtshofes, die Voraussetzungen des Art. 230 Abs. 4 EGV neu zu interpretieren?

Die bisher angesprochenen Probleme haben sich mit der in dem Urteil aufgeworfenen Bedenken gegen eine andere Auslegung der Zulässigkeitskriterien beschäftigt. In diesem Zusammenhang hat der Gerichtshof Argumente vorgebracht, er besäße gar nicht erst die Befugnis, seine eigene Rechtsprechung[557] fortzubilden und die Interpretation der "individuellen Betroffenheit" zu verändern. Wie gerade gezeigt worden ist, sind diese Bedenken nicht gerechtfertigt. Der Gerichtshof besitzt die Möglichkeit, die vom GA Jacobs vorgeschlagene bzw. vom EuG angewandte Lösung aufzugreifen und Bestandteil einer geänderten Rechtsprechung werden zu lassen.

Im Folgenden soll nun als Konsequenz aus dieser grundsätzlich bestehenden Möglichkeit einer Rechtsprechungsänderung untersucht werden, aus welchen Aspekten sich u. U. gar eine entsprechende Pflicht des Gerichtshofes hierzu ableiten läßt.

In Betracht kommen in diesem Zusammenhang folgende Aspekte: Zunächst könnte sich eine solche Pflicht mitunter aus der Charakterisierung der Europäischen Gemeinschaft als Rechtsgemeinschaft ergeben. Des weiteren ist der Grundsatz der Gemeinschaftstreue zu betrachten. Dabei soll auch kurz auf die Regelungen des Entwurfes einer Europäischen Verfassung eingegangen werden. Eine Rolle werden aber auch die Äußerungen der anderen Organe sowie die des Gerichtshofes selber – sei es nun in der Form von Urteilen oder auch in anderer Gestalt – spielen. Zum Schluß soll dann noch untersucht werden, welchen Charakter dem Gemeinschaftsgrundrecht zugeordnet werden kann, woraus sich dann u.U. ebenfalls eine weitergehende Bindungswirkung für den Inhalt der Rechtsprechung ergeben kann.

[557] Zu beachten ist, daß die ständige Rechtsprechung des Gerichtshofes bzgl. der Auslegung der Merkmale des Art. 230 Abs. 4 EGV auf das Jahr 1963 zurückgeht, also zu einem Zeitpunkt erfolgte, als es sich bei der damaligen EWG schwerpunktmäßig um eine Wirtschaftsgemeinschaft handelte und er selber noch keine Gemeinschaftsgrundrechte als Bestandteil der allgemeinen Rechtsgrundsätze und als Recht im Sinne des Art. 220 EGV anerkannt hatte.

A. Die Europäische Gemeinschaft als Rechtsgemeinschaft

Zunächst soll auf den Aspekt eingegangen werden, daß sich die Europäische Gemeinschaft als Rechtsgemeinschaft bezeichnet. Auch in dem Urteil in der Rs. UPA weist der Gerichtshof darauf hin, die EG sei "eine Rechtsgemeinschaft, in der die Handlungen ihrer Organe daraufhin kontrolliert werden, ob sie mit dem EG-Vertrag und den allgemeinen Rechtsgrundsätzen, zu denen auch die Grundrechte gehören, vereinbar sind".[558]

Damit stellt sich die Frage, inwieweit der Gerichtshof selber den Grundsatz der Effektivität des Rechtsschutzes bei der Findung und Begründung seines Urteiles beachtet hat. Bei dem Begriff der Rechtsgemeinschaft handelt es sich um einen ausfüllungsbedürftigen Rechtsbegriff, welcher einer Konkretisierung bedarf.

I. Die Europäische Gemeinschaft als Rechtsgemeinschaft

Immer wieder ist hervorgehoben worden, bei der EG handele es sich um eine Rechtsgemeinschaft.[559] Mit diesem sehr weiten Begriff werden unterschiedlichste Aspekte zusammengefaßt. Inhaltlich wird in diesem Zusammenhang vor allem der Gedanke der Supranationalität betont.[560] Damit ist vor allem der Vorrang des Gemeinschaftsrechtes[561], aber auch seine unmittelbare Anwendbarkeit in den Mitgliedstaaten[562] zu erwähnen. Hinzu kommt eine Rechtsprechung des Gerichtshofes, welche völkerrechtliche Grundsätze als nicht innerhalb der Gemeinschaft anwendbar erklärt.[563] Diese Aspekte beschäftigen sich mit der materiell-rechtlichen Seite einer Rechtsgemeinschaft.

---

[558] EuGH, Slg. 2002 I-6677 ff. [Rn. 38]. Dieses Argument wurde interessanterweise in der Revisionsentscheidung in der Rs. Jégo-Quéré nicht mehr aufgegriffen.

[559] *Jarass*, EU-Grundrechte, § 40 Rn. 3; *Eser* in Meyer, Kommentar zur Grundrechte-Charta, Art. 47 Rn. 26; *Pernice*, Grundrechtsgehalte, S. 130, 226; *Streinz* (7. A.) Rn. 95 unter Hinweis auf Art. 49 Abs. 1 S. 1 EUV iVm Art. 6 Abs. 1 EUV

[560] BVerfGE 22, 293 ff. [296]: "Sie ist eine im Prozeß fortschreitender Integration stehende Gemeinschaft eigener Art, ... auf die die Bundesrepublik Deutschland ... bestimmte Hoheitsrechte 'übertragen' hat." Siehe auch *Zuleeg*, Wandlungen des Begriffes der Supranationalität, Integr. 1988, 103 ff. sowie *Oppermann* Rn. 891 ff.

[561] Grundlegend EuGH, Slg. 1964, 1251 ff. [1269 f.]; Slg. 1978, 629 ff. [Rn. 17 / 18]. Weitere Nachweise bei *Oppermann* Rn. 615

[562] EuGH, Slg. 1963, 1 ff. [24 f.]; Slg. 1978, 629 ff. [Rn. 14 / 16 ff.]; siehe auch die Entscheidungen EuGH, Slg. 1974, 631 ff. [Rn. 16 / 20 ff.]; Slg. 1984, 1299 ff.

[563] EuGH, Slg. 1991 I-6079 ff. [Rn. 21]; siehe dazu bereits oben Kapitel 4, A.

Diese Rechtsgemeinschaft wäre jedoch nur unvollständig, wenn nicht auch prozeßrechtliche Aspekte in diese miteinzubeziehen wären. 1986 hat der Gerichtshof in der Rs. Les Verts[564] folgerichtig darauf hingewiesen, bei der Europäischen Gemeinschaft handele es sich um eine Rechtsgemeinschaft, weshalb Rechtsakte mit Wirkung gegenüber Dritten richterlicher Überprüfung offenstehen. Die Einordnung der Europäischen Gemeinschaft als Rechtsgemeinschaft ist zum einen darauf zurückzuführen, daß die Mitgliedstaaten der Gemeinschaft selber sich im nationalen Bereich den Grundsätzen der Rechtsstaatlichkeit verpflichtet haben (vgl. die Präambeln des EUV sowie Art. 6 Abs. 1 und 49 EUV). Deshalb war bzw. ist eine wirksame Übertragung von hoheitlichen Befugnissen nur möglich, weil die Gemeinschaft selber als Begünstigte dieses staatlichen Machtverlustes gleichen oder zumindest ähnlichen Grundsätzen verpflichtet ist wie die Staaten selber.[565] Der EuGH hat allerdings darauf hingewiesen, dieses "institutionelle" Gleichgewicht sei zwar nicht mit der Gewaltenteilung vergleichbar, wie sie in einem Staat besteht.[566] Bezogen auf die Eigenheiten der Gemeinschaft, welche eben kein Staat, sondern nur eine zwischenstaatliche Einrichtung sei, erfüllt diese im Hinblick auf die Zuständigkeitsverteilungen jedoch den gleichen Zweck.[567]

In einer Hinsicht besteht allerdings Übereinstimmung mit der Verfassung eines gewaltenteilenden Staates. Es muß eine konsequente Trennung zwischen der rechtsprechenden Gewalt und den politischen Gewalten bestehen, was sich insbesondere in der Unabhängigkeit der rechtsprechenden Gewalt auszudrücken hat. Dieses Erfordernis ist zwar nicht ausdrücklich in den Gründungsverträgen verankert, seine Notwendigkeit folgt aber aus dem Gesamtzusammenhang des Vertragswerkes.[568]

II. Die Bedeutung der Grundrechte in der Europäischen Gemeinschaft[569]

Neben diesen objektiven Komponenten zeichnet sich die Europäische Gemeinschaft durch den Schutz von Grundrechten[570] als subjektive Rechte des einzelnen Unionsbürgers aus, die dieser nicht nur den Gemein-

---

564 EuGH, Slg. 1986, 1339 ff. [Rn. 23]
565 Vgl. *Oppermann* [241]
566 EuGH, Slg. 1990 I-2041 [Rn. 22 f.]
567 *Zuleeg*, Die Europäische Gemeinschaft als Rechtsgemeinschaft, 545 ff. [548]
568 a.a.O.; siehe aber auch Art. 223 Abs. 1 EGV
569 Ausführliche Hinweise auf die einschlägige Literatur bei *Grabitz/Hilf*, Art. 6 EUV
570 ausführliche Literaturangaben bei *Grabitz/Hilf*, Art. 6 EUV

schaftsorganen[571], sondern auch den mitgliedstaatlichen Behörden bei der Durchführung von Gemeinschaftsrecht entgegenhalten kann[572]. Sie sind daher auch als negative Kompetenznormen oder als Geschäftsgrundlage der EU-konstitutiven Verträge bezeichnet worden.[573] Zwar gibt es auf gemeinschaftsrechtlicher Ebene noch keinen verbindlichen Grundrechte-Katalog, das Vorhandensein solcher Rechte kann jedoch aus der Unterscheidung zwischen Vertragsrecht einerseits und Recht andererseits im Rahmen des EG-Vertrages abgeleitet werden und ist mittlerweile von allen betroffenen Parteien anerkannt.[574] Ging man ursprünglich davon aus, die EWG werde als Wirtschaftsgemeinschaft nicht grundrechtlich relevante Bereiche des Einzelnen tangieren[575], hat sich diese Auffassung im Laufe der Jahre mit fortschreitender Integration und der damit verbundenen Ausweitung der Kompetenzen der Gemeinschaft über den wirtschaftlichen Bereich hinaus hin zu einer offensiven Gestaltungsfunktion der Gemeinschaft[576] geändert.

Bei der Zuweisung dieser zentralen Schutzfunktion an die Gemeinschaftsgrundrechte geht es nicht nur um die Begrenzung der gemeinschaftlichen Hoheitsgewalt gegenüber dem individuellen Freiheitsbereich. Es geht darüber hinaus ganz generell nach westeuropäischem Verständnis hinsichtlich der Gewaltausübung um die Legitimität dieser.[577] Mit anderen Worten: Den Grundrechten kommt in der Gemeinschaft eine integrationspolitische Funktion zu, da sie auf gemeinschaftsrechtlicher Ebene objektive Wertvorstellungen enthalten, welche den Gemeinschaftsorganen wiederum als Leitlinien dienen.[578] Sie stellen damit nicht nur die rechtsstaatliche

571 Vertiefend hierzu *Claudi*, Bindung der EWG an Grundrechte

572 Vgl. hierzu *Cirkel*, Die Bindung der Mitgliedstaaten an Gem.grundrechte, insb. S. 49 ff. und 141 ff. sowie *Schaller*, Die EU-Mitgliedstaaten als Verpflichtungsadressaten unter Bezugnahme auf die Grundrechte-Charta

573 *Buchwald*, Rechtsstaatlichkeit der EU, 189 ff. [200]

574 Das legt die Formulierung des Art. 220 EGV nahe, wo zum einen von der Wahrung des *Rechts*, zum anderen von der Anwendung und Auslegung *dieses Vertrages* gesprochen wird. Noch deutlicher wird diese Unterscheidung in der dänischen Fassung des Art. 220 EGV, welcher von "log og ret" spricht; vgl. *Ukrow*, Richterliche Rechtsfortbildung, [91]

575 Hierzu *Pescatore* in: Mosler u.a., Grundrechtsschutz, S. 64 ff. [64]

576 *Weidenfeld*, Grundrechtssicherung als Zukunftsgut Europas, in: *ders.*, Schutz der Grundrechte, S. 8 ff. [9]

577 *Pescatore*, Bestand und Bedeutung der Grundrechte, EuGRZ 1978, 441 ff. [444]; *Pernice*, Grundrechtsgehalte, S. 221; *Langguth*, Grundrechtsschutz und Politische Union, in: Weidenfeld, Schutz der Grundrechte, S. 14 ff. [16]

578 *Pernice*, Grundrechtsgehalte, S. 20 f.

Entsprechung nationaler Grundrechte auf europäischer Ebene dar, sondern sie stellen grenzübergreifend eine einheitliche Rechtsordnung her. Durch die grenzüberschreitende Geltungskraft kommt ihnen eine fördernde Funktion politischer Integration in der Gemeinschaft zu.[579]

Auf den Punkt gebracht kann die zentrale Funktion der Gemeinschaftsgrundrechte als die Begründung einer materiellen Einheit zwischen den verschiedenen Verfassungsordnungen von Gemeinschaft und Mitgliedstaaten betrachtet werden.[580]

III. Die Funktion des Rechtsschutzes[581]

Die Existenz materieller Rechte des einzelnen Bürgers ist aber nur die eine Seite der Rechtsgemeinschaft. Damit diese Rechte tatsächlich eine machtbegrenzende Funktion gegenüber hoheitlicher Gewalt entfalten können, ist als Gegenstück eine effektive Absicherung dieser Rechte und ihr Schutz durch unabhängige Gerichte erforderlich. Insoweit kann von der "institutionellen Entsprechung" der Rechtsgebundenheit nicht nur der Verwaltung[582], sondern auch der Legislative gesprochen werden. Die Charakterisierung der EG als Rechtsgemeinschaft muß somit auch die Charakterisierung als Rechtsschutzgemeinschaft bedeuten.[583] Der Schutz individueller Rechte stellt dabei den Kern der rechtlichen Kontrolle dar und bewirkt so die Rechtfertigungsbedürftigkeit hoheitlicher Machtausübung.[584] Damit fällt den Gerichten aufgrund ihres unabhängigen Status die Hauptaufgabe zu, auch die subjektiven Rechte des Einzelnen gegenüber der staatlichen Hoheitsgewalt zu garantieren und auf diese Weise die individuelle Rechtssphäre vor zu weitgehenden Beschränkungen insbesondere, aber eben nicht nur durch die Exekutive zu schützen.[585]

---

579 a.a.O., S. 211; *Rothley*, Die europäische Dimension der Grundrechte, in: Weidenfeld, Schutz der Grundrechte, S. 19 ff. [20]

580 So zurecht *Pernice*, Grundrechtsgehalte, S. 227

581 Zum Ganzen ausführlich *Merli*, Der Rechtsschutz, in: Rechtsstaatlichkeit, S. 31 ff.

582 *Ipsen* Rn. 699 ff.

583 Vgl. in Bezug auf den Staat *Hofmann*, Die Bindung staatlicher Macht, in: Rechtsstaatlichkeit, S. 3 ff. [5]

584 *Merli*, Der Rechtsschutz, in: Rechtsstaatlichkeit, S. 31 ff. [32]

585 Vgl. auch *Buchwald*, Rechtsstaatlichkeit der EU, 189 ff. [190]

IV. *Art. 220 ff. EGV als prozessualer Ausdruck der Rechtsgemeinschaft*

Der Stellenwert der Grundrechte richtet sich aber nicht nur nach der Bedeutung ihres materiell-rechtlichen Gehaltes. Es ist grundsätzlich auch die prozessuale Seite dieser Rechte zu bedenken.[586] Erst die Möglichkeit der Geltendmachung dieser Garantien in einem Verfahren und wiederum die Gewährleistung dieser Verfahrensrechte für den Begünstigten dieser Rechte entscheiden über die Effektivität des Schutzes.[587]

Dem Grunde nach gilt im Völkerrecht der Grundsatz der Mediatisierung der einzelnen Staatsangehörigen. Ihn begünstigende Rechtspositionen müssen gegenüber dem Vertragspartner / den Vertragspartnern durch den jeweiligen Heimatstaat geltend gemacht werden.[588] Diese Vorgehensweise ist jedoch nicht zwingend, nämlich nicht in den Fällen, in denen sich die Vertragsparteien darauf geeinigt haben, daß der Einzelne unmittelbar Rechte nicht nur verliehen bekommen hat, sondern diese auch geltend machen können soll. Eine derartige Entsprechung ist in den Art. 220 ff. EGV zu sehen, wonach der Gerichtshof als neutrale Instanz im Rahmen seiner Gerichtsbarkeit Recht zu sprechen und die Rechtsgebundenheit der gemeinschaftsrechtlichen Hoheitsgewalt zu überwachen hat, auch wenn es an dem vom Gerichtshof vorgeschlagenen Zusatz "that ... the Law and especially the fundamental rights of the citizens are observed" fehlt.[589] Doch selbst ohne diese vertragliche Fixierung hat der Gerichtshof entschieden, in dem Rechtsstaatsprinzip sei das tragende Verfassungsprinzip der Gemeinschaft zu sehen. Aus diesem folge einerseits die Bindung des Einzelnen an diese Rechtsordnung, andererseits korrespondiere damit auch das Recht desjenigen auf Rechtsschutz im europäischen Gemeinschaftsrecht.[590]

Den einzelnen Bürger auch prozessual als eigenständigen Bestandteil dieser Rechtsgemeinschaft anzusehen, hat aber eine noch darüber hinausgehende Konsequenz. Mangels eigener Möglichkeiten, die von ihr ausge-

---

586 *Hilf*, The Protection of Fundamental Rights in the Community, in: Jacobs, S. 145 ff. [145]

587 *Pernice*, Grundrechtsgehalte, S. 236; *Weidenfeld*, Grundrechtssicherung als Zukunftsgut Europas, in: *ders.*, Schutz der Grundrechte, S. 8 ff. [10]

588 *Kimminich / Hobe*, S. 155 ff. mwN

589 Hierzu *Pernice*, Grundrechtsgehalte [146]. Entsprechendes kann aber auch dem Wortlaut des Art. 230 Abs. 1 EGV geschlossen werden, wo es heißt: "Der Gerichtshof überwacht *die Rechtmäßigkeit* der Handlungen ...".

590 EuGH, Slg. 1979, 623 ff. [Rn. 5]

übte Hoheitsgewalt zu vollziehen, ist sie ausschließlich auf die Wirkung und die Akzeptanz des europäischen Gemeinschaftsrechtes im gesamten Gebiet der EG sowohl durch die Mitgliedstaaten[591] als auch durch deren Bürger angewiesen. *Stein* hat darauf hingewiesen, diese Akzeptanz könne bei Mitgliedstaaten und Gemeinschaftsbürgern nur dann erreicht werden, wenn es nicht nur um die formale Möglichkeit der Durchsetzung des gesetzten Rechtes mittels Hoheitsgewalt geht, sondern wenn Rechtsakte – und hierzu sind auch die Verordnungen der EG zu zählen – vom Grunde her ihre "Richtigkeit" vermitteln können[592], entweder bereits aus sich heraus oder auch durch ein klärendes Sachurteil des Gerichtshofes.[593] In diesem Zusammenhang hat die Kommission bereits 1975 auf das Erfordernis einer umfassenden Möglichkeit hingewiesen, gerichtlich gegen jegliche Verletzung vorgehen zu können, was dem Gerichtshof wiederum eine zentrale Rolle zukommen ließe.[594]

Dementsprechend ist der Gerichtshof aufgrund seines Entscheidungsmonopoles auch als "Schlußstein der gesamten Rechtsordnung"[595] bezeichnet worden, einer Rolle, die ihm zugeordnet worden ist und der er nun durch eine entsprechend begründete Rechtsprechung gerecht werden sollte.

V. Die Bedeutung des Demokratiedefizites für das vorliegende Problem

Dieses Ergebnis wird auch durch die oben kurz skizzierten Besonderheiten des Gesetzgebungsverfahrens, welche unter dem Stichwort "Demokratie-

---

[591] *Stein* hat dies ganz plastisch ausgedrückt, indem er diese Situation mit den Worten beschrieb: "Die Durchsetzungsmacht ist von den Mitgliedstaaten geborgt." *Stein*, Die Autorität des Europäischen Gemeinschaftsrechtes, in: Stein, Die Autorität des Rechts [53 ff., 58]

[592] Vgl. ausführlich zum Ganzen *Stein*, Die Autorität des Europäischen Gemeinschaftsrechtes, a.a.O. [53 ff.] mit Hinweisen auf Grenzen und Problemen aus der Praxis betr. die Mitgliedstaaten [a.a.O., 63 ff.] und betr. die mitgliedstaatlichen Gerichte [a.a.O., 66 ff.]

[593] Hinsichtlich der Durchsetzungskraft des nationalen Verfassungsrechtes vgl. *Ress*, Die Autorität des Verfassungsrechtes, in: Stein, Autorität des Rechts [5 ff.]: "Das Recht ist ein konstitutives Merkmal des Staates, der rechtlich verfaßten Staatsgewalt, und der Bestand des Staates ist davon abhängig, daß seine Bürger die durch die zuständigen Organe getroffenen Entscheidungen hinnehmen." [a.a.O. 16]; betreffend die Völkerrechtsordnung vgl. *Hailbronner*, Die Autorität der Völkerrechtsordnung, in: Stein, Autorität des Rechts [35 ff.]

[594] BullEG 1975, Beil. 5, 28 f.

[595] *Lenz* in Borchardt, Der Europäische Gerichtshof, Vorwort

defizit" bekannt sind, gestützt. Es ist deutlich geworden, daß der Schwerpunkt der gesetzgebenden Tätigkeit bei der Exekutive liegt und sich insoweit entscheidend von der auf der nationalen Ebene abhebt. So unterschiedlich die eingangs dargestellten Rechtsordnungen der Mitgliedstaaten der EG in Bezug auf den Rechtsschutz gegen Normativakte sein mögen, so zeichnet sich doch die grundlegende und damit für die vorliegende Fragestellung zentrale Gemeinsamkeit ab, welche lautet: Der Rechtsschutz ist um so stärker ausgestaltet, um so weniger die Legislative, d.h. vor allem das Parlament, auf diese Rechtsakte Einfluß nehmen kann. Entscheidend für die Akzeptanz eines solchen ohne eine individuelle Rechtsschutzmöglichkeit ist folglich die unmittelbare demokratische Legitimation und die sich darin widerspiegelnde Mehrheit des Volkes. Entfernt man sich jedoch von dieser, wächst damit zugleich die Gefahr, daß das rechtsetzende Organ und der ihm angehörende Personenkreis sich der Verantwortung in Bezug auf die Folgen seines Handelns entziehen kann. Gerade das Erfordernis der öffentlichen Rechtfertigungsbedürftigkeit des hoheitlichen Handelns gehört aber zu den grundlegenden Charakteristika sowohl eines Rechtsstaates als auch einer Rechtsgemeinschaft wie der EG.

Eben jenes Rechtfertigungsbedürfnis gegenüber dem einzelnen Betroffenen wird jedoch dann nicht in Rechnung gezogen, wenn Zulässigkeitsvorschriften nicht nur restriktiv ausgelegt und gehandhabt werden, sondern überdies in einem insoweit veralterten Verständnis verblieben wird, welches spätere materiell-rechtliche Erweiterungen des Rechtssystems, die mehr Rechte, aber auch eben mehr Pflichten beinhalten, nicht mit einbezieht. Eine dieser Entwicklung angepaßte Interpretation der Vorschrift des Art. 230 Abs. 4 EGV ergibt sich deshalb nicht nur aus der zentralen Stellung der Grundrechte in der Gemeinschaft, sondern auch aus dem Rechtfertigungsbedürfnis belastender Rechtsnormen, ohne dieses die Gemeinschaftsgrundrechte ihre Ausgleichsfunktion nicht wahrnehmen könnten.

VI. Die Möglichkeit des Rechtsschutzes durch eine Klage des Mitgliedstaates nach Art. 230 Abs. 2 EGV

Ein individuelles Klagerecht könnte jedoch durch die Möglichkeit des Rechtsschutzes durch den Mitgliedstaat ausgeglichen sein. Jeder Mitgliedstaat kann, ohne ein besonderes Rechtsschutzbedürfnis geltend machen zu müssen, gegen einen Rechtsakt der Gemeinschaft Nichtigkeitsklage erheben. Dies gilt sogar selbst dann, wenn er diesem bei der Beschlußfassung zugestimmt hat.[596] Insoweit könnte zu erwägen sein, ob dieser "gestaffelte" Rechtsschutz Bürger – Mitgliedstaat, Mitgliedstaat – Gemeinschaft der oben aufgezeigten zentralen Bedeutung der Gemeinschaftsgrundrechte gerecht wird. Gegen eine solche Erwägung spricht aber nicht nur ein zeitliches Argument betreffend die daraus folgende Verfahrensdauer. Zum einen handelt es sich sowohl bei dem Abstimmungsverhalten des Staatenvertreters als auch bei der Entscheidung der Frage, ob eine Nichtigkeitsklage erhoben werden soll, um Entscheidungen mit außenpolitischem Charakter, also um Verhaltensweisen, die – selbst wenn der Bürger sie auf nationale Grundrechte stützen würde – nicht einklagbar sind.[597] Darüber hinaus würde diese Lösung die Aufgabe der Gemeinschaftsgrundrechte verkennen. Bei ihnen handelt es sich wie bei den nationalen Grundrechten um subjektive Rechte des Einzelnen. Mit dieser Qualifikation ist aber grundsätzlich verbunden, daß der Einzelne sein Recht auch selber geltend machen kann und gerade nicht einer Prozeßstandschaft durch den Staat bedarf. Dieses System widerspräche direkt dem im Vertrag enthaltenen Status des Einzelnen als unmittelbar verpflichtetes, aber eben auch unmittelbar berechtigtes Rechtssubjekt.[598]

VII. Schlußfolgerung

Aus dieser zentralen Stellung der Gemeinschaftsgrundrechte und der Funktion des Rechtsschutzes im Recht der EG folgt ihre entsprechende Beachtung bei der Auslegung und Anwendung der vertraglichen Bestimmungen. Diese Auslegung muß sich der fortschreitenden Integration und somit der Sicherung dieser Rechte anpassen. Dies gilt zum einen für die grundrechtlichen Garantien materiell-rechtlichen Inhaltes, deren inhaltliche Bestimmung bei der Übertragung weiterer Aufgabenfelder auf die Gemeinschaft dementsprechend den Gehalt des Gemeinschaftsgrundrechtes weiter ausdehnen. Gleiches ist aber auch in Entsprechung des Schutzes dieser Rechte für die verfahrensrechtlichen Garantien und somit für den Anspruch auf effektiven Rechtsschutz anzunehmen. Der Gerichtshof selber hat in seiner Rechtsprechung mehrfach darauf hingewiesen, dieser

---

[596] EuGH, Slg. 1979, 2575 ff. [Rn. 5 f.]
[597] *Burchard*, Rechtsschutz natürlicher und juristischer Personen, EuR 1991, 140 ff. [145]
[598] Siehe nur in der Grundsatzentscheidung EuGH, Slg. 1963, 1 ff. [24 ff.]; *Everling*, Sind die Mitgliedstaaten noch Herren der Verträge? S. 173 ff. [182]

Anspruch komme als Auslegungsmaxime der Bestimmungen über den Rechtsschutz zur Anwendung.[599] Insofern ist daraus die Konsequenz zu ziehen: Der Inhalt des Grundsatzes der Effektivität des Rechtsschutzes folgt den materiell-rechtlichen Bestimmungen, geht ihnen jedoch insoweit voraus, als seine Auswirkungen auf die Bestimmungen über den Rechtsschutz Grundlage für die Geltendmachung dieser Rechte sind. Wird dieses Recht bei der Auslegung der einschlägigen Normen nicht beachtet, findet in der Folge auch keine Überprüfung des angefochtenen Rechtsaktes am Maßstab der materiell-rechtlichen Garantien statt. MaW.: Wird effektiver Rechtsschutz verweigert, bedingt dies gleichzeitig eine Verweigerung des Schutzes anderer garantierter Rechte.

Aufgrund dessen spricht vieles dafür, daß es nicht nur für eine Rechtsgemeinschaft notwendig, sondern grundlegende Voraussetzung ist, bei Fehlen anderweitiger Kontrollmechanismen die Voraussetzungen einer bereits vorhandenen Klagemöglichkeit aus diesem Grunde zu erweitern, um den entsprechenden Schutz zu gewährleisten. Deshalb wäre es in sich ein Widerspruch, die materiell-rechtlichen Gewährleistungen gegenüber der Gemeinschaft im Rahmen der fortschreitenden Integration immer weiter fortzuentwickeln, die Bedingungen des Rechtsschutzes jedoch beim *status quo* zu belassen.

VIII. Zusammenfassung

Zusammenfassend läßt sich an dieser Stelle festhalten, daß die Charakterisierung der EG als Rechtsgemeinschaft für eine Pflicht zur Weiterentwicklung des Verständnisses der einzelnen Voraussetzungen der Rechtsbehelfe spricht. Kern ist nicht nur das Entstehen eines einheitlichen Rechtssystemes, sondern auch die Kontrolle der Organe, welche hoheitliche Gewalt gegenüber den einzelnen Bürgern ausüben. Umgekehrt wird dadurch der Einzelne und seine individuelle Freiheitssphäre sowohl gegenüber der staatlichen Hoheitsgewalt als auch der Hoheitsgewalt der Gemeinschaft geschützt.[600] Die Rechtsstaatlichkeit ist auch in Bezug auf die Gemeinschaft primär durch einen materiellen Gerechtigkeitsbezug geprägt, der gerade Unabhängigkeit von Macht bedeutet.[601] Mangels eines europäi-

---

599 Vgl. hierzu nur die folgenden Entscheidungen: EuGH, Slg. 1994 I-1445 ff. [Rn. 26]; Slg. 1991 I-1275 ff. [Rn. 25]; EuG, Slg. 1995 II-1753 ff. [Rn. 23]

600 Vgl. hierzu *Fuß*, Die Europäischen Gemeinschaften und der Rechtsstaatsgedanke, S. 15

601 *Buchwald* [205]

schen Gesetzgebers, der ähnlich einem nationalen in vollem Umfang demokratisch legitimiert ist, liegt die Begrenzung dieser Gewalt nun einmal beim EuGH.[602] Dieser hat die Einhaltung der der Hoheitsgewalt durch das Recht gesetzten Grenzen sowohl materiell-rechtlich als auch prozessrechtlich abzusichern.

Bei dem Gemeinschaftsgrundrecht der Effektivität des Rechtsschutzes handelt es sich um ein prozessuales Grundrecht, welches einen Anspruch des Einzelnen zumindest auf effektive Ausgestaltung des Rechtsschutzsystemes gegenüber der betreffenden Hoheitsgewalt statuiert. Im Falle der Gemeinschaft, die sich gerade durch ihre Dynamik betreffend die rechtliche Entwicklung auszeichnet, kann aber nicht die nach dem Abschluß des jeweiligen Vertrages sich weiter entfaltende Entwicklung in ihren Einzelheiten auch hinsichtlich der dann erforderlichen Mindestvoraussetzungen an den gemeinschaftlichen Rechtsschutz abgesehen werden. Daher erfüllt insbesondere die immer wieder neu zu überdenkende Auslegung der vertraglichen Regelungen im Lichte dieses Gemeinschaftsgrundrechtes die Funktion eines inneren Gleichgewichtes, also der Anpassung der Klagearten des EGV – auch wenn sie ein in sich geschlossenes System bilden – an die jeweils neuen materiell-rechtlichen Gegebenheiten.

Daher sollte eine Anpassung der Bestimmungen auf inhaltlichem Wege durch die Rechtsprechung diese die Verpflichtung wahrnehmen, den Anforderungen des Grundrechtes gerecht zu werden.[603]

B. Eine Verpflichtung aufgrund des Grundsatzes der Gemeinschaftstreue

Die Überlegung einer Rechtspflicht läßt sich möglicherweise auch aus dem Grundsatz der Gemeinschaftstreue herleiten.[604] Neben speziellen Regelungen wie z.B. in Art. 86 Abs. 1 EGV, auf die hier eben wegen dieser Spezialität nicht eingegangen werden kann, findet sich in Art. 10 EGV[605] eine Regelung der allgemeinen Art wieder. Bei dem Grundsatz der Gemein-

---

602 Deutlich bei *Fuß*, Die Europäischen Gemeinschaften und der Rechtsstaatsgedanke, S. 15; so ist aber auch *Lecourt*, L'Europe des juges, S. 224 ff. zu verstehen.

603 Hierauf weist auch GA Jacobs in seinen Schlußanträgen vom 21.3.2002 hin; EuGH, Slg. 2002 I-6677 ff. [6681 ff. Rn. 75].

604 Mitunter wird dieser Grundsatz mit der in Deutschland als ungeschriebener Verfassungsgrundsatz existierenden Bundestreue verglichen. Zu letzterer *Bauer*, Die Bundestreue sowie vergleichend *Lück*, Gemeinschaftstreue, S. 92 ff.; zur Kritik an diesem Vergleich siehe die Nachweise bei *Calliess/Ruffert*, Art. 10 Rn. 4

605 Eine entsprechende Regelungen findet sich in Art. 192 EAGV.

schaftstreue handelt es sich zunächst um einen schwer zu definierenden Begriff, dessen Inhalt und Grenzen in Bezug auf den konkreten Sachverhalt einer näheren Bestimmung bedürfen. Auch dieser Gedanke der Konkretisierungsbedürftigkeit ist dabei Teil der Befugnis der europäischen Gerichtsbarkeit, deren Aufgabe in der darin liegenden letztverbindlichen Entscheidung besteht.[606]

I. Die Regelung des Art. 10 EGV

1. Allgemeines

In ganz allgemein gehaltener und sehr weiten Formulierung bestimmt die Vorschrift des Art. 10 Abs. 1 S. 1 EGV:

"Die Mitgliedstaaten treffen alle geeigneten Maßnahmen allgemeiner oder besonderer Art zur Erfüllung der Verpflichtungen, die sich aus diesem Vertrag oder aus Handlungen der Organe der Gemeinschaft ergeben."

Ein rein unverbindliches Festhalten allgemeiner vertraglicher Loyalitätsverpflichtungen wird in der Vorschrift nicht mehr gesehen.[607] Sie geht inhaltlich sogar über den völkerrechtlich geltenden Grundsatz *pacta sunt servanda* (Art. 26 WVRK) hinaus.[608] Ihr liegen das Kooperationsprinzip[609] und das Prinzip der Rücksichtnahme[610] zugrunde. Insgesamt zielt sie auf die Gewährleistung einer funktionsfähigen Gemeinschaft ab.[611]

2. Die Verpflichtung der Mitgliedstaaten

Dem Wortlaut nach richtet sich Art. 10 EGV an die Mitgliedstaaten.[612] Die Vorschrift soll eine restriktive Handhabung spezieller vertraglicher Bestimmungen verhindern und wirkt insofern verstärkend bzgl. der einschlägigen

---

606 *Hatje*, Loyalität als Rechtsprinzip, S. 40

607 *Wille*, Die Pflicht der Organe, S. 20 mwN.; a.A. noch *Fuß*, DöV 1964, 37 ff.[42]

608 *Streinz* Rn. 140

609 Vgl. nur z.B. EuGH, Slg. 1983, 2633 ff. [Rn. 42]; Slg. 1982, 1449 ff. [Rn. 5]

610 *Calliess/Ruffert*, Art. 10 Rn. 7 ff. mwN auf die Literatur

611 a.a.O. Rn. 11 unter Verweis auf EuGH, Slg. 1986, 1339 ff. [Rn. 23]

612 Ausführlich zu den Verpflichtungen im Einzelnen *Wille*, Die Pflicht der Organe, S. 24 ff.; *Calliess/Ruffert*, Art. 10 Rn. 19 ff.

besonderen Bestimmungen.[613] So hat der Gerichtshof 1971 in der Rs. 78 / 70 entschieden, daß Art. 5 Abs. 2 EWG-Vertrag (Art. 10 EGV) eine allgemeine Verpflichtung der Mitgliedstaaten begründet, deren konkreter Inhalt im Einzelfall von den Vertragsvorschriften oder den sich aus dem allgemeinen System des Vertrages ergebenden Rechtsnormen abhängt.[614] Die daraus resultierende Verpflichtung trifft dabei alle Träger öffentlicher Gewalt. Für ein nationales Gericht z. B. bedeutet dies, daß die Auslegung und Anwendung des nationalen Rechtes in seinen ausschließlichen Kompetenzbereich fällt, es aber diese im Lichte des Gemeinschaftsrechtes zu verstehen hat.[615] Insgesamt hat der EuGH aus dieser Vorschrift verschiedene Konsequenzen gezogen: Er hat eine Verstärkung des Art. 249 EGV durch Art. 10 EGV betont, soweit es um Verordnungsrecht und seine Einhaltung in den Mitgliedstaaten geht. [616] Darüber hinaus zieht der Gerichtshof Art. 10 EGV auch dann heran, um selbständige Verpflichtungen der Mitgliedstaaten zu begründen, für die keine besondere vertragliche Regelung existieren, basierend auf dem Erfordernis der uneingeschränkten Anwendung des Gemeinschaftsrechtes.[617] Auch ausschließlich aus der Vorschrift des Art. 10 EGV hat der Gerichtshof die Verpflichtung eines nationalen Gerichtes hergeleitet, aufgrund des darin enthaltenen Grundsatzes der Mitwirkungspflicht den Rechtsschutz zu gewährleisten, der sich für den Einzelnen aus der unmittelbaren Wirkung des Gemeinschaftsrechtes ergibt. Das heißt, es hat z. B. selbst dann eine einstweilige Anordnung zu erlassen, wenn es zu der Auffassung gelangt, ein aus dem Gemeinschaftsrecht hergeleitetes Recht könne nur so geschützt werden, selbst wenn eine nationale Vorschrift diese Vorgehensweise ausdrücklich untersage.[618]

Insgesamt ergibt sich aus der an sich sehr allgemein gehaltenen Regelung des Art. 10 EGV ein umfassender Pflichtenkanon der Mitglied-

---

613 *Due*, Grundsatz der Gemeinschaftstreue [4 ff.]

614 EuGH, Slg.1971, 487 ff. [Rn. 5]

615 EuGH, Slg. 1984, 1891 ff. [Rn. 25 f., 28]; Slg. 1990 I-4135 ff. [8]

616 EuGH, Slg. 1988, 2139 ff. [Rn. 10]: Der Mitgliedstaat dürfe durch nationale Gesetzgebungsakte nicht zu einer unklaren Rechtslage beitragen, indem er eine Verordnungsvorschrift noch in nationales Recht "umsetzt".

617 *Due*, Grundsatz der Gemeinschaftstreue [8 ff.] mit ausführlichen Hinweisen auf die einschlägige Rechtsprechung des Gerichtshofes; vgl. nur EuGH, Slg. 1978, 629 ff. [Rn. 13 ff.]; *Lenz*, Art. 5 Rn. 6; *Hatje*, Loyalität als Rechtsprinzip, S. 66 ff. spricht von ergänzenden Loyalitätspflichten, der Sache zielt diese Aussage aber auf den gleichen Inhalt ab. Gegen ein solches Verständnis z. B. *Langeheine*, EuR 1983, 227 ff. [238]

618 EuGH, Slg. 1990 I-2433 ff. [Rn. 19 ff.]

staaten, der in seinen Einzelheiten durch die Rechtsprechung weiter konkretisiert worden ist.

II. Die Verpflichtung der Gemeinschaft und ihrer Organe

Sowohl inhaltlich als auch hinsichtlich ihres Adressatenkreises spiegelt die Vorschrift des Art. 10 EGV sowie die speziellen Normierungen jedoch nur einen Teil der Verpflichtungen wider, welche vom Gerichtshof aus dem ungeschriebenen Gemeinschaftsgrundsatz der gegenseitigen Loyalität entwickelt worden sind. Insgesamt ist von einer allgemeinen, dem Gemeinschaftsrecht innewohnenden und dem Art. 10 EGV zugrundeliegenden gegenseitigen Verpflichtung zur loyalen Zusammenarbeit auszugehen.[619] Bei Art. 10 EGV handelt es sich damit lediglich um eine Variante dieser Verpflichtung. Teil des Grundsatzes der loyalen Zusammenarbeit ist die Einbeziehung der Gemeinschaft und ihrer Organe in den Kreis der durch diesen Grundsatz Verpflichteten. Stützen kann sich diese Sichtweise auf das nicht von der Hand zu weisende Argument, die Mitgliedstaaten hätten sich nicht der Verpflichtung zur Unterstützung der Gemeinschaftsorgane unterworfen, ohne ihrerseits von diesen die Gewährleistung erlangt zu haben, auch auf ihre Belange werde Rücksicht genommen. Immerhin ist das Gemeinschaftsrecht in weiten Teilen auf den mitgliedstaatlichen Vollzug angewiesen.[620] Dabei hat sich der Gerichtshof von diesen Verpflichtungen nicht ausgenommen, auch wenn er sich in der konkreten Entscheidung nicht explizit auf den Grundsatz der loyalen Zusammenarbeit gestützt hat.[621] Darauf basierend wurden den Gemeinschaftsorganen Ver-

[619] St. Rspr. seit Slg. 1983, 255 ff. [Rn. 37]; siehe auch GA Pergola, Slg. 1996, 4735 ff. [Rn. 43] in der Rs. C-41/94: "Das Wesen der Zusammenarbeit besteht in der wechselseitigen Loyalität der Betroffenen und dem übereinstimmenden Willen, sich dafür einzusetzen, daß die auf dem Spiel stehenden Interessen ausgeglichen werden." Eine Herleitung und Übertragung dieses Grundsatzes aus dem Bundesstaatsprinzip, wie es im Recht der Bundesrepublik Deutschland vorhanden ist, erscheint dagegen abwegig, da in der EG lediglich vier Mitgliedstaaten als Bundesstaaten konzipiert sind und der Föderalismus bei diesen wiederum in unterschiedlichster Weise ausgeprägt ist; so aber ein Ansatz bei *Wille*, Die Pflicht der Organe, S. 83 ff., diesen im Ergebnis aber verneinend. Siehe auch a.a.O., S. 108 ff. Zur Herleitung dieses Grundsatzes als allgemeinen Grundsatz des Gemeinschaftsrechtes a.a.O., S. 112 ff.

[620] *Wille*, Die Pflicht der Organe, S.80; *Epiney*, EuR 1994, 301 ff. [310 ff., 312], welche die Verpflichtung der Gemeinschaft unmittelbar dem Wortlaut des Art. 10 EGV entnimmt.

[621] EuGH, Slg. 1997 I-4517 ff. [Rn. 22]: "Nach st. Rspr. ist es im Rahmen des durch Art. 177 des Vertrages (Art. 234 EGV) eingeführten Verfahrens der Zusammenarbeit zwischen

pflichtungen auferlegt, die etwa darin bestehen, sich an diesem Verfahren in Form einer Zusammenarbeit mit den Mitgliedstaaten aktiv zu beteiligen[622] oder nationalen Behörden bei der Durchsetzung gemeinschaftsrechtlicher Regelungen zu unterstützen[623].

Zwar weist der Gerichtshof sowohl in der Rs. UPA[624] als auch in der Rs. Jégo-Quéré[625] daraufhin, die nationalen Gerichte hätten gemäß dem in Art. 10 EGV aufgestellten Grundsatz der loyalen Zusammenarbeit die nationalen Verfahrensvorschriften über die Einlegung von Rechtsbehelfen möglichst so auszulegen und anzuwenden, daß natürliche und juristische Personen die Rechtmäßigkeit jeder nationalen Entscheidung oder anderen Maßnahme, mit der eine Gemeinschaftshandlung allgemeiner Geltung auf sie angewandt werde, gerichtlich anfechten und sich dabei auf die Ungültigkeit dieser Handlung berufen können. Dieses Argument greift dabei aus zwei verschiedenen Gründen nicht durch bzw. läßt sich in ein solches gegen die Position des EuGH umwandeln. Zum einen ist anzumerken, daß damit nicht das Problem getroffen wird. Vorliegend geht es gerade nicht um Verordnungen, die eines weiteren mitgliedstaatlichen Umsetzungsaktes bedürfen. Es geht vielmehr um Bestimmungen, welche unmittelbare Belastungen entfalten. Daher geht es nicht um die Gewährleistung effektiven Rechtsschutzes gegen nationale Maßnahmen, da diese nicht vorhanden sind, sondern um Rechtsschutz unmittelbar gegen Maßnahmen der Gemeinschaft. Zum anderen enthebt dieser Hinweis den Gerichtshof auch nicht von seinen eigenen Verpflichtungen und Aufgabenzuweisungen, die ihm gegenüber der Gemeinschaft und den Mitgliedstaaten aufgrund der vertraglichen Festlegungen obliegen, insbesondere dann, wenn die Grundlage dieser von ihm zitierten Rechtsprechung – eine nationale Maßnahme – nicht vorliegt, da diese aufgrund der unmittelbaren Anwendbarkeit der Verordnungsvorschrift nicht nur nicht erforderlich, sondern gemeinschaftsrechtlich im Falle einer Verordnungen mangels Kompetenzzuweisung schon nicht zulässig ist.

---

den nationalen Gerichten und dem Gerichtshof Aufgabe des Gerichtshofes, dem vorlegenden Gericht eine für die Entscheidung des bei diesem anhängigen Verfahrens sachdienliche Antwort zu geben."

622 Z.B. in EuGH, Slg. 1989, 175 ff. [Rn. 9]

623 Z.B. EuGH, Slg. 1990 I-3365 ff. [Rn. 17 ff.]

624 EuGH, Slg. 2002 I-6677 ff. [Rn. 42]

625 EuGH, EuZW 2004, 343 ff. [Rn. 31 f.]

Zweck des allgemeinen Grundsatzes der loyalen Zusammenarbeit ist die Förderung der Ziele des Vertrages.[626] Durch diesen Grundsatz wird die in den Zielsetzungen des Vertrages angelegte Dynamik der Integration aufgegriffen und in eine Art Verpflichtungsklausel gegenüber der Gemeinschaft und ihrer Organe umgewandelt. Nach *Hatje* läßt sich die Funktion des Grundsatzes innerhalb des vertraglichen Integrationsprozesses auf den Grundgedanken der Einheitsbildung bei der gleichzeitigen Sicherung von Autonomie, Gewährleistung von Kooperation und Moderation von Konflikten zurückführen.[627] Zentrales Merkmal ist dabei nicht nur die Kooperation der verschiedenen Ebenen miteinander, sondern auch die *Autonomie* der Akteure von der jeweils anderen Ebene.[628] Damit kann sich der Gerichtshof nicht auf das Argument zurückziehen, es wären alleine die Mitgliedstaaten dafür verantwortlich, in ihren innerstaatlichen Rechtsordnungen auch die Rechtsbehelfe zu regeln, die zu einer ausschließlichen Entscheidungskompetenz des EuGH führen. In Art. 230 EGV ist vertraglich zum Ausdruck gebracht worden, daß das Verfahren über unmittelbar in den nationalen Rechtsordnungen wirkenden Verordnungen gerade nicht Bestandteil der nationalen Rechtsordnung sein soll. Folglich handelt es sich um eine in die Zuständigkeit des EuGH und nicht der Mitgliedstaaten fallende Verpflichtung. Davon ausgehend ist nun zu überlegen, ob sich diese Zuständigkeit des Gerichtshofes so weit konkretisieren läßt, daß auch aufgrund des Grundsatzes der loyalen Zusammenarbeit sich Argumente für eine Pflicht des Gerichtshofes zur Änderung seiner Rechtsprechung finden lassen.

III. Die Verstärkung vertraglicher Vorschriften

Da es sich bei Art. 10 EGV um eine der Varianten des Grundsatzes der loyalen Zusammenarbeit, welche jedoch der Form nach sehr allgemein gehalten worden ist, handelt, kann hier – was die unterschiedliche Art der Ausformung desselbigen betrifft – auf die in diesem Zusammenhang dargestellten Methoden der Konkretisierung zurückgegriffen werden. Dabei ist vorrangig die Konkretisierung und Verstärkung bereits bestehender vertraglicher Vorschriften durch diesen Grundsatz in Betracht zu

---

626 *Due*, Grundsatz der Gemeinschaftstreue [3]. Als Grenze ist dabei grds. das Prinzip der begrenzten Einzelermächtigung zu beachten.
627 *Hatje*, Loyalität als Rechtsprinzip, S. 50 f.
628 a.a.O., S. 56

ziehen. Dies ergibt sich nicht nur aus dem daraus resultierenden geringeren Argumentationsaufwand, sondern es läßt sich hieran gleichfalls die Einhaltung der vertraglich vorgesehenen Kompetenzordnung besser nachvollziehen. Schließlich erfüllt der Grundsatz der loyalen Zusammenarbeit eine doppelte Funktion: Zum einen wird er zur Abgrenzung der Kompetenzen der Gemeinschaft und der Mitgliedstaaten herangezogen, zum anderen soll durch ihn die Zusammenarbeit auf europäischer und nationaler Ebene gewährleistet werden.[629]

1. Art. 220 ff. EGV

Als zu konkretisierende Vorschrift kann zunächst Art. 220 EGV herangezogen werden. Die Vorschrift beauftragt den Gerichtshof aufgrund einer sehr weit gewählten Formulierung, die "Wahrung des Rechtes" zu sichern. Auch wenn darin keine Generalermächtigung zu sehen ist, spiegelt sich in dieser Vorschrift ein grundlegendes Verständnis dessen wider, was unter einer Rechtsgemeinschaft zu verstehen ist.[630] Dies wiederum hat Auswirkungen auf die speziellen Zuständigkeitsnormierungen, um so dem Geist des Vertrages gerecht zu werden.[631] Insoweit weist Art. 220 EGV eine Brückenfunktion dahingehend auf, daß die vertragliche Gemeinschaftsrechtsordnung unvollständig ist und auf keine lange Tradition zurückblicken kann.[632] Als unabhängige Gewalt ist es deshalb dem Gerichtshof übertragen, anhand des Grundgedankens der Wahrung des Rechtes diese Rechtsordnung rechtlich weiter auszugestalten.[633] Im Verhältnis zum Grundsatz der loyalen Zusammenarbeit stellt die Erteilung dieses Auftrages sowie die funktionale Aufgabenteilung der Rechtsprechung zwischen dem Gerichtshof und den nationalen Gerichten nach den Art. 220 ff. EGV die speziellere Regelung dar, die insoweit die Mitwirkungspflichten des Gerichtshofes konkretisiert. Aufgrund dessen ist er auch gehalten, die vertraglich in seine Zuständigkeit fallenden Verfahren nicht durch eine Verpflichtung der Mitgliedstaaten zu einer nicht vorgesehenen Erweiterung der nationalen Rechtsbehelfe auf diese zu verlagern.

---

[629] *Hatje*, Loyalität als Rechtsprinzip, S. 44

[630] *Krück* in: G/T/E, Art. 164 Rn. 1

[631] a.a.O. Rn. 2

[632] a.a.O. Rn. 4

[633] a.a.O. Rn. 51; *Grabitz/Hilf*, Art. 164 Rn. 12 f.

2. Art. 6 Abs. 2 EUV

Des weiteren bestimmt Art. 6 Abs. 2 EUV, die Union werde die Grundrechte, wie sie in der EMRK gewährleistet sind und sich aus den gemeinsamen Verfassungsüberlieferungen der Mitgliedstaaten als allgemeine Rechtsgrundsätze ergeben, achten. Die zentrale Funktion der Grundrechte ist bereits oben dargestellt worden.[634] Nach Art. 46 lit. d ist diese Norm der Rechtsprechung des Gerichtshofes unterstellt worden, wie es vor der Normierung in Art. 6 Abs. 2 bzw. F a. F. EUV für Art. 220 EGV angenommen wurde.[635] Nach der Formulierung des Art. 6 Abs. 2 EUV richtet sich die Vorschrift an die Union. Es ist damit nicht nur Aufgabe des Gerichtshofes, die Achtung der Gemeinschaftsgrundrechte durch die anderen Gemeinschaftsorgane zu kontrollieren, sondern er ist selber Adressat dieser Verpflichtung. Mithin darf er bei der Auslegung des Gemeinschaftsrechtes, auch des Vertragsrechtes, dieses nicht dergestalt interpretieren, daß das Verständnis der einzelnen Vorschriften den Gemeinschaftsgrundrechten zuwiderläuft.

Deshalb kann auch Art. 6 Abs. 2 EUV als eine Konkretisierung der allgemeinen Verpflichtung des Gerichtshofes aus dem Grundsatz der loyalen Zusammenarbeit angesehen werden.

Noch deutlicher tritt dies in der Formulierung des Art. I-7 VerfVertr[636] hervor, wo es in Abs. 3 heißt: "*Die Grundrechte, wie sie in der Europäischen Konvention zum Schutze der Menschenrechte und Grundfreiheiten gewährleistet sind und wie sie sich aus den gemeinsamen Verfassungsüberlieferungen der Mitgliedstaaten ergeben,* ***gehören zu den allgemeinen Grundsätzen des Unionsrechtes.***" Mit dieser neuen Formulierung wird deutlich hervorgehoben, daß die Überprüfung abgeleiteten Gemeinschaftsrechtes an grundrechtlichen Verbürgungen nicht mehr von der Union als Handelnder abhängt, sondern die Union bei einem Eingriff in diese rechtfertigungsbedürftig ist. Damit wird klargestellt, daß der Begriff des Rechtes in Art. 220 EGV auch diese Grundsätze umfaßt und konkretisiert.

---

634 Punkt A.

635 *Calliess/Ruffert*, Art. 6 Rn. 32

636 Die Artikel-Angabe in diesem Abschnitt richtet sich nach der Fassung vom 18.7.2003.

IV. Das Verhältnis von nationalem und europäischem Richter

Im Zusammenhang mit den Pflichten des EuGH aus dem Grundsatz der Gemeinschaftstreue darf natürlich nicht übersehen werden, daß sich deren Aufgaben auch in Abgrenzung zu denen des nationalen Richters in der EG definieren. Grundsätzlich obliegt die Wahrung des Gemeinschaftsrechtes nicht nur dem Gerichtshof, sondern auch den mitgliedstaatlichen Gerichten, welche vom EuGH als Gemeinschaftsrichter im funktionalen Sinne angesehen worden sind. Sie sind es, die das Gemeinschaftsrecht prinzipiell selbständig anzuwenden haben.[637]

Die Art. 230 und 234 EGV sind letztlich eine Normierung der Aufgabenteilung zwischen der europäischen und der nationalen Gerichtsbarkeit dahingehend, daß letztere das nationale Recht und die nationalen Umsetzungsakte auf ihre Vereinbarkeit mit dem EG-Recht zu überprüfen haben, während erstere als primären Prüfungsgegenstand das EG-Recht selber zum Gegenstand hat.[638] Folge dieser Aufgabenteilung ist eine ausschließliche Verwerfungskompetenz des Gerichtshofes in Bezug auf die Rechtmäßigkeit eines Gemeinschaftsrechtsaktes, um durch diese Zentralisierung der Rechtsauslegung die Einheitlichkeit der Geltung des Gemeinschaftsrechtes zu gewährleisten[639], während dagegen die Überprüfung der Rechtmäßigkeit nationalen Rechtes und ggf. die Erklärung dieses Rechtes für ungültig in der ausschließlichen Zuständigkeit der nationalen Gerichte verbleibt.

V. Schlußfolgerung

Die vom Gerichtshof geforderte Konsequenz, die nationalen Gerichte müßten im Rahmen der jeweiligen Verfahrensordnungen den Grundsatz der Effektivität des Rechtsschutzes beachten und ihnen daher das weitestmögliche Verständnis zugrundelegen, um dem Einzelnen den Weg zur europäischen Gerichtsbarkeit über Art. 234 EGV zu öffnen, geht an dieser vertraglich vorgesehenen Aufgabenteilung und dem Loyalitätsprinzip inso-

---

637 *BBPS* Rn. 521

638 *Streinz*, Bundesverfassungsgerichtliche Kontrolle, S. 18

639 EuGH, Slg. 1987, 4199 ff. [Rn. 15 ff.]. Etwas gilt bzgl. der Prüfungskompetenz, welche von den mitgliedstaatlichen Gerichten wahrgenommen werden muß, a.a.O. [Rn. 14], da es sich hierbei um eine Vorfrage im Hinblick auf das Erfordernis des Einholens einer Vorabentscheidung handelt. *Oppermann*, Die Dritte Gewalt, DVBl. 1994, 901 ff. [906] bezeichnet dieses Prinzip als "Herzstück" des gemeinschaftlichen Rechtssystemes.

fern vorbei, als sie auf eine Durchbrechung dieser hinausliefe. Auch wenn es sich bei dem nationalen Richter um einen Gemeinschaftsrichter im funktionalen Sinne handelt, so ist diese Instrumentalisierung darauf zurückzuführen, daß der Vollzug und damit die Anwendung des Gemeinschaftsrechtes *schwerpunktmäßig* bei den Mitgliedstaaten und deren staatlichen Einrichtungen zur Rechtsanwendung liegt. Daher steht *in der Regel* auch primär erst ein mitgliedstaatlicher Umsetzungsakt gleich welcher Art als angreifbare Maßnahme zur Verfügung. Im Falle einer normativen Vorschrift, die unmittelbar belastende Anwendung findet, wirkt sich diese Aufgabenverteilung jedoch dahingehend aus, daß die nationalen Gerichte nicht nur nicht letztverbindlich über diese Frage entscheiden dürften, sondern ihr Zuständigkeitsbereich sowohl aufgrund der nationalen Verfahrensordnungen als auch aufgrund des EG-Vertrages von Anfang an gar nicht als eröffnet gedacht worden ist. Zwar muß der nationale Richter neben den nationalen Grundrechten auch die Gemeinschaftsgrundrechte beachten. So kann mittels dieses Grundsatzes zwar eine weitestmögliche, gemeinschaftsrechtsfreundliche Auslegung der nationalen Verfahrensordnungen verlangt werden. Nicht davon erfaßt ist jedoch, Rechtsbehelfe zu eröffnen, die auf der anderen Seite den Gerichtshof von Direktklagen befreien, gleichzeitig aber über den Umweg der nationalen Gerichtsbarkeit aufgrund der Systematik des Vertrages verlangt wird, das Verfahren durch ihn entscheiden zu lassen, da die zur Diskussion stehende Frage – die Gültigkeit sekundären Gemeinschaftsrechtes – in seinen ausschließlichen, auf den Verträgen gegründeten Kompetenzbereich fällt.

Wenn der Schutz des Grundsatzes der Effektivität des Rechtsschutzes in die letztverbindliche Kompetenz des EuGH fällt, gerät konsequenterweise alleine die europäische Gerichtsbarkeit in das Blickfeld. Dann spricht aber sehr viel wiederum für eine Schlußfolgerung, nach der eine Verpflichtung des Europäischen Gerichtshofes zur Weiterentwicklung der ihm vertraglich zur Verfügung gestellten Rechtsbehelfe angenommen werden könnte.

Festgehalten werden kann somit, daß die Annahme einer möglicherweise sogar existierenden Pflicht des Gerichtshofes durch den Grundsatz der loyalen Zusammenarbeit gestützt wird. Vorliegend kann dieser Grundsatz herangezogen werden, bereits existierende Regelungen und Verpflichtungen zu untermauern und nach außen hin in ihrer Wirkungsweise zu verstärken.

Neben den vertraglichen Äußerungen der Mitgliedstaaten existieren darüber hinaus noch außervertragliche Stellungnahmen der Gemeinschaftsorgane. Diese können zwar, den Vertrag und seinen Inhalt nicht ändern. Es besteht jedoch die Möglichkeit, diese Äußerungen bei der Interpretation des Vertrages heranzuziehen, da sich in ihnen ein grundlegendes inhaltliches Verständnis dieser widerspiegelt.

Exemplarisch seien hier die Stellungnahmen von 1977, 1989 und 2000 herausgegriffen. In der Gemeinsamen Erklärung von Parlament, Rat und Kommission vom 5.4.1977[640] unterstreichen die drei Organe die vorrangige Bedeutung, welche sie der Bedeutung der Grundrechte beimessen, wie diese sich insbesondere aus den Verfassungen der Mitgliedstaaten und der EMRK ergeben, in der Erwägung, das Recht der Gemeinschaft werde nicht nur von den Verträgen und dem abgeleiteten Gemeinschaftsrecht, sondern auch von den allgemeinen Rechtsgrundsätzen und dabei insbesondere von den Grundrechten gebildet. In der Entschließung des Europäischen Parlamentes zur Erklärung der Grundrechte und Grundfreiheiten vom 12.4.1989[641] heißt es in ihrem Artikel 19 Abs. 1: "Jeder, dessen Rechte und Freiheiten verletzt wurden, hat das Recht auf Gewährung eines wirksamen Verfahrens durch einen vom Gesetz bestimmten Richter." und weiter in Abs. 3: "Der Zugang zum Recht ist wirksam ..." Auch die am 7.12.2000 in Nizza angenommene und feierlich proklamierte Grundrechte-Charta enthält in ihrem Art. 47 Abs. 1 die Aussage, der Einzelne habe ein Recht auf einen wirksamen Rechtsbehelf.

Eine Bindung des Gerichtshofes allein an diese Erklärungen ist jedoch nur möglich, wenn ihnen ähnlich den vertraglichen Bestimmungen eine rechtliche Wirkung zukommt. Mag eine Selbstbindung des jeweils an der Erklärung beteiligten Organes bejaht werden können[642], so kann an dieser Stelle nicht außer acht gelassen werden, daß es sich beim Gerichtshof um

640 ABl. der EG 1977 Nr. C 103 / 1

641 ABl. der EG 1989 Nr. C 120 / 51 ff.

642 Bejahend EuGH, Slg. 1986, 2155 ff. [Rn. 50]; Slg. 1996 I-1469 ff. [Rn. 48 ff.]; offengelassen in EuGH, Slg. 1991 I-5315 ff. [Rn. 34]. Ausführlich *Sobotta*, S. 107 ff. Siehe auch den Beitrag von *Alber*, Selbstbindung, EuGRZ 2001, 349 ff. [350 f.] betreffend die Selbstbindung von Europäischem Parlament und Kommission an die Grundrechte-Charta von Nizza

das Organ handelt, welches nicht an der Verabschiedung der Erklärungen beteiligt war.

Gemeinsam ist den drei exemplarisch herausgenommenen Erklärungen nicht nur ihre inhaltliche Übereinstimmung, sondern auch, daß es sich zunächst um politische Absichtserklärungen handelt. Stellte man also ausschließlich auf den formellen Charakter dieser Erklärungen ab, handelte es sich lediglich um nicht mehr als eine stets reversible Festlegung der politischen Richtung.[643] Wo jedoch keine Verbindlichkeit gewollt ist, kann aber auch keine Einschränkung der Auslegung des Vertragsinhaltes angenommen werden. Immerhin ist die Erklärung von 1977[644] als "Erklärung" gekennzeichnet, und bei der Grundrechte-Charta von Nizza ist durch die teilnehmenden Staats- und Regierungschefs explizit die Charta als unverbindlich bezeichnet worden.

Materiell-rechtlich betrachtet sind diese Erklärungen jedoch Teil einer Entwicklung, wobei beide Aspekte aufeinander einwirken. Zu bedenken ist auch, daß eine Vertragsänderung – wie sie bereits 1977 vom Europäischen Parlament gefordert worden ist – ein weitaus langwierigerer und komplizierterer Vorgang ist[645], da hierbei nicht nur die schlichte Einigung aller Mitgliedstaaten, sondern auch die entsprechend den innerstaatlichen Vorschriften ablaufende Ratifikation erforderlich ist. Aufgrund dessen bieten sich derartige Erklärungen an, welche einen *status quo* der Integration sichtbar festhalten und damit gleichzeitig deutlich machen, daß hinter diesen nicht mehr zurückgefallen werden soll. Die Wahrung dieses "Minimums" an Recht wird somit de facto zu einer Aufgabe der Gemeinschaft, so daß ein Übergehen dieser Erklärungen nicht möglich ist.[646]

Diese Problematik braucht vorliegend aber nicht diskutiert und entschieden zu werden. Gegen eine Bindung des Gerichtshofes an diese Stellungnahmen sprechen zwei Argumente. Betrachtet man die ersten beiden der genannten Stellungnahmen, so wird schnell deutlich, daß die darin verwandten Begriffe sehr weit, um nicht zu sagen vage gefaßt sind und keine Konkretisierung durch weitere Erläuterungen erfahren. Daher

---

[643] *Ipsen* § 9 Rn. 15

[644] Vgl. hierzu ausführlich *Hilf*, Die gemeinsame Grundrechtserklärung, EuGRZ 1977, 158 ff.

[645] Bereits für die Verabschiedung der 1977-Erklärung bedurfte es ein Jahr, vgl. *Hilf*, Die gemeinsame Grundrechtserklärung, EuGRZ 1977, 158 ff. [158]

[646] Siehe auch *Rothley*, Die europäische Dimension der Grundrechte, in: Weidenfeld, Schutz der Grundrechte, S. 19 ff. [21]

können sie auch nicht eine konkrete Verpflichtung des Gerichtshofes begründen. Insofern folgt keine Verpflichtung des Gerichtshofes unmittelbar aus solchen Erklärungen in Betracht.

D. Eine Verpflichtung aufgrund einer Selbstbindung des Gerichtshofes

Wenn der Gerichtshof nicht durch außervertragliche Stellungnahmen der anderen Organe verpflichtet werden kann, so ist jedoch in Erwägung zu ziehen, ob sich eine solche Verpflichtung nicht aus eigenen Äußerungen, also in erster Linie der Rechtsprechung, ergeben könnte.

I. Der Begriff der Selbstbindung

Eine Bindung ist die Einschränkung der Freiheit durch eine Verpflichtung.[647] Die Selbstbindung einer staatlichen Stelle folgt somit aus deren eigenem Handeln. Grundlegende Voraussetzung für eine solche Selbstbindung ist dabei das Vorhandensein eines eigenen Entscheidungsspielraumes, in dessen Rahmen dem Grunde nach Entscheidungen verschiedenen Inhaltes denkbar sind,[648] ohne dabei gegen höherrangiges Recht – das heißt bezogen auf die Gemeinschaft gegen primäres Gemeinschaftsrecht[649] – zu verstoßen.

II. Die Selbstbindung der Rechtsprechung

1. Grundsätzliches

Im Folgenden stellt sich damit die Frage, inwieweit nicht auch der Gerichtshof sich durch seine Rechtsprechung möglicherweise selbst gebunden hat. Im Verhältnis zur Verwaltung besteht zwar die Gemeinsamkeit, daß nach außen gegenüber dem Bürger bzw. dem Rechtsschutzsuchenden nur der jeweils konkrete Fall bearbeitet wird, die Verwaltung jedoch im Vergleich zur Rechtsprechung einen gesetzlich zugestandenen Ermessensspielraum besitzt, der betreffend die Zweckmäßigkeit einer Entscheidung der richterlichen Überprüfung entzogen ist.

---

[647] *Köbler*, Juristisches Wörterbuch, Stw. Bindung
[648] a.a.O., Stw. Selbstbindung; *Riggert*, Selbstbindung der Rechtsprechung, S. 18 ff., 46
[649] *Alber*, Selbstbindung, EuGRZ 2001, 349 ff. [351]

Eine Selbstbindung der rechtsprechenden Gewalt ist dort zu finden, wo keine abschließenden Wertungen des Gesetzgebers vorhanden sind, so daß judizielle Freiräume auszufüllen sind.[650] Wie die beiden anderen Gewalten hat auch die Rechtsprechung den Gleichheitsgrundsatz[651] zu beachten. Dementsprechend besteht die Verpflichtung, in ähnlich gelagerten Fällen eine Vorschrift einheitlich auszulegen und eine Abweichung von der früheren Rechtsprechung in der Sache zu begründen.[652] Die Selbstbindung soll natürlich nicht zu einer Erstarrung der Rechtsprechung führen, den Spruchkörper jedoch daran erinnern, daß er sachliche Differenzierungskriterien für sich ins Felde führen muß, will er ähnlich gelagerte Sachverhalte unterschiedlichen Ergebnissen zuführen.[653] Einer solchen Sichtweise steht auch nicht die Unabhängigkeit der Richter (Art. 223 Abs. 1 EGV) entgegen, da in dieser die Gewaltenteilung und die Unparteilichkeit des Gerichtes sowie die im Verhältnis zum Rechtsschutzsuchenden vertrauensbildende Funk-tion zum Ausdruck kommen[654], sie jedoch nicht dazu dienen soll, die Judikative als Teil der hoheitlichen Gewalt von ihren Verpflichtungen freizustellen.

Es können sich jedoch dann Grenzen einer solchen Selbstbindung eröffnen, wenn mit dieser gleichzeitig eine (Fremd-) Bindung Dritter bewirkt würde.[655] Da die hier diskutierten Vorschriften aber grundsätzlich allen Organen gegenüber bereits Bindungswirkung entfalten, kommt auch diese Begrenzung vorliegend nicht in Betracht.

---

[650] *Riggert*, Selbstbindung der Rechtsprechung, S. 18 ff.; *Gusy*, NJW 1988, 2505 ff. [2511 f.]; *ders.*, Wirklichkeit, JZ 1991, 213 ff. [222]; *Olzen*, Die Rechtswirkungen, 155 ff. [158]; siehe auch die Entscheidungen des BSGE 40, 292 ff. [296].

[651] *Riggert*, Selbstbindung der Rechtsprechung, S. 42; *Schoch*, DVBl. 1988, 863 ff. [insb. 868]. Zum Gleichheitsgrundsatz im Gemeinschaftsrecht *Lenaerts*, CDE 1990, 3 ff. [25 ff.] mit Hinweisen auf die Rechtsprechung des EuGH

[652] *Gusy*, NJW 1988, 2505 ff. [2511]

[653] Darauf weist für den nationalen Bereich auch das BSG in E 40, 292 ff. [295 f.] hin, indem es ausführt, daß der Bürger nicht auf den Fortbestand der Rechtsprechung uneingeschränkt vertrauen dürfe, denn auch die höchstrichterliche Rechtsprechung müsse sich immer wieder in Frage stellen lassen; jedoch sei dabei grundsätzlich ein strenger Maßstab anzulegen, da der Stetigkeit der Rechtsprechung ein hoher Stellenwert einzuräumen sei.

[654] Ausführlich *Riggert*, Selbstbindung der Rechtsprechung, S. 79 ff.

[655] *Alber*, Selbstbindung, EuGRZ 2001, 349 ff. [351], welcher sich grundsätzlich gegen die Möglichkeit einer Selbstbindung der Rechtsprechung ausspricht.

2. Der Aspekt der Rechtssicherheit

Einer grundsätzlich in Erwägung zu ziehende Möglichkeit der Selbstbindung steht auch nicht der Aspekt der Rechtssicherheit entgegen. Diese Erwägung ergibt sich daraus, daß dem Gedanken der Rechtssicherheit eine Änderung der Rechtsprechung betreffend die Auslegung des Begriffes der individuellen Betroffenheit nicht gerecht werden könnte.

Unter dem Begriff der Rechtssicherheit wird die Beständigkeit der Rechtsfolgen verstanden, welche aufgrund eines Verhaltens eintreten. Dadurch wird dem Einzelnen die geordnete Planung seiner Lebensgestaltung ermöglicht und so das Gefühl von Rechtssicherheit vermittelt.[656] Dazu gehören u.a. die Bedeutungssicherheit aller rechtlichen Normen sowie die Stabilität der Regelungen, die lange gelten und sich dadurch im Bewußtsein der Bevölkerung festsetzen können. Erst das widerspruchsfreie Zusammenwirken der verschiedenen Komponenten führt zu einer konsistenten Rechtsordnung.[657]

Bei den vorliegend diskutierten Sachverhalten besteht jedoch in mehrfacher Hinsicht gerade das umgekehrte Problem: Die bestehende Rechtslage bewirkt mangels Klarheit, mitverursacht durch die nur schwer, um nicht zu sagen kaum nachvollziehbare Rechtsprechung des Gerichtshofes ein hohes Maß an Rechtsunsicherheit. Zum einen existiert kein klares Kriterium dafür, wann der Gerichtshof bereit ist, nach der althergebrachten Formel die Frage der individuellen Betroffenheit zu bejahen. Zum anderen kann der Rechtsprechung – wie sogleich dargestellt werden wird – kein roter Faden entnommen werden, in welchen Fällen eine Verordnungsvorschrift ausnahmsweise neben der abstrakt-objektiven Ausrichtung auch ein "entscheidungsähnlicher" Moment innewohnt. Zum dritten bleibt es für einen von der Verordnungsvorschrift Betroffenen mangels sachlicher gerichtlicher Klärungsmöglichkeit bei der seltsamen Schwebelage, nicht zu wissen, ob die ihn belastende Vorschrift, welche von ihm Beachtung und Befolgung verlangt, rechtmäßig ist oder ob die Belastung nicht vielmehr in rechtswidriger Weise erfolgt, also letztendlich nur der äußere Schein einer (rechtmäßigen) Belastung vorhanden ist.

Die Rechtssicherheit steht dem auch insoweit nicht entgegen, als es sich um eine Ausweitung der Rechte des Einzelnen zu seinen Gunsten

656 *Köbler*, *Creifelds*, beide Stw. Rechtssicherheit

657 *Brugger*, 1 ff. [3 f.]. Neben einer normativen und einer temporalen Komponente geht Brugger auch noch von einer empirischen und einer funktionellen Komponente aus.

handelt. Durch eine inhaltliche Veränderung der Rechtsprechung würde seine Rechtsposition dahingehend ausgeweitet, ihn in die Lage zu versetzen, seine subjektiven Rechte, welche ihm gegenüber der Gemeinschaft zustehen, gerichtlich effektiver geltend zu machen, seine Rechtsposition ihr gegenüber also gestärkt.

3. Der Aspekt der Rechtsverweigerung

Bestandteil der gesicherten Rechtsprechung des Gerichtshofes ist auch der Aspekt des Rechtsverweigerungsgebotes ("déni de justice"), welches ebenfalls im Rahmen der Selbstbindung berücksichtigt werden muß. Nach den von ihm selber in diesem Zusammenhang entwickelten Grundsätzen darf der Gerichtshof sich dann nicht einer Entscheidung entziehen, wenn die ihm vorgelegte Frage ein in den Mitgliedstaaten bekanntes rechtliches Problem darstellt.[658] So hat er bereits 1957 im Zusammenhang mit der Zulässigkeit des Widerrufes von Verwaltungsakten darauf hingewiesen, es handele sich um eine in Rechtsprechung und Lehre wohlvertraute Frage, die jedoch im Vertrag nicht geregelt sei.[659] Um sich jedoch nicht dem Vorwurf der Rechtsverweigerung auszusetzen, sei der Gerichtshof verpflichtet, diese von sich aus unter Berücksichtigung der in der Gesetzgebung, Lehre und Rechtsprechung der Mitgliedstaaten anerkannten Regeln zu entscheiden.[660] Daraus kann und ist auch der allgemeine Schluß gezogen worden, es sei nicht sein richterliches Ermessen, sondern seine Pflicht, die ihm vorgelegte Frage zu klären und sich dieser Verantwortung eben nicht zu entziehen.[661] Die Bejahung einer Pflicht zur Lückenschließung kann außerdem auf das folgende Argument gestützt werden: Vorliegend sind die Rechte des Einzelnen, daraus Berechtigten tangiert, welche auch grundrechtlicher Natur sein können. In diesem Zusammenhang kann es nicht in das Belieben des Gerichtshofes gestellt werden, ob er eine vertraglich nicht geklärte Frage nur aufgrund einer *Berechtigung* beantwortet.[662] Angesichts der Bedeutung der grundrechtlichen Verbürgungen und ihrer Relevanz für

---

[658] EuGH, Slg. 1957, 83 ff. [118]

[659] a.a.O.

[660] a.a.O.

[661] *Slynn*, The Court of Justice, 409 ff. [416 f.]; *Ukrow*, Richterliche Rechtsfortbildung [130 f.]

[662] So betreffend die Grundfreiheiten auch *Ukrow*, Richterliche Rechtsfortbildung [132]

die gesamte Rechtsordnung ist hierbei grundsätzlich von einer Verpflichtung zur Entscheidung auszugehen.

Damit ist allerdings noch nicht gesagt, in welche Richtung diese Verpflichtung weist, da mit den Entscheidungen des EuGH in den Rs. UPA und Jégo-Quéré solche vorliegen. Der Inhalt der Verpflichtung ergibt sich vielmehr aus einer Gesamtbetrachtung der Rechtsprechung und ihrer Entwicklung und daraus, welcher "rote Faden" ihr entnommen werden kann. Die Frage der Rechtsschutzverweigerung ist dabei nicht davon abhängig zu machen, inwieweit der Mitgliedstaat gleichzeitig für die Interessen des Einzelnen eintritt.[663]

4. Zusammenfassung zur Selbstbindung des EuGH

Zusammenfassend ist damit festzustellen, daß zwar die grundsätzliche Möglichkeit einer Selbstbindung des EuGH besteht. Es ist aber auch hervorzuheben, daß die Selbstbindung immer nur einen relativen Charakter aufweist. Es ist also grundsätzlich möglich und muß es auch sein, die betreffende Spruchpraxis zu ändern und neuen Situationen im rechtlichen und tatsächlichen Bereich anzupassen. Eine solche Abweichung wird aber nur dann als zulässig angesehen, wenn entsprechende Gründe objektiver Art vorliegen, die von einigem Gewicht sein müssen[664] und nicht den Vorwurf der Willkür auf sich ziehen können.[665]

Daraufhin ist nun die Rechtsprechung des Gerichtshofes zu untersuchen, wie sie in anderen Bereichen mit den Rechten, welche das Gemeinschaftsrecht dem Einzelnen gewährt und gewährleistet, verfahren ist und welche grundsätzliche Konsequenz dieser Rechtsprechung bis dato entnommen werden kann.

III. Die Rechtsprechung des Gerichtshofes betreffend die Rechte des Einzelnen

Aus dieser Rechtsprechung ergibt sich im Folgenden der Maßstab, an dem die Rechtsprechung des Gerichtshofes zu untersuchen und zu bewerten ist. In gewisser Weise handelt es sich dabei um einen vom Gerichtshof selbst gewählten Maßstab. Dabei kann die Rechtsprechung unter

---

663 So aber EuGH, Slg. 1986, 2469 ff. [Rn. 19]; a.A. GA Mancini, a.a.O., 2470 ff. [Rn. 34]

664 Vgl. hierzu die unterschiedlichen Formulierungen des EuGH bei *Crones*, Selbstbindungen der Verwaltung, S. 62

665 Vgl. für die Rechtsprechung in Deutschland BVerfG, NJW 1990, 3140

verschiedenen Blickwinkeln untersucht und analysiert werden. Zum einen kann in allgemeiner Weise betrachtet werden, inwieweit der Gerichtshof in den bisher zu entscheidenden Fällen sich an vorhandenen Normierungen orientiert hat und in welchen Situationen er über das vorhandene primärrechtliche Normensystem sowie mitunter über seine eigene Rechtsprechung hinausgegangen ist. Zum anderen kann die Fragestellung in einem zweiten Abschnitt auf die Rechtsprechung eingegrenzt werden, die sich mit dem Individualrechtsschutz gegen Normativakte beschäftigt hat.

1. *Ausgangspunkt*

Als Ausgangspunkt ist die Aussage des Gerichtshofes zu nehmen, wonach dieser den Grundsatz aufgestellt hat, sämtliche Rechtsakte sowohl der Mitgliedstaaten als auch der Gemeinschaftsorgane seien nicht der Kontrolle in Bezug auf ihre Vereinbarkeit mit dem EG-Vertrag entzogen.[666]

a. *In rechtsfortbildender Weise*

Bereits dargestellt worden und deshalb an dieser Stelle nun mehr nur noch kurz anzusprechen ist die Rechtsprechung des Gerichtshofes, welche in rechtsfortbildender Weise das EG-Recht weiterentwickelt hat. Ziel dieser Rechtsprechung ist es grundsätzlich gewesen, dem Gemeinschaftsrecht dort zur Wirksamkeit zu verhelfen, wo sich die vertraglichen Regelungen als unzulänglich oder schlichtweg lückenhaft erweisen, bestehende Kompetenzen also zu vertiefen und zu konkretisieren. Dabei wurde z.B. die fehlende Normierung sowohl der grundrechtlichen Gewährleistungen als auch eines gegen den Mitgliedstaat zu richtenden Haftungsanspruches insofern ignoriert, als die Effektivität der Durchsetzung des Gemeinschaftsrechtes die Anerkennung solcher Rechtspositionen erforderlich machte. Wegen der Einzelheiten sei dabei auf die obigen Ausführungen verwiesen. Diese Rechtsprechung bewirkte aber grundsätzlich eine immer weitergehende Stärkung der Rechtsposition des Einzelnen in seinen gemeinschaftsrechtlichen Rechten sowie ihre effektivere Durchsetzbarkeit und machte ihn von den Rechtsauffassungen der einzelnen Mitgliedstaaten unabhängig.

---

[666] EuGH, Slg. 1990 I-3365 ff. [Rn. 16]. Der Gerichtshof hat eben nicht formuliert: "... *nicht entzogen sein dürfen*"!

b. Betreffend den Rechtsschutz gegenüber Verordnungen der Gemeinschaft

Dagegen ist die Rechtsprechung zum Rechtsschutz des Einzelnen gegenüber rechtsetzenden Maßnahmen der Gemeinschaft weniger einheitlich.

(1) Grundsatz

Nach der ständigen Rechtsprechung des EuGH sind die Rechtsschutzmöglichkeiten grundsätzlich nicht restriktiv zu handhaben.[667] Ihm geht es vielmehr darum, den Rechtsschutz möglichst vollständig zu gewährleisten.[668] Dieses weite Verständnis wird in der aktuellen Rechtsprechung dem Grunde nach nicht bestritten, sondern insofern bestätigt, als das Rechtsschutzsystem inklusive der Rechtsschutzmöglichkeiten des EGV grundsätzlich als Ausdruck des Grundsatzes des effektiven Rechtsschutzes zu betrachten und dementsprechend im Lichte dieses Rechtssatzes auch auszulegen ist.[669]

Was jedoch das Verständnis der Zulässigkeitsvoraussetzung der individuellen Betroffenheit angeht, legt der Gerichtshof ihr ein enges Verständnis aus den in Teil 1 diskutierten Gründen zugrunde. Es ist insofern dem Grunde nach weiterhin davon auszugehen, daß eine Verordnungsvorschrift nicht gleichzeitig einerseits ein Rechtsakt allgemeiner Geltung für den einen Personenkreis, andererseits für einen anderen Personenkreis eine Maßnahme mit individualisierender Wirkung darstellen könne.[670] Das heißt, solange ein genereller Rechtsakt die Situation objektiv umschreibt

---

[667] EuGH Slg. 1963, 211 [237]; in der Entscheidung heißt es – betreffend die Auslegung des Begriffes "eine andere Person" – wörtlich: "Wortlaut und grammatikalischer Sinn rechtfertigen die weiteste Auslegung. Im übrigen dürfen die Bestimmungen des Vertrages über das Klagerecht nicht restriktiv interpretiert werden." Sowie *Burchard*, Rechtsschutz natürlicher und juristischer Personen, EuR 1991, 140 ff. [144]

[668] Vgl. EuGH, Slg. 1971, 263 ff. [Rn. 38/42]; in diesem Sinne auch EuGH, Slg. 1986, 1339 ff. [Rn. 23 ff.] und EuR 1990, 269 ff. [Rn. 23 ff.] mit Bespr. *Hilf*, Klagerecht des EP, 273 ff.; Hauptargument des Gerichtshofes ist dabei das "System des Vertrages"; vgl. auch Art. 43, 1. SpStr. des Entwurfes des Europäischen Parlamentes eines Vertrages zur Gründung der Europäischen Union, ABl. 1984 C 77/33 ff. vom 14.2.1984, der vorsieht, daß die Gemeinschaftsvorschriften über richterliche Kontrolle in der Union Anwendung finden und durch ein Organgesetz unter Berücksichtigung u.a. des Grundsatzes der Erweiterung des Klagerechtes von Einzelpersonen gegen Akte der Union, die sie beschweren, ergänzt werden.

[669] Vgl. EuGH, EuZW 2002, 529 ff. [Rn. 39, 44]

[670] EuGH, Slg. 1982, 1129 ff. [Rn. 18]; a.A. wohl GA Verloren van Themaat, Slg. 1982, 1147 ff. [2.2.]

und die betroffene Person nur in ihrer objektiven Eigenschaft als Wirtschaftsteilnehmer tangiert wird, kann der Umstand, ein genereller Rechtsakt auf Normadressaten könne sich im konkreten unterschiedlich auswirken, in keiner Weise zugunsten des Betreffenden geltend gemacht werden, solange diese Auswirkungen denjenigen nicht aus dem Kreis aller übrigen betroffenen Marktbeteiligten herausheben. Die Anwendung der EG-Vorschriften muß eben nur aufgrund eines objektiv formulierten Tatbestandes erfolgen.[671]

(2) Ausnahmen: Anti-Dumping-Verordnungen

Dieser Grundsatz wird von der Rechtsprechung des Gerichtshofes aber nicht einheitlich angewandt. In Bezug auf den Rechtsschutz gegen Verordnungen im Bereich des Anti-Dumping-Rechtes, in dem Maßnahmen nur in dieser Form ergehen können[672], hat der Gerichtshof in Anerkennung des normativen Charakters dieser Maßnahmen entschieden, dies schlösse eine unmittelbare und individuelle Betroffenheit der *produzierenden und exportierenden* Unternehmen nicht aus.[673] In diesem Zusammenhang gewährt der Gerichtshof auch gegen echte Verordnungen vollumfänglichen Rechtsschutz, ohne daß er sich hierin durch vertragliche Grenzen gehindert sah. Begründet wird diese Rechtsprechung mit der Janusköpfigkeit dieser Verordnungen[674] und zwar unabhängig davon, ob es sich um gemeinschaftsansässige Importeure[675] oder um solche handelt, welche ihren Sitz außerhalb der Gemeinschaft[676] haben. Ein Klagerecht sei trotz der Rechtsform einer Verordnung gegeben, wenn die betroffenen Unternehmen namentlich genannt oder von der vorhergehenden Untersuchung in besonderer

---

671 Vgl. nur EuG, Slg. 2001 II-163 ff. [Rn. 24 ff.]; vgl. dazu des weiteren die Rechtsprechung des EuG in jüngster Zeit: Slg. 2001 II-97 ff. [Rn. 70]; 2001 II-181 ff. [31 ff.]; 2001 II-1975 ff. [Rn. 99] [betreffend die Bananenmarktordnung der EG]; 2002 II-113 ff.[Rn. 32 ff., 38]; vgl. zur Unzulässigkeit einer Verbandsklage, wenn die Mitglieder nicht klageberechtigt sind: EuG Slg. 2001 II-97 ff. [Rn. 68 ff., 74 ff.] sowie Slg. 2001 II-2691 ff. [Rn. 78]

672 Art. 14 Abs. 1 der VO [EG] Nr. 384/96 vom 22.12.1995, ABl. 1996 Nr. L 56 S. 1 ff.

673 Vgl. nur EuGH, Slg. 1984, 1005, Rn. 11 f.; Slg. 1985, 849 Rn. 12. Ausführliche Hinweise zu Rechtsprechung und Schlußanträgen der GAe sind bei *Landsittel/Sack*, Dumpingsachen, NJW 1987, 2105 ff. zu finden.

674 Kritisch vgl. *Richter*, Doppelnatur von Rechtsakten, RIW 1986, 561 ff. [563 f.]

675 EuGH, Slg. 1987, 3109 ff. [Rn. 15 f.]; Slg. 1987, 3123 ff. [Rn.14 f.]; Slg. 1987, 4427 ff. [Rn. 11-13]

676 Siehe nur EuGH, Slg. 1987, 1809 ff. [Rn. 5 ff.]; Slg. 1987, 1861 ff. [Rn. 5 ff.]; davon geht auch GA Mancini aus, vgl. Slg. 1987, 1833 ff. [1840 f.]

Weise betroffen waren.[677] Eine Klagebefugnis wird außerdem zuerkannt, wenn es sich um den geschäftlich mit den exportierenden Herstellern verbundenen, den sog. abhängigen Importeur handelt.[678] Dabei wiederholt der EuGH die einmal von ihm gewählte Formel, eine Klage eines Einzelnen sei insoweit unzulässig, als sie sich gegen eine Verordnung mit allgemeiner Geltung im Sinne des Art. 249 Abs. 2 EGV richte. Auch Verordnungen über die Einführung eines Antidumpingzolles haben ihrer Art und ihrer Geltung nach normativen Charakter, da sie für die Gesamtheit der betroffenen Wirtschaftsteilnehmer gelten. Der Gerichtshof hat jedoch anerkannt, es sei nicht ausgeschlossen, daß bestimmte Vorschriften dieser Verordnungen diejenigen Hersteller und Exporteure des betreffenden Erzeugnisses, denen Dumpingpraktiken vorgeworfen werden, unmittelbar und individuell betreffen.[679]

(3) Bestehen von Verfahrensrechten in Bezug auf den Erlaß von Rechtsakten

Eine weitere Ausnahme machte der Gerichtshof sodann in den Fällen, in denen dem Kläger in dem Verfahren, welches dem Erlaß des Rechtsaktes vorausgegangen ist, bestimmte Rechte eingeräumt worden sind. Allein die Existenz solcher Verfahrensgarantien, die allgemein einem Betroffenen in der einschlägigen Situation zur Verfügung standen, führte dann zu einer Bejahung der individuellen Betroffenheit.[680]

(4) Das Urteil in der Rs. Codorniu

Diese Erweiterung des Rechtsschutzes hat der Gerichtshof dann aber nicht auf den Bereich des Anti-Dumpingrechtes begrenzt, sondern auch auf andere Rechtsgebiete ausgedehnt. Die Rs. Codorniu[681] betraf das Marken-

---

[677] EuGH, Slg. 1984, 1005 [Rn. 12]

[678] EuGH, Slg. 1979, 1185 [Rn. 9]; anders entscheidet der Gerichtshof dagegen bei den sog. unabhängigen Importeuren, kritisch hierzu *Landsittel/Sack*, Dumpingsachen, NJW 1987, 2105 ff. [2110 ff.]. Vgl. auch den Beitrag von *Wenig*, EuZW 1991, 439 sowie *Burchard*, Rechtsschutz natürlicher und juristischer Personen, EuR 1991, 140 ff. [156 ff.] mwN

[679] Vgl. nur EuGH, Slg. 1991 I-2501 ff. [Rn. 13]

[680] Vgl. etwa EuGH, Slg. 1983, 2913 ff. [Rn. 25] sowie Slg. 1992 I-6061 ff. [Rn. 29] betreffend Anhörungsrecht; EuG, Slg. 1997 II-849 ff. [Rn. 73]

[681] EuGH, Slg. 1994 I-1853 ff.; hierzu *Arnull*, Private Applicants, CMLR 38 (2001), 7 ff.; Ansätze zu einer Ausweitung der Rechtsprechung bereits in EuGH, Slg. 1991 I-2501 ff. [insb. Rn. 17]

recht. Hier stellte er fest, eine Verordnungsbestimmung könne zwar ihrer Rechtsnatur und ihrer Tragweite nach normativen Charakter haben. Dies schließe aber nicht aus, daß einzelne der beteiligten Wirtschaftsteilnehmer von dieser Bestimmung auch individuell betroffen sein können.[682] Eine Begründung für diese Drehung um 180 Grad in seiner Rechtsprechung, verglichen mit dem Fall Moksel[683], gibt der Gerichtshof nicht. Eine Übersicht zu den verschiedenen Lösungsmöglichkeiten sowie eine entsprechende Begründung des letztendlich auch vom EuGH im konkreten Fall eingeschlagenen Weges sind aber in den Schlußanträgen des Generalanwaltes Lenz[684] unter Verweis auf die jüngste Rechtsprechungsentwicklung[685] zu finden. Dabei wird zum einen die Übertragbarkeit der im Rahmen der Anti-Dumpingrechtsprechung entwickelten Grundsätze auf ein anderes Rechtsgebiet[686] bejaht. Diese Rechtsprechung trägt keinen Besonderheiten wie im Bereich der Außen- und Antidumping-Zölle Rechnung.[687] Das prozessuale Problem sei somit im Einklang mit dieser Rechtsprechung dahingehend zu lösen, daß nach der Feststellung des Charakters der strittigen Maßnahme ohne weiteres zu prüfen sei, ob die Maßnahme den jeweiligen Kläger individuell betreffe. Hierfür spreche zum einen, daß es sich bei Art. 230 Abs. 4 EGV um eine Garantie des *individuellen* Rechtsschutzes handele. Schließlich könne dem Kläger nicht entgegengehalten werden, eine einzelne Verordnungsvorschrift würde zwar ihm gegenüber eine ähnliche Wirkung entfalten wie eine Entscheidung, da aber Dritte von dieser Vorschrift nur abstrakt betroffen sind, sei allgemein von dieser letzteren Wirkungsweise auszugehen.[688] Zum anderen führt der Generalanwalt an, bei dem Einschränkungskriterium des Erfordernisses einer Entscheidung handele es sich um ein materielles Kriterium. Aus dieser Feststellung wird der Schluß gezogen, daß – nachdem der Gemeinschaftsgesetzgeber die Klagemöglichkeit nicht durch die Wahl der Form ausschließen könne – es für den Betroffenen nicht mehr als eine

---

682 a.a.O. Leitsatz 1; vgl. auch Rn. 19; so auch die Stellungnahme des GA Lenz, Slg. 1994 I-1856 ff. [Rn. 22 ff.] Der EuGH dürfte in seiner Entscheidung diesen Ausführungen gefolgt sein.

683 EuGH, Slg. 1982, 1129 ff.

684 a.a.O.

685 Nachweise a.a.O. [S. 1864 f.]

686 Im konkret zu entscheidenden Fall ging es um den Bereich der gemeinsamen Agrarpolitik.

687 a.a.O. [Rn. 35 ff.]

688 a.a.O. [Rn. 26]

Frage der Form sei, wenn eine Maßnahme als Verordnung erlassen worden ist, um auch anderen Aspekten in dem betreffenden Zusammenhang Rechnung zu tragen.[689]

Der Gerichtshof weist jedoch in seiner, wenn auch knappen Begründung auf einen weiteren Aspekt hin, nämlich die Tatsache, daß die Klägerin seit 1924 Inhaberin des Rechtes sei. Die Marke habe sie sowohl nach als auch bereits vor der Eintragung entsprechend verwandt. Dagegen hindere sie die strittige Vorschrift an der Nutzung ihres Markenzeichens. Diese Sachverhaltslage sieht der EuGH als ausreichend an, um ein Herausgehobensein aus dem Kreis aller übrigen Wirtschaftsteilnehmer zu bejahen.[690] Dieses Argument spricht dann aber dafür, daß der Gerichtshof grundsätzlich in den Fällen, in denen eine natürliche oder juristische Person ein Recht bereits über einen längeren Zeitraum innehat und auch nutzt, dem Betroffenen einen besonderen Status zubilligt, welcher unter dem Stichwort der Nutzung eines wohlerworbenen Rechtes, mitunter auch unter dem Stichwort Vertrauensschutz subsumiert werden könnte. Da der Gerichtshof nicht mit den Besonderheiten des Sachgebietes argumentiert, kann aus dieser Vorgehensweise verallgemeinernd das Argument gezogen werden, daß sich die individuelle Betroffenheit grundsätzlich dann bejahen läßt, wenn subjektive Rechtspositionen geltend gemacht werden können, die wiederum dem Betroffenen über einen längeren Zeitraum zur Verfügung gestanden haben. Das räumt ihm in letzter Konsequenz eine Stellung ähnlich der eines Adressaten ein, ohne daß der Gerichtshof sich in diesem Zusammenhang mit der Frage auseinandersetzt, ob die Verordnung für diese betroffene Person dann als Entscheidung anzusehen sein soll.[691]

Der entscheidende und hier interessierende Schritt in dieser Argumentation besteht damit in der Einbeziehung subjektiver Rechte zur Begründung einer adressatenähnlichen Stellung des Klägers.

---

689 a.a.O. [Rn. 27]

690 a.a.O. [Rn. 21 f.]

691 Gegen eine solche Annahme spricht, daß er lediglich feststellt: "Zwar hat die streitige Vorschrift im Hinblick auf die Kriterien des Art. 173 Abs. 2 des Vertrages nach ihrer Rechtsnatur und ihrer Tragweite normativen Charakter, da sie für die beteiligten Wirtschaftsteilnehmer im allgemeinen gilt; es ist jedoch nicht ausgeschlossen, daß sie einige von ihnen individuell betreffen kann." A.a.O. [Rn. 19]

(5) Zwischenergebnis

Bei einer Gesamtbetrachtung zeigt sich damit ein durch die Rechtsprechung des Gerichtshofes geformtes Rechtsschutzsystem, welches in Bezug auf den individuellen Rechtsschutz gegen Verordnungen zwei verschiedene Maßstäbe anlegt. Diese Differenzierung mag in Bezug auf die oben erwähnte Besonderheit des Anti-Dumping-Rechtes noch in einem Regel-Ausnahme-Verhältnis gestanden haben. Mit der Ausweitung der Rechtsprechung auf den Bereich des Markenrechtes hat sich diese Annahme überholt, da hier keine entsprechende Ausnahme rechtfertigenden Besonderheiten vorzufinden sind. Die diesbzgl. Rechtsprechung enthält vielmehr Ausführungen, welche sehr allgemein gehalten sind und die insofern den Rückschluß zulassen, es handele sich bei dieser Rechtsprechung um eine Abkehr von dem vorher anzunehmenden Regel-Ausnahme-Verhältnis. Die Rechtsprechung begründet sich nicht auf den Besonderheiten eines einzelnen Rechtsgebietes, sondern argumentiert mit dem Sinn und Zweck des Art. 230 Abs. 4 EGV und der Gewährung einer direkten Klagemöglichkeit für den Einzelnen durch die Vertragsstaaten. Damit kann das Urteil in der Rs. Codorniu auch als Grundlage für eine grundsätzliche Ausweitung des Anwendungsbereiches dieser Vorschrift verstanden werden.

Von denjenigen, die eine Anfechtbarkeit von Verordnungsvorschriften durch Einzelne vor dem EuGH ablehnen, wird diese Rechtsprechung als ein Verstoß gegen den insoweit als eindeutig bezeichneten Wortlaut des Art. 230 Abs. 4 EGV gesehen. Doch auch dieser Ansicht nach soll de lege lata eine Einschränkung dieser Vorschrift dann erfolgen, wenn das Fehlen einer Klagebefugnis schwere und irreparable Verletzungen gemeinschaftsrechtlich garantierter Rechtsgüter bewirke.[692]

Wenn man jedoch davon ausgeht, bei Art. 230 Abs. 4 EGV handele es sich um eine Garantie nicht nur des individuellen, sondern auch des effektiven Rechtsschutzes, kann nicht auf die Rechtslage abgestellt werden, wie sie sich einem Dritten darstellt. Es handelt sich hierbei um eine Aussage, die aufgrund des zur Entscheidung anstehenden Sachverhaltes auf Entscheidungen im Sinne von Art. 249 Abs. 4 EGV bezogen worden ist. Gleiches muß aber auch für den Schutz der grundrechtlichen Verbürgungen einschließlich des Grundsatzes der Effektivität des Rechtsschutzes gelten. Wenn eine natürliche oder juristische Person aufgrund einer Ver-

---

[692] *Gaitanides* in: von der Groeben/Schwarze, Art. 230 Rn. 60

ordnungsvorschrift nachteilig in unverhältnismäßiger Weise in solchen Rechten betroffen ist oder sich zumindest darin betroffen fühlt, dann sprechen die grundrechtlichen Verbürgungen als Rechte des Einzelnen dafür, daß es für die Frage der individuellen Betroffenheit im Sinne von Art. 230 Abs. 4 EGV nicht darauf ankommen kann, inwieweit die Rechtslage sich für andere – potentielle – Rechtssubjekte darstellt und wie sich die Belastungen bei diesen auswirken.

c. Betreffend den Rechtsschutz gegen Richtlinien

Die soeben dargestellte Rechtsprechung des EuGH bezieht sich ausschließlich auf den Rechtsschutz Privater im Hinblick auf belastende gemeinschaftsrechtliche Regelungen, die Bestandteil einer Verordnung sind. Nach Art. 249 EGV ist das Handeln der Gemeinschaft jedoch nicht auf diesen rechtlichen Typus von Maßnahme festgelegt. Es können auch abstrakt-generelle Regelungen erlassen werden, welche in die Form einer Richtlinie gefaßt worden sind. Die Wirkungsweise einer Richtlinie bestimmt sich nach Art. 249 Abs. 3 EGV. Danach gelten diese "für jeden Mitgliedstaat, an den sie gerichtet wird, hinsichtlich des zu erreichenden Zieles verbindlich, überläßt jedoch den innerstaatlichen Stellen die Wahl der Form und der Mittel." Adressat einer Richtlinie ist damit nach dem Wortlaut der Vorschrift ausschließlich der betroffene Mitgliedstaat, sofern sich das darin festgelegte Ziel nicht bereits in seinem innerstaatlichen Recht wiederfinden läßt. Daraus ist auch das grundsätzliche Erfordernis einer Umsetzung von Richtlinienrecht durch den nationalen Gesetzgeber zu entnehmen.

Der Gerichtshof hat es aufgrund dieser Abhängigkeit des Wirksamwerdens des EG-Rechtes, welches in der Form einer Richtlinie ergeht, vom Tätigwerden des nationalen Gesetzgebers bei dieser alleinigen Adressatenstellung aber nicht belassen, sondern hat die unmittelbare Wirkung von einzelnen Richtlinien-Vorschriften ausgedehnt.

(1) Ausgangspunkt

Ausgangspunkt ist auch hier grundsätzlich der Vertrag und die in ihm enthaltenen Regelungen und somit die bereits zitierte Bestimmung des Art. 249 Abs. 3 EGV. In Abgrenzung zu der Wirkungsweise einer Verordnung richtet sich die Richtlinie grundsätzlich an die als Adressaten in ihr bestimmten Mitgliedstaaten und entfaltet aus diesem Grund gegenüber dem Unionsbürger keine unmittelbare Wirkung. Es soll daher nicht zu dem mitunter belastenden unmittelbaren Durchgriff des Gemeinschaftsrechtes auf die Rechtsposition des Einzelnen kommen, wie dies von Anfang an im Falle der Verordnung vorgesehen war. Die belastende Wirkung ergibt sich erst durch die konkrete Ausgestaltung im Rahmen des Umsetzungsaktes, welcher der gerichtlichen Überprüfung nach den jeweils allgemeinen nationalen Regelungen unterliegt.[693]

(2) Detaillierte Richtlinien

Es gibt aber auch Richtlinien, die mitunter eine abschließende Rechtsgestaltung bereits selber enthalten[694], so daß die Gestaltung bei der Umsetzung sich auf das Erfordernis der Durchführung beschränkt. In diesen Fällen wird der Einzelne bereits durch die Regelung in der Richtlinie in seiner Interessensphäre betroffen, deren Rechtmäßigkeit sich folglich ausschließlich nach dem Gemeinschaftsrecht bemißt.[695]

(3) Die Rechtsprechung des Gerichtshofes zur unmittelbaren Anwendbarkeit von Richtlinienbestimmungen[696]

Dagegen weist die Rechtsprechung des Gerichtshofes, in der er dem einzelnen Betroffenen Rechte unmittelbar aus Richtlinienbestimmungen zukommen läßt, eine kontinuierliche Linie zur Erweiterung dieser Rechte auf. Richtlinienbestimmungen wurden nicht nur im vertikalen Verhältnis unter bestimmten Voraussetzungen eine unmittelbare Wirkung zugesprochen.[697] Dies gilt außerdem sowohl für den hoheitsrechtlichen Tätigkeitsbereich als auch die privatrechtlich organisierte Tätigkeit[698] des Staates. *De facto* wirkt sich diese Rechtsprechung jedoch auch im horizontalen Ver-

---

[693] Vgl. *Schneider*, Effektiver Rechtsschutz, AöR 119 (1994), 294 ff. [298]

[694] Vgl. nur die Siebte Richtlinie zur Regelung der Sommerzeit vom 30.5.1994, RL 94/21/EG, ABl. 1994 Nr. L 164/1

[695] *Burchard*, Rechtsschutz natürlicher und juristischer Personen, EuR 1991, 140 ff. [163 f.]

[696] Zu diesem gesamten Komplex siehe auch *Wolf-Niedermaier*, S. 84 ff.

[697] EuGH, Slg. 1970, 825 ff. [Rn. 5; dagegen Rn. 4]; Slg. 1970, 1213 ff. [Rn. 14 / 16]

[698] EuGH, Slg. 1990 I-3313 ff. [Rn. 17 ff.]; s. auch Slg. 1984, 1891 ff. [Rn. 26: "alle Träger öffentlicher Gewalt"]; Slg. 1986, 723 ff. [Rn. 49; a.A. Beklagte und die Regierung des Vereinigten Königreiches, a.a.O., Rn. 43 f.]; Slg. 1989, 1839 ff. [Rn. 30 f.]

hältnis zwischen zwei privatrechtlichen Parteien aus.[699] Als Rechtsfolge der unmittelbaren Wirkung habe das nationale Gericht den Rechtsschutz zu gewähren, der sich für den Einzelnen aus den gemeinschaftsrechtlichen Bestimmungen ergibt und so deren Wirkung in Gänze sicherzustellen. Dabei sei das gesamte nationale Recht im Sinne der Richtlinie auszulegen.[700]

(4) Die Rechtsprechung des Gerichtshofes betreffend die Anfechtbarkeit von Richtlinienbestimmungen[701]

Vor diesem Hintergrund ist die Rechtsprechung des Gerichtshofes in Bezug auf die Anfechtbarkeit dieser Vorschriften zu untersuchen. Richtlinien sind in Art. 230 Abs. 4 EGV nicht ausdrücklich genannt. Hat der Gerichtshof ursprünglich zu einer solche Möglichkeit im Wege des Art. 230 Abs. 4 EGV keine Stellung genommen[702], wurde zunächst die Anfechtbarkeit von "Schein-Richtlinien" bejaht.[703] Später ist dann auch die Anfechtbarkeit

---

699 EuGH; Urteil vom 5.10.2004 (Große Kammer), Verb. Rs. C-397 / 01 bis C-403 / 01 [Rn. 111 ff.]; s. auch die Schlußanträge von GA Colomer vom 6.5.2003 [Rn. 50 ff.] und vom 27.4.2004, letzterer mit ausführlichen Hinweisen auf die einschlägige Rechtsprechung sowie bereits EuGH, Slg. 1990 I-4135 ff. [Rn. 8] und *Curtin*, CMLR 27 (1990), 709 ff. [724 ff.], der zu Recht darauf hinweist, daß in der Praxis diese Rechtsprechung die gleiche Konsequenz hat, wie wenn den Richtlinienbestimmungen sofort unmittelbare Wirkung zuerkannt würde.

700 GA Colomer geht in seinen Schlußanträgen sogar noch weiter. Für den vom Gerichtshof nicht zu entscheidenden Fall, eine richtlinienkonforme Auslegung des nationalen Rechtes sei nicht möglich, für folgende Lösung aus: Das nationale Gericht habe die dem Ziel der Richtlinie entgegenstehenden Vorschriften des nationalen Rechtes aus eigener Entscheidungsbefugnis nicht anzuwenden, Schlußantrag vom 6.5.2003 [Rn. 58], auch wenn dem Gemeinschaftsrecht der Mechanismus fehlen würde, die nationalen Vorschriften aufzuheben. Die Möglichkeit des Schadensersatzes stellte nur eine subsidiäre Lösung dar, Schlußantrag vom 27.4.2004 [Rn. 37, 43, 45].

701 Siehe hierzu ausführlich van der Hout, Individualklagen, S. 30 ff.

702 EuGH, Slg. 1988, 6399 ff. [Rn. 13 f.]; EuG, Slg. 1993 II-1205 ff. [Rn. 14]; Slg. 1999 II-3427 ff. [Rn. 143]; anders dagegen der Klagevortrag des Rates, welcher die Einrede der Unzulässigkeit der Klage hauptsächlich auf die fehlende Anfechtungsmöglichkeit von Richtlinienbestimmungen gestützt hatte, EuGH, Slg. 1988, 6399 ff. [Rn. 6 f.]

703 Vgl. hierzu die Erwägungen in EuGH, Slg. 1993 I-3605 ff. [Rn. 15 ff.], im betreffenden Fall jedoch das Vorliegen einer Scheinrichtlinie verneinend; *Cremer*, in: Nowak/Cremer, S. 34

"echter" Richtlinienbestimmungen – wenn auch erst indirekt[704] – angenommen worden. Dies ergibt sich daraus, daß bei einer entgegengesetzten Annahme die hilfsweise Prüfung der individuellen Betroffenheit sich ohne Zusammenhang in der Urteilsbegründung fände.

1998 ist die Rechtsprechung in Bezug auf die Anfechtbarkeit von Richtlinien-Bestimmungen dann auch explizit der Rechtslage in Bezug auf Verordnungen angeglichen worden. Allerdings ist keine Begründung angegeben worden, warum dies nun als erforderlich angesehen wird und auf welche Argumente das Urteil sich dogmatisch stützen kann. Obwohl sie sich im Wortlaut des Art. 230 Abs. 4 EGV nicht wiederfinden, stellte das EuG fest, es sei zu prüfen, ob trotz des normativen Charakters der in Frage stehenden Richtlinie diese die Klägerin in dem Verfahren durch diese unmittelbar und individuell betroffen sein könne. Schließlich könne nach der Rechtsprechung auch ein normativer Akt, der auf alle betroffenen Wirtschaftsteilnehmer Anwendung finde, unter bestimmten Umständen einige von ihnen individuell betreffen. Dies sei jedoch nur dann anzunehmen, wenn die betreffende Handlung die Person wegen bestimmter persönlicher Eigenschaften oder besonderer, sie aus dem Kreis aller übrigen Personen heraushebenden Umstände berühre.[705] Diese Rechtsprechung ist in der Folge wieder relativiert worden.[706] In der Folge prüft das EuG die Frage der unmittelbaren Betroffenheit mit Blick auf die grundsätzliche Bejahung des normativen Charakters der Richtlinie, verneint diese im Ergebnis aber unter Verweis auf Art. 249 Abs. 3 EGV, da Adressat der Richtlinie ausschließlich der Staat, nicht der Einzelne sei, so daß ihm gegenüber grundsätzlich keine Pflichten begründet würden. Seien Auswirkungen vorhanden, handele es sich dabei lediglich um solche rein tatsächlicher Natur.[707]

(5) Das Urteil vom 13.7.2004[708] betreffend den Stabilitätspakt

Zum Schluß sei noch auf das Urteil vom 13. Juli 2004 hingewiesen, welches der Sache nach zwar nicht mit der Frage der Zulässigkeit einer

---

[704] EuG, Slg. 1994 II-871 ff. [Rn. 18] mit Anm. Burchard in EuZW 1995, 254 ff. sowie in der gleichen Sache EuGH, Slg. 1995 I-4149 ff. [Rn. 41 ff.], welcher ebenfalls auf den Aspekt der individuellen Betroffenheit eingeht

[705] EuG, Slg. 1998 II-2335 ff. [Rn. 68 f.]

[706] EuG, Slg. 2000 II-2487 ff. [Rn. 28]

[707] a.a.O. [Rn. 52 ff.]; kritisch hierzu Hout, Individualklagen, S. 39 f.

[708] EuGH, EuZW 2004, 465 ff.; EuR 2004, 738 ff.

Individualnichtigkeitsklage befaßt gewesen ist. Der Gerichtshof hat jedoch in diesem Zusammenhang ganz allgemein, ohne dazu in dieser Allgemeinheit im konkreten Fall gezwungen gewesen zu sein, festgestellt, nach ständiger Rechtsprechung müsse die Nichtigkeitsklage gegen alle von den Organen erlassenen Bestimmungen, die Rechtswirkungen entfalten sollen, unabhängig von ihrer Rechtsnatur oder ihrer Form gegeben sein.[709]

d. Zwischenergebnis

Damit läßt sich vorläufig festhalten, daß auf der Grundlage dieser Rechtsprechungsentwicklung grundsätzlich alle verbindlichen Rechtsakte des Gemeinschaftsrechtes als tauglicher Klagegegenstand nach Art. 230 Abs. 4 EGV in Betracht kommen.[710] Kennzeichen dieser Rechtsprechung ist dabei die Herstellung eines Gleichklanges zwischen der Wirkungsweise der verbindlichen Rechtsakte auf der materiell-rechtlichen Seite einerseits mit der prozessualen Seite andererseits. Besonders deutlich wird dies bei der Rechtsentwicklung der Richtlinien. Der Ausdehnung der unmittelbaren Anwendbarkeit solcher Bestimmungen folgt letztendlich auch eine Ausdehnung des Rechtsschutzes. Diese Entwicklung läßt sich aber auch bei dem Rechtsschutz in Bezug auf Verordnungsvorschriften ausmachen, da der EuGH es nicht prinzipiell ablehnt, das Betroffensein nur in subjektiven Rechten, welche dem Betroffenen zustehen, als eine adressatenähnliche Stellung wie in der Rs. Codorniu abzulehnen. Darüber hinaus erscheint die Schlußfolgerung des Gerichtshofes nicht zwingend, zwischen Verordnungen im Bereich des Anti-Dumping-Rechtes und anderen Verordnungen zu differenzieren. Auch wenn im erstgenannten Bereich Besonderheiten bestehen mögen, so könnte diesen Verordnungen und ihrer Anfechtbarkeit die gleichen Argumente entgegengehalten werden, wie dies in anderen Fällen gemacht wird. Dies wird jedoch nicht getan.

2. Die Funktion des Art. 230 Abs. 4 EGV

Die Auswirkung des Ungleichgewichts zwischen der materiellen Reichweite der Rechtspositionen einerseits und ihrer gerichtlichen Geltendmachung durch den einzelnen Betroffenen andererseits, welches in den eingangs angesprochenen Urteilen zum Ausdruck kommt, wird noch deut-

---

[709] a.a.O. [Rn. 44]
[710] *Borowski*, EuR 2004, 879 ff. [888]

licher, wenn man vor diesem Hintergrund noch die Funktion des Art. 230 Abs. 4 EGV betrachtet.

Grundsätzlich bedarf es der Anforderung einer subjektiven Klagebefugnis, um durch diese Voraussetzung die Erhebung von Popularklagen auszuschließen. Andererseits soll auch verhindert werden, daß die Gemeinschaftsorgane durch die bloße Wahl der Rechtsform den Rechtsschutz des Privaten gegen einen Gemeinschaftsrechtsakt einschränken können.[711] Damit zeigt sich, daß dem Rechtsschutz in der Gemeinschaft individuelle Elemente nicht nur nicht fremd, sondern gerade Bestandteile dessen sind. Mag dies in den angegebenen Urteilen sich auf die Abgrenzung Entscheidung – "Scheinverordnung" bezogen haben, so ist der Gedanke, der dieser Aussage zugrunde liegt, verallgemeinerungsfähig. Weder das EuG noch GA Jacobs streiten in ihren Stellungnahmen daher grundsätzlich nicht die Erforderlichkeit der Voraussetzung einer individuellen Betroffenheit ab. Beide sehen jedoch, daß es einen Widerspruch in sich darstellt, auf der einen Seite die Aussage zu treffen, Handlungen mit allgemeiner Geltung können Einzelne wie einen Adressat einer Entscheidung betreffen, wenn diese sie wegen bestimmter persönlicher Eigenschaften oder besonderer, sie aus dem Kreis aller übrigen Personen heraushebenden Umstände berühren und sie daher in ähnlicher Weise individualisieren.[712] Hierzu stelle aber die Aussage, die Betroffenheit in einem Gemeinschaftsgrundrecht reiche als persönliche Eigenschaft hierfür nicht aus, einen Widerspruch dar.[713] Meines Erachtens gibt es keine nachhaltigere persönliche Betroffenheit, als in ebenfalls vom Gemeinschaftsrecht garantierten Freiheitsbereichen aufgrund legislatorischer Maßnahmen unverhältnismäßig eingeschränkt zu werden. Die von GA Jacobs vorgeschlagene neue Definition der individuellen Betroffenheit will den Ausschluß der Popularklage nicht beseitigen. Nach dem in seinen Schlußanträgen vom 21.3.2002 vorgeschlagenen Verständnis soll der Einzelne dann klagebefugt sein, wenn er geltend machen kann, die angefochtene Handlung werde aufgrund *seiner persönlicher Umstände* erhebliche nachteilige Auswirkungen auf seine Interessen haben.[714] Das EuG ist dieser Definition nicht ganz gefolgt. Nach seiner Auffassung liegt individuelle Betroffenheit dann vor, wenn die

711 *Gaitanides* in: von der Groeben/Schwarze, Art. 230 EG Rn. 54; EuG, Slg. 1998 II-2601 ff. [Rn. 26]; Slg. 1997 II-1559 ff. [Rn. 50]

712 EuG, Slg. 2002 II-2365 ff. [Rn. 27]

713 a.a.O. [Rn. 39 ff.]

714 EuGH, Slg. 2002 I-6681 ff. [Rn. 60]

angefochtene Bestimmung *die Rechtsposition des Klägers* unzweifelhaft und gegenwärtig beeinträchtigt, indem sie ihre Rechte einschränkt oder ihr Pflichten auferlegt.[715] Beide vorgebrachten Definitionen verdeutlichen durch ihre Wortwahl den Schutz individueller, gemeinschaftsrechtlicher Rechtspositionen durch die Rechtsbehelfe und tragen damit auch der bereits dargestellten grundlegenden Bedeutung der Gemeinschaftsgrundrechte als zentrale Rechtspositionen des Unionsbürgers Rechnung.

Art. 230 Abs. 4 EGV liegt damit zwar der Gedanke zugrunde, der Einzelne solle keine Popularklage erheben können, sobald er jedoch individuell in Rechten, welche ihm zugesichert werden, betroffen ist, muß ihm ein Klagerecht auch unmittelbar vor den europäischen Gerichten ermöglicht werden. Die Vorschrift enthält nämlich keine abschließende Wertung dahingehend, was unter individueller Betroffenheit zu verstehen ist. Diese Wertung ist nun vielmehr vor dem Hintergrund des immer weiter sowohl zu Gunsten als aber auch zu Lasten des Einzelnen in immer mehr Lebenssachverhalte eingreifende Gemeinschaftsrecht zu treffen. Letztlich ist in der Vorschrift auch nicht festgehalten worden, aufgrund welcher Merkmale die Adressatenstellung bei der Betroffenheit durch eine Verordnung basiert. Es werden ebenfalls nicht die Rechtspositionen umschrieben, welche betroffen sein müßten, um eine zulässige Klage erheben zu können.

Daher ist an dieser Stelle die Wertung des Europäischen Gerichtshofes im Sinne seiner bisherigen, integrationsfreundlichen Rechtsprechung gefragt. Diese Rechtsprechung und die Rechtsentwicklung insgesamt sind durch die beiden zueinander gegenläufigen Aspekte einerseits der Erweiterung der Rechtspositionen des Unionsbürgers, andererseits aber auch – und zwar nicht nur im Bereich der verordnungsgebenden, sondern auch in dem der richtlinienerlassenenden – Gewalt auf deren Belastung ausgerichtet zwecks Schaffung eines einheitlichen europäischen Rechtsraumes. Im Rahmen dieser Entwicklung wird die zentrale Funktion der grundrechtlichen Gewährleistungen außerhalb der nationalen Verfassungen immer weiter in den Vordergrund gebracht und dem Betroffenen aufgezeigt, was seine Rechte sind, um auf diesem Wege auch die Akzeptanz der gemeinschaftlichen Hoheitsgewalt zu fördern.[716] In diesem Zusammenhang steht auch der weiter oben dargestellte Inhalt des Grundsatzes der Effektivität des Rechtsschutzes, welcher dem Einzelnen gegenüber der

---

[715] EuG, Slg. 2002 II-2365 ff. [Rn. 51]

[716] Vgl. *Pernice*, Grundrechte-Charta, 847 ff. [849]; *Magiera*, Grundrechtecharta [1020]

betreffenden Hoheitsgewalt einen Anspruch auf Einräumung von Rechtsschutz auch betreffend rechtssetzende Maßnahmen, gegenüber denen sie die ihnen eingeräumten Rechte geltend machen können müssen.

Die Funktion des Art. 230 Abs. 4 EGV kann daher auf der Grundlage dieses Anspruches dahingehend verstanden werden, daß individuelle Betroffenheit von der Rechtsprechung grundsätzlich dann angenommen werden sollte, wenn eine Verletzung einer Rechtsposition durch eine natürliche oder juristische Person geltend gemacht wird, die durch das Gemeinschaftsrecht entweder explizit oder in der Ausformung durch die Rechtsprechung garantiert wird. Ein solches Verständnis bringt dann auch die Rechtsprechung des EuGH in Einklang, in der er ausführt, bei Art. 230 Abs. 4 EGV handele es sich um eine Garantie des *individuellen* Rechtsschutzes[717], wobei diese Garantie für den Einzelnen als Konsequenz daraus auch tatsächlich effektiv ausgestaltet sein muß.

IV. Außergerichtliche Stellungnahmen

Stützen kann sich das soeben gefundene Ergebnis auf Äußerungen des Gerichtshofes, welche dieser außerhalb von Urteilsentscheidungen abgegeben hat. So hat er bereits 1975 auf die Lückenhaftigkeit des vertraglich vorgesehenen Rechtsschutzes hingewiesen[718] und darauf aufmerksam gemacht, daß Akte der Rechtsetzung nicht sowohl einer parlamentarischen als auch einer gerichtlichen Kontrolle entzogen sein dürfen. Vielmehr setze die Gewährleistung der individuellen Rechte voraus, daß "Akte des abgeleiteten Rechtes von Einzelpersonen, die ein unmittelbares Interesse nachweisen, im Klagewege angefochten werden können, wie dies in der Rechtsordnung mehrerer Mitgliedstaaten der Fall ist". Dabei sieht er die Möglichkeit der Einklagbarkeit einer Vorlage nach Art. 234 EGV nur als eine Variante an, die zu einer solchen Rechtsverbesserung führte. Eine andere stellt für ihn ein Schadensersatzanspruch bei Verstoß eines Mitgliedstaates gegen den Vertrag dar. Dieser Schadensersatzanspruch gegen einen Mitgliedstaat ist bis heute nicht verbindlich geregelt. Er beruht ausschließlich auf der Grundlage der Rechtsprechung des Gerichtshofes, welche dieser mit Hilfe des *effet-utile*-Argumentes entwickelt und ausgeformt hat bzw. ausformen mußte, wollte er die innerstaatliche Wirksamkeit des Gemeinschaftsrechtes sicherstellen.

---

[717] EuGH, Slg. 1994 I-1856 ff. [Rn. 26]
[718] Gerichtshof in: Bull EG 1975, Beilage 9, 17 ff. [18 f.]

V. Ergebnis

Im Ergebnis sprechen daher an dieser Stelle auf der Basis der soeben dargelegten Entwicklung in der Rechtsprechung diese für eine Selbstbindung des Gerichtshofes. Bejaht man diese, wäre es in einem zweiten Schritt nur konsequent, daraus eine Pflicht des EuGH dahingehend abzuleiten, die Zulässigkeit einer Klage auch in Fallkonstellationen, wie sie den Rs. UPA und Jégo-Quéré zugrundegelegen haben, zu bejahen. Sachliche Differenzierungskriterien, die entgegen den anderen von ihm bejahten Fällen hier eine Ablehnung rechtfertigen würden, sind nicht ersichtlich. Es erscheint vielmehr naheliegend, diese mit den bereits vom Gerichtshof positiv entschiedenen Fällen zu vergleichen und gleich zu behandeln.

Aufgrund des Fehlens sachlicher Unterscheidungsmerkmale ist daher eine entsprechende Verpflichtung des Gerichtshofes zur Weiterentwicklung seiner Rechtsprechung auch an dieser Stelle in Erwägung zu ziehen.

E. Der Entwurf eines Verfassungsvertrages

Wie im ersten Teil des fünften Kapitels die Frage nach der grundlegenden Möglichkeit einer Änderung der Rechtsprechung steht auch das bis hierhin gefundene Ergebnis grundsätzlich unter dem Vorbehalt einer Vertragsänderung durch die Mitgliedstaaten, welche darin ihre Auffassung als Vertragsstaaten deutlich zum Ausdruck bringen. Trotz der zwei gescheiterten Referenden steht ihnen grundsätzlich die Möglichkeit offen, die bestehenden Regelungen und deren Verständnis in ihrem Sinne zu revidieren[719] und die Rechtsprechung des EuGH dementsprechend spätestens mit In-Kraft-Treten in die entgegengesetzte Richtung zu beeinflussen.

I. Art. I-5 VerfVertr

Die Regelung des Art. 10 EGV bzw. allgemeiner: der Grundsatz der Gemeinschaftstreue finden sich im Verfassungsvertrag wieder. Die Vorschrift des Art. I-5 Abs. 2 Uabs. 1 lautet in der dementsprechend erweiterten Fassung:

> "Nach dem Grundsatz der loyalen Zusammenarbeit achten und unterstützen sich die Union und die Mitgliedstaaten gegenseitig bei der Erfüllung der Aufgaben, die sich aus der Verfassung ergeben."

---

[719] *Zuleeg*, JZ 1994, 1 ff. [7]

Insofern hat die verallgemeinerte Rechtsprechung des Gerichtshofes zu Art. 10 EGV Bestätigung gefunden. Hinsichtlich dieses Aspektes verbleibt es bei den oben vorgebrachten Argumenten für die Existenz einer entsprechenden Verpflichtung.

II. Art. II-107 Abs. 1 VerfVertr

Wie bereits festgestellt worden ist, sind im Rahmen der Ausgestaltung der Gerichtsverfahren, bei denen die Europäische Gerichtsbarkeit unmittelbar tangiert ist, keine Veränderungen im Wortlaut vorgenommen worden, was die Zulässigkeitsvoraussetzungen für die Erhebung einer Individualnichtigkeitsklage gegen Normativakte betrifft.

Eine Veränderung hat sich aber insofern ergeben, als durch die Aufnahme der Grundrechte-Charta in den Verfassungsvertrag auch der ebenfalls bereits angesprochene Art. II-107 Bestandteil des neuen Rechtssystemes geworden ist.

Art. II-107 steht dabei einer erweiterten Auslegung der Vorschriften über die Rechtsbehelfe nicht nur nicht entgegen. Vielmehr könnten sich auch aus dieser Vorschrift Argumente entnehmen lassen, welche für eine potentielle Verpflichtung des Gerichtshofes zu einer Rechtsprechungsänderung sprechen.

Inhaltlich baut diese Vorschrift auf Art. 13 EMRK auf.[720] Art. 13 EMRK wiederum verpflichtet die Vertragsstaaten, eine wirksame Beschwerdemöglichkeit vor einer *innerstaatlichen* Instanz zu gewährleisten. Diese Beschränkung ergibt sich aus der Struktur der EMRK und des Europarates. Art. II-107 VerfVertr dagegen hat der Struktur der Gemeinschaft Rechnung zu tragen. Dementsprechend ist die Beschränkung betreffend einer innerstaatlichen Rechtsschutzinstanz für die Grundrechte-Charta gestrichen worden, da diese grundrechtlichen Verpflichtungen grundsätzlich nur für die Organe der Gemeinschaft gelte und der dazugehörende Rechtsbehelf nur bei einem europäischen Gericht eingelegt werden könne.[721] Dabei soll Art. II-107 VerfVertr allerdings nicht das in den Verträgen vorgesehene System von Rechtsbehelfen, vor allem nicht die Bestimmungen über die Zulässigkeit, ändern.[722]

---

720 *Barriga*, S. 143; *Eser* in: Meyer, Kommentar zur Grundrechte-Charta, Art. 47 Rn. 2
721 *Eser* in: Meyer, Kommentar zur Grundrechte-Charta, Art. 47 Rn. 7
722 *Grabitz/Hilf*, nach Art. 6 EUV, Rn. 268

Aus dieser Formulierung kann damit aber m. E. der Schluß gezogen werden, daß eben das *System* der bereits vorhandenen Rechtsbehelfe als ausreichend empfunden wird. Damit ist jedoch nicht gesagt, ob auch das bisherige *Verständnis* dieser das System widerspiegelnde Vorschriften bzw. einzelner Begrifflichkeiten daraus mit der Formulierung des Art. II-107 VerfVertr beibehalten werden sollen.

Gegen ein derartiges Verständnis sprechen aber mehrere Argumente. Zum einen wird der EuGH explizit in das Rechtsschutzsystem mit einbezogen. Dieser kann sich somit nicht auf die Position zurückziehen, wonach die nationalen Gerichte als Gemeinschaftsrichter im funktionalen Sinne anzusehen sind, so daß nur diese eine entsprechende Pflicht zur effektiven Rechtsschutzgewährung träfe. Es ist vielmehr gerade die strukturelle Verschiedenheit der Europäischen Gemeinschaft einerseits und des Europarates andererseits zu beachten. Während es bei letzterem konsequent ist, das Recht ausschließlich auf den nationalen Rechtsweg zu begrenzen, da hier nur die Mitgliedstaaten die Verpflichteten sind, stellt sich die Situation für erste anders dar. In diesem Fall sind eben nicht nur die Mitgliedstaaten, sondern vor allem die Gemeinschaft selber Verpflichtete. Aus dieser Verpflichtung folgt dementsprechend die Einbeziehung der europäischen Gerichte und des dazugehörenden Rechtsweges.

Des weiteren wird die bereits im Zusammenhang mit der Charakterisierung der Gemeinschaft als Rechtsgemeinschaft hervorgehobene Stellung grundrechtlicher Verbürgungen in Abs. 4 der Präambel der Grundrechte-Charta betont, indem die Notwendigkeit beschrieben wird, zum Schutz der Grundrechte diese *sichtbarer* zu machen. Durch die Abfassung eines geschriebenen Kataloges sollen also keine neuen Rechtspositionen geschaffen werden. Sinn ist es vielmehr, einen weiteren Schritt innerhalb der Entwicklung einer Verfassungsbindung der Union zu tun.[723] Zu diesem Schritt gehört nach der Auffassung des Europäischen Rates, die überragende Bedeutung der Grundrechte und ihrer Tragweite für den Unionsbürger nunmehr mittels geschriebenen Rechtes hervorzuheben.[724]

Ebenfalls ist die Formulierung des Abs. 5 der Präambel zu beachten, an dessen Ende es heißt: *"In diesem Zusammenhang wird die Charta von den Gerichten der Union und der Mitgliedstaaten unter gebührender Berücksichtigung der Erläuterungen, die auf Veranlassung und in eigener Verantwortung des Präsidiums des Konvents zur Ausarbeitung der Charta formuliert wurden, ausgelegt werden."*

723 *Pernice*, Grundrechte-Charta, 847 ff. [851]
724 *Magiera*, Grundrechtecharta, 1017 ff. [1017, 1019]

Dementsprechend sind die oben wiedergegebenen Erwägungen, die bei der Abfassung von Art. II-107 VerfVertr angestellt worden sind, insbesondere die Erwägung des Vorbildes von Art. 13 EMRK, vom EuGH in seiner Rechtsprechung als verbindlich zu berücksichtigen.

In diesem Zusammenhang ist gleichfalls die Regelung des Art. II-112 heranzuziehen. Dieser enthält eine inhaltliche Untergrenze dahingehend, der Inhalt der einzelnen Bestimmungen der Grundrechte dürfe nicht hinter den Schutzstandard der EMRK zurückgehen. Deren Bestimmungen bilden somit einen "Mindeststandard"[725], welcher auch vom Gerichtshof zu beachten ist. Dieser Standard setzt sich aber gleichfalls nicht aus dem bloßen Wortlaut der betreffenden Vorschriften zusammen, sondern die Rechtsprechung des EGMR als Konkretisierung dieses ist zur Inhaltsbestimmung mit heranzuziehen. Daraus folgt, daß der Mindeststandard der Grundrechte der Europäischen Gemeinschaft sich letztendlich an der Auslegung der Grundrechte der EMRK durch den EGMR zu orientieren hat. Wie aber bereits im Rahmen des dritten Kapitels dargelegt worden ist, zeichnet sich in der Rechtsprechung des EGMR die Tendenz dahingehend ab, selbst Gesetze des parlamentarischen Gesetzgebers anhand der Bestimmungen der EMRK auf ihre Vereinbarkeit mit diesen hin zu überprüfen.

Als letzten Aspekt läßt sich noch anführen, daß die sich in der Grundrechte-Charta wiederfindende Einigung einen Kompromiß auf gesamteuropäischer Ebene darstellt, woraus auch der Schluß gezogen werden kann, der Inhalt der Charta soll nicht nur einen Maßstab für die Zukunft darstellen. Es kann vielmehr angenommen werden, da die Rechte, welche die Charta enthält, mit ihrer Hilfe *sichtbarer* gemacht werden sollen, daß dieser gemeineuropäische Konsens bereits heute existiert und damit als solcher in der Form der gemeinsamen Verfassungstradition und der Regelung der EMRK mit diesem Aussagegehalt Einfluß auf das bestehende Vertragsrecht nimmt.

Insofern spricht diese Regelung im Ergebnis schon heute dafür, ebenfalls eine Pflicht des Gerichtshofes zu einem erweiterten Verständnis der individuellen Betroffenheit in Bezug auf die Frage der *effektiven* Geltendmachung materieller Rechte gegenüber sekundärrechtlichen Normativakten annehmen zu können.

---

725 *Szczekalla*, Grundrechte, 345 ff. [349]

Während das EuG anfangs der Frage, inwieweit die Vorschriften der Grundrechte-Charta zumindest als Rechtserkenntnisquelle herangezogen werden können, dieser Entscheidung ausgewichen ist[726], hat es in späteren Entscheidungen darauf Bezug genommen. Zu nennen sind dabei zwei Urteile, die sich explizit auf Vorschriften der Grundrechte-Charta stützen.

So verweist das Gericht erster Instanz auf die Unterstreichung der Bedeutung des Rechtes auf einen wirksamen Rechtsbehelf durch Art. 47 Grundrechte-Charta, um damit die Bedeutung dieses Grundsatzes hervorzuheben und auf dieser Grundlage dann seine Rechtsprechung zu Art. 230 Abs. 4 EGV zu ändern.[727]

Auch in der Rs. max.mobil zog das EuG die Vorschriften der Art. 41 und 47 der Grundrechte-Charta (entspricht Art. II-101 und Art. II-107 VerfVertr) heran, um mit deren Hilfe das Vorliegen eines allgemeinen rechtsstaatlichen Grundsatzes im europäischen Rechtsraum zu begründen, da die Regelungen der Charta diesen noch einmal besonders betonen.[728]

Keine Erwähnung findet die Grundrechte-Charta dagegen in der Rechtsprechung des Gerichtshofes selber[729], obwohl die Generalanwälte in ihren Schlußanträgen immer wieder auf diese Vorschrift eingegangen sind.[730]

F. Exkurs: Verpflichtung aufgrund der Einordnung des Kerns des Grundsatzes der Effektivität des Rechtsschutzes als regionales ius cogens?

Haben sich die bis hierhin behandelten Fragen schwerpunktmäßig mit dem Gemeinschaftsrecht als solchem und seiner Ausformung durch die Rechtsprechung des Gerichtshofes beschäftigt und völkerrechtliche Aspekte dabei nur am Rande Erwähnung gefunden, so wird der nächste Abschnitt

726 EuG, Slg. 2001 II-729 ff. [Rn. 15, 16, 76]

727 EuG, EuZW 2002, 412 ff. [Rn. 42]

728 EuG, Slg. 2002 II-313 ff. [Rn. 48, 57]

729 Siehe hierzu die Entscheidungen des EuGH: Slg. 2001 I-4109 ff.; Slg. 2001 I-4319 ff.; Slg. 2001 I-4881 ff.; Slg. 2001 I-7079 ff.

730 Siehe hierzu nur die Schlußanträge von: GA Alber, 1.2.2001, Slg. 2001 I-4112 ff. [Rn. 94]; GA Mischo, 22.2.2001, Slg. 2001 I-4322 ff. [Rn. 97]; GA Tizzano, 18.2.2001, Slg. 2001 I-4883 ff. [Rn. 26 ff.]; GA Jacobs, 22.3.2001, Slg. 2001 I-9199 ff. [Rn. 40]; GA Stix-Hackl, 31.5.2001, Slg. 2001 I-8577 [Fn. 11]; GA Jacobs, 14.6.2001, Slg. 2001 I-7084 ff. [Rn. 197]; vgl. auch den Schlußantrag von GA Jacobs, 11.7.2002, Rs. C-112/00 [Rn. 44, 49]

letzteres in den Mittelpunkt stellen. Auch wenn der Gerichtshof die Gemeinschaftsrechtsordnung aufgrund etlicher Besonderheiten in ständiger Rechtsprechung als Rechtsordnung eigener Art kennzeichnet[731], was zu einer Überlagerung oder Verdrängung einzelner völkerrechtlicher Regelungen geführt hat, so hat diese Rechtsentwicklung dennoch keine vollständige Loslösung vom Völkerrecht bewirkt.[732] Auch die interne Ausgestaltung des Gemeinschaftsrechtes muß sich zumindest an die zwingenden Sätze des Völkerrechtes halten.[733]

Die eingangs aufgeworfene Frage weist dabei auf zwei Problemkreise hin. Zum einen muß man sich die Frage stellen, ob mit dem Begriff des ius cogens ein nur regionaler Geltungsbereich vereinbar ist. Zum anderen ist zu diskutieren, ob der vorliegende Fall – Adressat des Rechtssatzes sind in erster Linie die Gemeinschaftsorgane – von der Wirkungsweise eines Rechtssatzes mit ius-cogens-Charakter erfaßt wird.

I. Der Begriff des ius cogens[734]

Die Völkerrechtsordnung geht – in dieser Hinsicht ähnlich einer nationalen Rechtsordnung – vom Grundsatz der Vertragsfreiheit aus.[735] Wie sich auch aus Art. 2 Abs. 1 lit. a WVRK ergibt, ist allein der Rechtsbindungswille der jeweils beteiligten Staaten entscheidend, welcher selbst durch die bzw. aufgrund der Kodifikation des Vertragsrechts in weiten Teilen in den Vordergrund gestellt und gestärkt wird.[736] In dem Vertrag soll zwischen den beteiligten Staaten eine zwischen ihnen entstandene Frage rechtsverbindlich geregelt werden.[737] Damit steht die Bestimmung des Inhaltes und seiner Reichweite grundsätzlich im freien Ermessen der Vertragsstaaten. Was letztlich beabsichtigt ist, hängt vom Willen der Parteien ab.

---

[731] EuGH, Slg. 1964, 1251 ff. [1269]

[732] Siehe hierzu bereits oben Kapitel 4. A.

[733] *Oppermann* [Rn. 598]; *Krück* in G/T/E, Art. 164 Rn. 8

[734] Vgl. zu den Grundlagen für die Annahme von zwingendem Recht im zwischenstaatlichen Bereich *Kadelbach*, S. 130 ff.

[735] *Kimminich/Hobe*, S. 201 f.

[736] *Reuter*, La Convention de Vienne, p. 16; *Maresca*, Diritto dei Trattati, p. 5 f.

[737] Vgl. *Talalajew*, Recht der internationalen Verträge, S. 18; vgl. zu den einzelnen Tatbestandsmerkmalen *Reuter*, Introduction au droit des traités, p. 39 ff., *Ipsen* § 9 Rn. 1 ff.

Dieser Grundsatz gilt aber mittlerweile anerkanntermaßen nicht mehr vollumfänglich. Er wird vielmehr durch Normen des *ius cogens*[738] (peremptory norms / normes impératives)[739] beschränkt. Daß es solche Vorschriften auch im Bereich des Völkerrechtes gibt, ist spätestens seit dem In-Kraft-Treten der Wiener Vertragsrechtskonvention[740] unstrittig[741] anerkannt, da in deren Art. 53 und 64 das Bestehen solcher Vorschriften schlichtweg vorausgesetzt wird.[742] Im Sinne dieser Konvention handelt es sich bei einer Norm dann um zwingendes Recht, wenn sie ist "accepted and recognized by the international community of States as a whole as a norm from which no derogation is permitted and which can be modified only by a subsequent norm of general international law having the same character"[743] (vgl. Art. 53 S. 2 WVRK).[744] Dabei ist der Inhalt des *ius cogens*, das heißt, welche Normen konkret einen derart zwingenden Charakter aufweisen, nicht sicher und einheitlich festzustellen, vielmehr wird über diesen Punkt weiterhin kontrovers diskutiert.[745] Weitgehend Einigkeit scheint aber darüber zu herrschen, daß zumindest fundamentale Grundsätze der Menschenrechte hierzu zu rechnen sind.[746]

---

[738] Vgl. Statt vieler die ausführlichen Literaturhinweise bei *Maresca*, Diritto dei Trattati, p. 618 Fn. 1; vgl. zu den verschiedenen Stellungnahmen der Regierungen *Wetzel/Rauschning*, Die Wiener Vertragsrechtskonvention Art. 53

[739] *Kadelbach*, S. 34

[740] UNTS Vol. 1155 p. 331 ff., No. 18232; BGBl. 1985 II S. 926 ff.

[741] zu den Argumenten bzgl. des Für und Wider von ius cogens vgl. *Schweitzer*, AVR 15 (1971/1972), S. 197 ff. [197-210]

[742] *Hartmann*, Gewohnheitsrecht und "jus cogens", JA 1978, 81 ff. [86]; zum zwingenden Recht in der Rechtsprechung des IGH bzw. in dissenting opinions siehe die Nachweise in *Ragazzi*, International Obligations Erga Omnes, S. 46 Fn. 12

[743] Vgl. dazu auch den französischen Text: "Est nul tout traité en conflit avec une norme impérative du droit international général à laquelle aucune dérogation n'est permise et qui ne peut être modifiée que par une nouvelle norme de droit international ayant le même caractère. Une norme impérative du droit international général est une norme acceptée et reconnue par la communauté internationale des États dans son ensemble en tant que norme à laquelle aucune dérogation n'est permise."

[744] vgl. zu den Voraussetzungen, welche erfüllt sein müssen, um dem ius cogens zugeordnet werden zu können *Kadelbach* S. 176 ff.

[745] *Ipsen* § 15 Rn. 36

[746] *Villary*, Réflexions, AFD 1966, 5 ff. [11]; *Doehring* [Rn. 253]

II. Das Bestehen regionalen ius cogens

Während hinsichtlich der Existenz universell geltenden ius cogens dem Grunde nach Einigkeit herrscht, ist dagegen die Frage umstritten, inwieweit auch *regionale* völkerrechtliche Normen zwingenden Charakter aufweisen können.[747]

Eine sehr verbreitete Meinung vertritt die Auffassung, zwingendes Völkerrecht könne grundsätzlich nur universeller Natur sein.[748] Dies ergebe sich insbesondere aus Art. 53 WVRK, welcher von der Anerkennung durch die Staatengemeinschaft "as a whole" spricht.[749] Für diese Ansicht heißt das, zwingendes Völkerrecht kann nur dann existieren und nicht mehr vertraglich abbedungen werden, wenn sich die Staatengemeinschaft quasi weltweit über diese weitreichende Konsequenz einig ist. Ist dies nicht der Fall, verweigert zum Beispiel eine Reihe von Staaten des amerikanischen oder asiatischen Kontinentes dem Rechtssatz diese Bedeutung, folgt nach dieser Auffassung daraus, daß die Norm auch nicht innerhalb der europäischen Staatengemeinschaft zwingenden Charakter beanspruchen kann.

Es sind aber auch Stellungnahmen zu finden, die dieses Argument bestreiten und zumindest nicht ausschließen, daß sich Normen auch auf regionaler Ebene zu regionalem *ius cogens* verdichtet haben. Allerdings wird dieser Ansatz nicht weiter vertieft. Als denkbare Beispiele werden an dieser Stelle – allerdings ohne nähere Konkretisierung – das Recht der Europäische Union und der EMRK genannt.[750]

Als Gegenargument betreffend die ausschließlich universelle Herausbildung zwingenden Völkerrechtes wird dabei ebenfalls der Wortlaut des Art. 53 WVRK angeführt. Dieser definiert das *ius cogens* lediglich "for the purposes of this convention", das heißt, sie regelt diese Frage nicht.[751] Zwar mag die Definition, welche sich in S. 2 von Art. 53 WVRK wiederfindet, für die Herausarbeitung zwingender Rechtsregeln auch außerhalb des Anwendungsbereiches der WVRK herangezogen werden, da sich in

---

[747] siehe dazu die Nachweise im folgenden

[748] *Hannikainen*, Peremptory Norms, S. 4 ff., S. 207 ff.

[749] a.a.O., S. 210 ff. mit dem Hinweis: "The recognition by 'all the essential components of the international community' is sufficient." unter Hinweis auf die ILC, jedoch ohne Klärung dessen, was unter den wesentlichen Bestandteilen zu verstehen ist. Kritisch hierzu *Raggazi*, International Obligations Erga Omnes, S. 56

[750] *Verdross/Simma*, S. 267; *Sztucki*, S. 108; *Daillier/Pellet*, Droit International Public, S. 203

[751] *Verdross/Simma*, a.a.O.

der darin enthaltenen Fixierung ein genauerer Anhaltspunkt findet als z.B. in einer ausschließlich im Gewohnheitsrecht zu findenden Rechtsnorm. Aus dieser Fixierung kann jedoch nicht der Schluß gezogen werden, diese Definition, die sich ausdrücklich nur auf den Anwendungsbereich der WVRK bezieht, wolle diesen Aspekt abschließend regeln; m.a.W.: zwingendes Völkerrecht könne sich tatsächlich nur ausschließlich zwischen der Gesamtheit der Staaten herausbilden. Diese Wendung ist vielmehr auf die Funktion der Vertragsrechtskonvention und den ihr innewohnenden Zweck bezogen als auf ein der Verallgemeinerung zugängliches Definitionsmerkmal des zwingenden Rechtes.

III. Rechtsprechung

Auch wenn die Rechtsprechung dem Grunde nach keinen rechtsgestaltenden Charakter hat und den Charakter einer Norm lediglich feststellen kann, so könnten ihr doch zu der Fragestellung Hinweise entnommen werden. Allerdings ist die Rechtsprechung des EuGH, was die Frage angeht, inwieweit einzelne gemeinschaftsrechtliche Normen nicht – mehr – durch die Mitgliedstaaten abdingbar sind, sehr zurückhaltend.

1. Das EWR-Gutachten 1/91 des Europäischen Gerichtshofes[752]

Ein Hinweis könnte jedoch dem Gutachten des EuGH in Bezug auf den Abschluß des EWR-Vertrages entnommen werden. Nicht nur für die Frage, inwieweit sich aus dieser Rechtsprechung eine Normenhierarchie innerhalb des Primärrechts entnehmen läßt, ist das bereits oben angesprochene Gutachten von Bedeutung. Die zwei kurzen Sätze, die der EuGH zu diesem Problemkreis festgehalten hat, werfen aber auch die Frage nach der Annahme gemeinschaftsrechtlicher Normen auf, welche nicht mehr abdingbar sind.

---

752 EuGH, Slg. 1991 I-6079 ff.; zu den Reaktionen in der Literatur siehe nur: *Boulois*, Les avis de la Cour, RTDE 1992, 457 ff. [462]; *Bieber*, Wandel und Unveränderlichkeit, ZfSchwR 1993, 327 ff.; *Cruz Vilaça / Piçarra*, Des limites materielles, CDE 1993, 3 ff.; *Reinisch*, Kritische Bemerkungen, ÖJZ 1992, 321 ff. [v.a. 325]; *Dutheil de la Rochère*, L'Espace Economique Européen, RMC 1992, 603 ff. [v.a. 607]

a. Gegenstand des Gutachtens

Gegenstand des Gutachtens war eine Überprüfung auf Vereinbarkeit des Entwurfes eines Abkommens über die Schaffung des Europäischen Wirtschaftsraumes, insbesondere der in diesem Abkommen vorgesehenen gerichtlichen Kontrollmechanismus, mit den Bestimmungen des EGV. Danach sollte beim Gerichtshof der Europäischen Gemeinschaften ein unabhängiger Gerichtshof funktionell eingegliedert werden, welcher im Rahmen des EWR Recht sprechen sollte, wobei die Bestimmungen des EWR-Abkommens teilweise wort- und inhaltsgleich zu den Bestimmungen des EGV waren. Art. 6 des Abkommens sah vor, diese Bestimmungen seien im Einklang mit den bis zum Tage der Unterzeichnung ergangenen Entscheidungen des Gerichtshofes zu den entsprechenden Bestimmungen des EGV und des abgeleiteten Gemeinschaftsrechtes vom EWR-Gerichtshof auszulegen.[753] Dabei sollte ein Teil der Richter personenidentisch sein mit den Richtern des EuGH, Art. 95 des Abkommens.[754] Außerdem sollte den Grundsätzen des jeweils anderen Vertrages durch entsprechende Berücksichtigung der Rechtsprechung des zuständigen Gerichtes Rechnung getragen werden, Art. 104 EWR-Abkommen.[755]

Die Kommission hatte dem EuGH zu dem Entwurf vier Fragen vorgelegt, von denen in dem hier diskutierten Zusammenhang die letzte interessiert. Darin fragt sie an, ob Art. 228 EWG-Vertrag (heute Art. 300 EGV) die Gerichtsorganisation, wie sie in dem Abkommen vorgesehen sei, zulasse.[756]

b. Die Schlußfolgerungen des EuGH

Das Ergebnis des EuGH wird zum einen durch die vertragliche Besonderheit geprägt, daß Vorschriften des EWR-Vertrages als eigener Normkomplex in das Gemeinschaftsrecht eingefügt werden und damit neben inhaltsgleiche Vorschriften des EGV treten. Zum anderen entscheidet der EWR-Gerichtshof über die Auslegung dieser Regelungen, welche für die Organe der Gemeinschaft – einschließlich dem Gerichtshof selber – verbindlich sind, und zwar auch dann, wenn der EuGH über die Ausle-

[753] EuGH, a.a.O. [S. 6086]
[754] a.a.O. [S. 6087]
[755] a.a.O. [S. 6089]
[756] a.a.O. [S. 6094]

gung des Abkommens als Bestandteil der Rechtsordnung der Gemeinschaft zu entscheiden hat.[757]

Aus dieser Konstellation hat der EuGH die folgenden Schlußfolgerungen gezogen: Die Möglichkeit des Abschlusses eines völkerrechtlichen Vertrages durch die Gemeinschaft, welcher den Aufbau eines eigenen Gerichtssystems vorsieht, ist dem Grunde nach möglich. Hierbei sind jedoch Bedingungen einzuhalten, anhand derer sich entscheidet, wann nur eine solche Vereinbarung als konform mit dem Gemeinschaftsrecht angesehen werden kann. Dabei darf die Rechtsordnung der Gemeinschaft bei der Verfolgung ihrer eigenen Ziele nicht in Frage gestellt werden.[758] Das heißt für den EuGH, "Art. 220 EGV und allgemeiner die Grundlagen der Gemeinschaft selbst"[759] dürfen nicht beeinträchtigt werden[760] und diese Beeinträchtigung kann auch nicht durch eine Änderung des Art. 310 EGV (ex Art. 238 EGV) – also einvernehmlich durch die Mitgliedstaaten der EG – beseitigt werden[761]. Daraus kann geschlossen werden, daß es einzelne Rechtssätze gibt, von welchen der EuGH ausgeht, sie seien jeglicher Änderungsmöglichkeit entzogen.

Es findet allerdings keine nähere Konkretisierung in dem Urteil statt. Statt dessen beschränkt er sich auf die vage Formel über die "Grundlagen der Gemeinschaft". Bezogen auf die konkret zu beantwortende Frage kann zunächst festgestellt werden, daß das nach den Art. 220 ff. EGV errichtete und durch Art. 292 EGV abgesicherte Gerichtssystem vom Gerichtshof dazu gezählt wird. Das Gerichtssystem der EG stellt aber nicht die alleinige Grundlage einer solchen Gemeinschaft dar. Aufgrund der Wendung "und allgemeiner" spricht vieles dafür, die Einrichtung einer Gerichtsbarkeit soll lediglich der verfahrensrechtliche Ausdruck für die Garantie materiellen Rechtes sein, dessen Einhaltung durch diese Institution überwacht werden soll. Insofern liegt die Schlußfolgerung nahe, die grundlegenden

---

757 a.a.O. [S. 6081 – Leitsatz 3]

758 a.a.O. [Rn. 30 ff.]

759 "L'attribution de cette compétence est incompatible avec le droit communautaire, car elle est susceptible de porter atteinte à l'ordre des compétences défini par les traités et à l'autonomie du système juridique communautaire dont la Cour de justice assure le respect, en vertu de l'article 164 du traité CEE, d'une manière exclusive, les États membres s'étant engagés par l'article 87 du traité CECA et par l'article 219 du traité CEE à ne pas soumettre un différend relatif à l'interprétation ou à l'application des traités à un mode de règlement autre que celui prévue par ceux-ci."

760 a.a.O. [Leitsatz 2 a.E., 3 a.E.]; vgl. die franz. Fassung: "ne pas atteindre l'article 164 de traité CEE et, plus généralement, aux fondements même de la Communauté"

761 a.a.O. [Leitsatz 6 und Rn. 71 f.; vgl. die Stellungnahme der Kommission S. 6098]

Strukturen des gesamten Rechtssystemes könnten nicht Gegenstand von Änderungen sein.[762] Bei der näheren Definition dieser grundlegenden Strukturen gehen die Ansichten in der Literatur auseinander. Einerseits werden außer dem explizit genannten Art. 220 EGV die Art. 2 und 3 EGV auch die Rechte des Einzelnen, wie sie sich v.a. aus den Grundfreiheiten des EG-Vertrages ergeben, hierzu gezählt.[763] Andererseits findet eine Subsumtion all jene Prinzipien hierunter statt, welche als "gemeinsame Rechtsgrundsätze sowohl aus dem staatlichen Recht als auch aus dem Völkerrecht heraus Einfluß auf das Gemeinschaftsrecht nehmen und die Wertordnung der Gemeinschaft ausmachen, wozu insbesondere die Grund- und Menschenrechte gezählt werden.[764] Angesichts der bereits dargestellten wiederholten Betonung der Bedeutung der Gemeinschaftsgrundrechte für die Legitimation der Europäischen Gemeinschaft und der Ausübung hoheitlicher Gewalt durch diese läßt dies durchaus den Schluß zu, gerade die grundrechtlichen Gewährleistungen und darin eingeschlossen der Grundsatz der Effektivität des Rechtsschutzes könnten als eine solche Grundlage im Sinne der Rechtsprechung des EuGH angesehen werden.

Darüber hinaus wird nicht nur die zentrale Bedeutung dieser Gemeinschaftsgrundrechte für das Rechtssystem der EG vorgebracht, sondern es wird aufgrund eines Vergleiches mit dem nationalen System darauf hingewiesen, diese Garantien stünden aufgrund ihrer Eigenart als individuelle Rechtsposition in den staatlichen Verfassungen nicht zur Disposition, woraus folge, daß sie ebenfalls in der Gemeinschaft nicht zur Disposition der Mitgliedstaaten stehen.[765]

---

[762] *Bieber*, Wandel und Unveränderlichkeit, ZfSchwR 1993, 327 ff. [332]

[763] *Cruz Vilaça / Piçarra*, Des Limites materielles, CDE 1993, 3 ff. [33 sowie 29]

[764] *Bieber*, Wandel und Unveränderlichkeit, ZfSchwR 1993, 327 ff. [333, 335]; unklar in dieser Hinsicht die Stellungnahme von *Cruz Vilaça / Piçarra*, welche die Frage der Existenz materieller Grenzen betreffend die Vertragsänderung aus der Perspektive der Verfassungswerdung des EGV betrachten, Des Limites materielles, CDE 1993, 3 ff. [9], und unter Bezugnahme auf die Declaration des Droits de l'Homme von 1789 zu der Schlußfolgerung gelangen, ohne einen wirksamen bzw. effektiven Grundrechte-Katalog ("catalogue opérant des droits fondamentaux") könne keine Verfassung existieren, a.a.O., CDE 1993, 3 ff. [13]

[765] *Bieber*, Wandel und Unveränderlichkeit, ZfSchwR 1993, 327 ff. [333]

2. *Zwischenergebnis*

Auch wenn es in der Rechtsprechung des Gerichtshofes nicht explizit ausgesprochen wird, so sprechen doch die Umstände sowie die daraus zu gewinnenden Argumente für die Annahme, daß die Gemeinschaftsgrundrechte durch den Gerichtshof zu den der vertraglichen Disposition der Mitgliedstaaten entzogenen Rechtssätzen im Gemeinschaftsrecht zählt.

IV. Die Wirkungsweise von Rechtssätzen mit ius-cogens-Charakter

Auf eine Stellungnahme zu dieser Fragestellung kommt es aber dann nicht an, wenn die vorliegende Konstellation nicht von der Wirkungsweise eines solchen Rechtssatzes erfaßt wird. Der hier diskutierte Anwendungsfall betrifft die Situation, in der ein allgemeiner Rechtsgrundsatz – in Wechselwirkung mit dem Vertragsrecht – auf den Inhalt der Rechtsprechung eines Gemeinschaftsorganes, nämlich den EuGH Einfluß nehmen soll.

Grundsätzlich sind aber die Adressaten einer Norm mit ius-cogens-Charakter die Mitglieder der Völkerrechtsgemeinschaft und damit mehrheitlich die Staaten. Letztendlich ist es nämlich ihr völkerrechtlich relevantes Verhalten, durch welches zwingendes Recht im einzelnen entsteht.[766] Darüber hinaus ist die Einhaltung zwingenden Rechtes von seinem Grundgedanken her der Staatengemeinschaft geschuldet[767] und nicht einem Einzelnen, auch wenn dieser selber Träger einer Norm mit zwingendem Charakter sein kann.[768] Damit scheint zunächst eine grundlegende Voraussetzung für diesen Gedankengang entfallen zu sein.

Etwas anderes könnte sich nur dann ergeben, wenn eine Parallele hergestellt werden kann zwischen der Wirkungsweise von Grundrechten, wie sie im innerstaatlichen Bereich zu finden sind, und der Wirkungsweise von ius cogens im zwischenstaatlichen Bereich. Die Bildung einer solchen Parallele setzt jedoch voraus, daß ihre Grundlagen vergleichbar sind. Gegen die Bildung einer solchen Parallele sprechen jedoch die Strukturunterschiede, die zwischen der Verfaßtheit eines Staates einerseits und der Staatengemeinschaft andererseits bestehen. Bei der Staatengemeinschaft handelt es sich im Gegensatz zu ihren einzelnen Mitgliedern nicht um eine

---

766 Zur Entstehung zwingenden Rechtes im einzelnen ausführlich *Kadelbach*, S. 189 ff.

767 *Hannikainen*, Peremptory Norms, S. 4 f.

768 Hierzu *Kadelbach, S. 284 ff.*

juristische Person,[769] welche durch ihre Organe handeln kann. Auch wenn sich ein hoher Anteil der Mitglieder der Staatengemeinschaft in internationalen Organisationen vertraglich gebunden hat, besteht eben nur eine vertragliche und somit nur relative Bindung einerseits. Daher sind es die Staaten selber, die entscheiden, ob sie einer internationalen Organisation beitreten oder nicht und ob die vertragliche Bindung mitunter wieder aufgelöst werden soll. Die Staatengemeinschaft selber besitzt keine der staatlichen vergleichbare Organstruktur.[770]

V. Ergebnis

Ohne die mögliche Existenz regionalen *ius cogens* im allgemeinen und die Einordnung der Gemeinschaftsgrundrechte als solches im besonderen ausschließen zu wollen, kann hier jedoch festgehalten werden: Aufgrund der Eigenart der Wirkungsweise zwingenden Rechtes kann dieses nicht in der vorliegenden Konstellation angenommen werden. Bei der hier in Frage stehenden Konstellation geht es vielmehr um die Bindungswirkung eines Organes einer Internationalen Gemeinschaft gegenüber deren Bürgern, nicht im Verhältnis der Mitgliedstaaten untereinander. In diesem Verhältnis werden die Rechte jedoch bereits aufgrund ihres Ranges als Gemeinschaftsgrundrechte geschützt.

G. Ergebnis zu der Frage des Vorliegens einer Pflicht des Gerichtshofes zur Weiterentwicklung seiner Rechtsprechung

Zusammenfassend kann an dieser Stelle festgestellt werden, daß nicht nur die prinzipielle Möglichkeit der Fortbildung der eigenen Rechtsprechung in Bezug auf das Verständnis der individuellen Betroffenheit gegeben ist, sondern daß einige danach diskutierte Aspekte darüber hinausgehend auch für eine dementsprechende Verpflichtung des Europäischen Gerichtshofes sprechen. Diese Aspekte sind bei den eingangs dargestellten Urteilen nicht in Erwägung gezogen worden, was damit die vom EuGH vorgebrachte Begründung ihre Überzeugungskraft nimmt.

---

[769] *Hannikainen*, Peremptory Norms, S. 5

[770] *Vazquez*, Derecho Internacional Publico, S. 15; *Seidl-Hohenveldern/Stein*, Völkerrecht, Rn. 1104

Aufgrund dieser in Teil 2 vorgebrachten Argumente sollte der Konflikt zwischen den beiden Rechtssätzen deshalb zugunsten des Gemeinschaftsgrundrechtes gelöst werden.

Kapitel 6
Regionale Lösungsmöglichkeit bezogen auf das Gebiet der Bundesrepublik Deutschland?

Aufgrund der in den Urteilen betreffend die Rs. UPA als auch die Rs. Jégo-Quéré verwendeten Diktion läßt sich die Schlußfolgerung ziehen, daß die darin enthaltene Rechtsprechung des Gerichtshofes zunächst als abschließend betrachtet werden kann. In nächster Zeit dürfte also nicht mit einem inhaltlichen Wandel zu rechnen sein.

Daher soll abschließend noch kurz die Überlegung angestellt werden, ob sich – bezogen auf das Gebiet der Bundesrepublik – eine Lösungsmöglichkeit dieses Problems finden lassen könnte, welche diese Lücke auszugleichen geeignet ist, ohne gleichzeitig die Aufgabenverteilung des EGV zwischen Gemeinschafts- und mitgliedstaatlichen Organen zu übergehen. Eine solche kann sich nur nach den jeweiligen nationalen Prozeßordnungen richten.

Diese sieht prinzipiell keine Klageart vor, mit der vor deutschen Gerichten eine Klage direkt gegen eine Verordnung der EG erhoben werden könnte, um so mittels Vorlage an den EuGH eine "Vorabentscheidung" hinsichtlich deren Gültigkeit zu erhalten.[771] Auch die Verfahren vor dem BVerfG, welches als Gericht im Sinne des Art. 234 EGV zu bewerten ist[772], sehen – sofern der Einzelne dieses Gericht überhaupt unmittelbar anrufen kann (vgl. §§ 90 ff. BVerfGG) – dem Wortlaut nach lediglich Rechtsschutz gegen "deutsche Hoheitsgewalt" vor.[773]

Aufgrund einer Änderung in der Rechtsprechung des BVerfG könnte sich jedoch in dieser Frage eine Lösungsmöglichkeit eröffnen. Als Ansatzpunkt könnte dabei das geänderte Verständnis der Voraussetzungen für die Erhebung einer (Gesetzes-) Verfassungsbeschwerde nach §§ 90 ff. BVerfGG herangezogen werden.

---

[771] Genau genommen würde es sich bei dieser Konstruktion nicht mehr um eine Vorabentscheidung handeln. Um eine Vorabentscheidung handelt es sich dann, wenn ein nationales Gericht aufgrund eines *aktuellen* Streitfalles zwischen zwei Parteien tätig wird und im Rahmen dieses konkreten Rechtsstreites eine Frage entscheidungserheblich wird, die sich auf gemeinschaftsrechtliche Regelungen bezieht.

[772] BVerfGE 52, 187 ff. [201]; zur Vorlagepflicht des BVerfG *Trautwein*, Jus 1997, 893 ff. [896]

[773] Vgl. dazu den Wortlaut der folgenden Vorschriften: Art. 19 Abs. 4, 100 Abs. 1 GG, §§ 90 BVerfGG

Noch im Eurocontrol-I-Beschluss[774] hatte das Gericht seine Kontrolle der Einhaltung verfassungsrechtlicher Bestimmungen ausschließlich auf die *deutsche* Hoheitsgewalt beschränkt, da das Grundgesetz ausschließlich diese binde und nur diesen begrenzten Geltungsanspruch besitze. Der Wortlaut des Art. 19 Abs. 4 GG allein sage zwar noch nichts darüber aus, ob "öffentliche Gewalt" in diesem Sinne auch nichtdeutsche Hoheitsgewalt sein könnte.[775] Aus dem Geltungsbereich des Grundgesetzes ist jedoch der Schluß zu ziehen, es begrenze ausschließlich die deutsche Hoheitsgewalt und sei nur auf das "Gefüge der deutschen Staatsorganisation" zugeschnitten. Daher meine diese Vorschrift nur die durch die Verfassung gebundene deutsche öffentliche Gewalt.[776] Dagegen nimmt ein Organ einer zwischenstaatlichen Einrichtung, welches außerhalb des Gefüges des Grundgesetzes steht, grundsätzlich keine deutsche Staatsgewalt wahr.[777] Untermauert wurde diese Argumentation mit dem Hinweis auf Sinn und Zweck der seinerzeitigen Rechtsgrundlage des Art. 24 Abs. 1 GG[778]. Im Falle eines extensiven Verständnisses des Begriffes "Hoheitsgewalt" würde die Funktionsfähigkeit der zwischenstaatlichen Einrichtung beeinträchtigt und die Gefahr des ungleichen Rechtsschutzes in den Mitgliedstaaten heraufbeschworen werden.[779] Aus eben diesen angeführten Gründen hat das BVerfG eine unmittelbar gegen eine Verordnung der Europäischen Wirtschaftsgemeinschaft erhobene Verfassungsbeschwerde als unzulässig angesehen.[780]

---

774 BVerfGE 58, 1 ff.; vgl. dazu auch die vorangegangene Entscheidung des BVerwG, BVerwGE 54, 291 ff. [301 f.], aus der mangels Erforderlichkeit für den konkreten Fall diese Frage offenläßt. Siehe auch *Schwarze*, Das Verhältnis von deutschem Verfassungsrecht und europäischem Gemeinschaftsrecht auf dem Gebiet des Grundrechtsschutzes im Spiegel der jüngsten Rechtsprechung, in: Grundrechtsschutz, 343 ff.

775 BVerfGE 58, 1 ff. [26]

776 a.a.O.

777 a.a.O. [27]; BVerfGE 22, 293 ff. [297]; vgl. auch BVerfGE 22, 91 ff. [92]

778 vgl. zu dieser Vorschrift und der heutigen Fassung des Art. 23 GG *Schmalenbach*, Der neue Europaartikel 23 des Grundgesetzes, 1996 sowie *König*

779 BVerfGE 58, 1 ff. [28]; vgl. für das Schrifttum nur: *Streinz*, Bundesverfassungsgerichtlicher Grundrechtsschutz und europäisches Gemeinschaftsrecht, S. 152 f., *ders.*, Bundesverfassungsgerichtliche Kontrolle, S. 18 f., *Jarass* in: Jarass/Pieroth Art. 19 Rn. 28; *Randelzhofer* in FS Schlochauer, 531 ff., 533 m.w.N. in Fn. 19 bzgl. der Rechtswegeröffnung zu den Verwaltungsgerichten

780 BVerfGE 22, 293 [295 ff.]; dabei stellt es in BVerfGE 58, 1 ff. [27] klar, daß sich an dieser Auffassung durch die Entscheidung 37, 271 ff. [283, 285 f.] nichts geändert hat.

Anders dagegen liest sich die sog. Maastricht-Entscheidung des BVerfG aus dem Jahre 1993[781], in der das Gericht bereits in seinem siebten Leitsatz explizit die Abweichung seiner Rechtsprechung von der Entscheidung aus dem Jahr 1981 hervorhebt.[782] Bezogen auf die Frage der Grundrechtssicherung stellte das Gericht klar: Es werde seine Rechtsprechungsgewalt ebenfalls gegenüber solcher öffentlichen Gewalt ausüben, die von einer supranationalen Organisation ausgeht, da auch diese Form der öffentlichen Gewalt die Grundrechtsberechtigten in Deutschland betrifft. Aus letzterem ergebe sich ein "[Berührungspunkt] mit den Gewährleistungen des Grundgesetzes und den Aufgaben des BVerfG, die den Grundrechtsschutz in Deutschland und insoweit nicht nur gegenüber deutschen Staatsorganen zum Gegenstand haben".[783] Aus dieser ohne Begründung oder einer sonstigen Stellungnahme zu den in früheren Entscheidungen vorgebrachten Argumenten gegen ein solches Verständnis vorgebrachten Aussage kann in der Tat der Schluß gezogen werden, das BVerfG wolle seine Jurisdiktionsgewalt grundsätzlich auch gegenüber "fremder" Hoheitsgewalt ausüben. Europäisches Verordnungsrecht müßte sich danach im Ernstfall an deutschem Verfassungsrecht bezogen auf das Gebiet der Bundesrepublik messen lassen.[784] Nach seiner eigenen Rechtsprechung müßte es damit die im Jahr 1967 als unzulässig abgewiesene Verfassungsbeschwerde gegen eine Verordnung der Europäischen Gemeinschaft nun als zulässig annehmen.[785]

---

[781] BVerfGE 89, 155 ff.; dazu *Tomuschat*, Die EU unter der Aufsicht des BVerfG, EuGRZ 1993, 491 ff.

[782] a.a.O. [156]

[783] a.a.O. [175]; zur Bedeutung der Formulierung "Grundrechtsschutz in Deutschland" siehe *Walter*, Grundrechtsschutz, AöR 129 (2004), 39 ff. [45 ff.]; vgl. des weiteren *Kirchhof*, Gegenwartsfragen, JZ 1989, 453 ff. [454]; *ders.*, Verfassungsrechtlicher Schutz, EuGRZ 1994, 16 ff. [36] sowie *Frenz*, Grundgesetzliche Rechtsschutzgarantie, Der Staat 34, 587 ff.

[784] vgl. hierzu auch *Horn*, Grundrechtsschutz in Deutschland, DVBl. 1995, 89 ff. [92]. Diese Feststellung des Gerichtes ist um so interessanter, da eigentlich nicht erforderlich gewesen, als es selber feststellt, daß der Unionsvertrag keine Rechtsgrundlage für Handlungen gegenüber Grundrechtsträgern enthält; BVerfGE 89, 155 [175 ff.]; wohl in die gleiche Richtung gehend, aber nicht so deutlich und eleganter formuliert in Corte Costituzionale, EuR 1974, 255 ff. [262], der sich eine Prüfungskompetenz für den von ihm selbst als abwegig bezeichneten Fall vorbehalten hat, daß es zu einer Verletzung der Grundprinzipien der ital. Verfassung oder unveräußerlicher Rechte der menschlichen Person komme; mit Anm. *Feustel*, EuR 1974, 262 ff. [269 f.]

[785] Etwas unklar ist diesbzgl. die Position des BVerfG in seinen Solange-Entscheidungen: Während im Solange-I-Beschluß die Vorlage einer Verordnung nach Art. 100 Abs. 1 GG als zulässig erachtet wurde, BVerfGE 37, 271 ff. [285], dagegen die abweichenden

Für den Rechtsschutz des Einzelnen gegen gemeinschaftsrechtliche Rechtsakte könnte daraus verallgemeinernd der Schluß gezogen werden, zwar sei die Jurisdiktionsgewalt des EuGH einschlägig, gleichzeitig aber auch der Rechtsweg zum BVerfG in einer Analogie zur Gesetzesverfassungsbeschwerde eröffnet. Damit könnte sich für Deutschland folgende Lösung des oben diskutierten Problemes dahingehend ergeben: Der Rechtsweg zum BVerfG ist gegen eine gemeinschaftsrechtliche Verordnung grundsätzlich nach denselben Voraussetzungen zulässig wie eine Verfassungsbeschwerde gegen ein nationales Gesetz, das BVerfG nimmt diese an und legt die Frage der Rechtmäßigkeit dieses Rechtsaktes dann im Wege der Vorabentscheidung dem EuGH zur Klärung vor.

Eine solche Lösung hätte zugegebenermaßen den Vorteil, daß bereits ein nationales Gericht mit der Frage befaßt wäre und dadurch eine Art "Vorprüfung" stattfinden könnte, da nach der Foto-Frost-Rechtsprechung auch die Instanzgerichte Gemeinschaftsrecht zu beachten und anzuwenden haben.[786] Das heißt, den Gerichtshof würden nur die Fälle beschäftigen, in denen das BVerfG zu dem Schluß kommt, es seien Zweifel an der Rechtmäßigkeit der konkret angegriffenen Verordnung(sbestimmung) im Hinblick auf die Gemeinschaftsgrundrechte angebracht.

Letztlich wird sich hinter dieser Rechtsprechung des BVerfG jedoch keine Lösung, und sei es nur übergangshalber, verbergen. Dagegen spricht zum einen, daß das Maastricht-Urteil im Zusammenhang mit dem Solange-II-Urteil gesehen werden muß. Es geht also nicht um eine weitere Rechtsschutzmöglichkeit zur Geltendmachung *gemeinschaftsrechtlicher* Grundrechtsgarantien, sondern um die Absicherung der nationalen Grundrechte gegenüber der Hoheitsgewalt der Gemeinschaft. Der Rechtsprechung des BVerfG und wohl auch der anderen Obergerichte geht es eher darum, den jeweils nationalen Verfassungsstandard zu wahren und anhand dessen eine Evidenzkontrolle durchzuführen.[787] Aus einer solchen Vorgehensweise und eines solchen Verständnisses der Aufgabenverteilung kann dann auch konsequenterweise der Schluß gezogen werden, daß hinsichtlich der Wah-

---

Meinungen a.a.O. [291 ff.], wurde im Solange-II-Beschluß die Zulässigkeit verneint, allerdings unter dem Vorbehalt des ausreichenden Grundrechtsschutzes durch den EuGH, BVerfGE 73, 339 ff. [366 ff.].

786 EuGH, Slg. 1987, 4199 ff. [Rn. 14 ff.]

787 *Trautwein*, JuS 1997, 893 ff. [893, 895]

rung der (Gemeinschafts) Grundrechte die prozessuale Zuweisung der Verantwortlichkeit beim EuGH liegt.[788]

Die dahinterstehende Problematik, auf die das BVerfG selber in seiner Eurocontrol-Entscheidung hinweist, wird deutlich, wenn man sich nicht nur auf jeweils eine Rechtsordnung und die dazugehörende höchstrichterliche Rechtsprechung konzentriert, sondern die Rechtsprechung anderer oberster Gerichte miteinbezieht. In diesem Zusammenhang sei hier nur auf die Rechtsprechung der Corte Costituzionale sowie des Høsteret verwiesen. Aus der Rechtsprechung dieser beiden Gerichte geht gleichfalls der Vorbehalt hervor, ggf. eine Maßnahme der Gemeinschaft auf ihre Vereinbarkeit mit dem betreffenden nationalen Zustimmungsgesetz zu überprüfen. Dieses sei wiederum am Maßstab der nationalen Verfassung und der daraus folgenden Befugnisse zur Übertragung von Hoheitsrechten bzw. deren Grenzen zu messen. Insoweit nehmen sowohl die dänischen Gerichte als auch die italienische Corte Costituzionale das Letztentscheidungsrecht in Bezug auf die Anwendbarkeit eines EG-Rechtsaktes für das betreffende Hoheitsgebiet in Anspruch.[789] Aus dieser jeweils einzeln für jedes Land getrennt nach dem betreffenden Maßstab der nationalen Verfassungsordnung stattfindenden Prüfung eines Rechtsaktes auf Vereinbarkeit mit dem nationalen Zustimmungsakt ergibt sich ein Ungleichgewicht aufgrund der nationalen Differenzen. Diese hatte der Gerichtshof gerade mit Hilfe seiner Foto-Frost-Rechtsprechung zu überbrücken gesucht, indem er eine Vorlagepflicht an den EuGH auch für die Instanzgerichte im Sinne des Art. 234 Abs. 2 EGV statuierte.

Eine solche Vorgehensweise würde auch über die in Kapitel 5 genannten Aspekte und ihre Bedeutung hinwegtäuschen, was aufgrund der vertraglichen Aufgabenteilung Bestandteil der Aufgaben des EuGH ist. Im Rahmen dieser Aufgabenverteilung zwischen nationaler und europäischer Gerichtsbarkeit haben die Vertragsstaaten sich grundlegend für die Zuteilung der Kompetenz zur Entscheidung über die Gültigkeit von gemeinschaftsrechtlichen Rechtsakten zum EuGH und gleichzeitig für die Bejahung eines Individualklagerechtes entschieden. Die festgehaltenen

[788] *Kirchhof*, Gegenwartsfragen, JZ 1989, 453 ff. [454]; siehe auch *Selmer*, Gewährleistung, S. 32, der darauf hinweist, daß der EuGH das letzte Wort für das Gemeinschaftsrecht hat, daß BVerfG für das deutsche Recht.

[789] Für Dänemark: Høsteret, EuGRZ 1999, 49 ff. [9.6.] sowie *Hofmann*, Der Oberste Gerichtshof Dänemarks, EuGRZ 1999, 1 ff.; für Italien: *Violini*, EuR 1999, Beih. 1, S. 177 ff. [120 ff.] mit weiteren Nachweise auf die Literatur sowie die frühere Rechtsprechung; zur Rechtslage in Frankreich siehe Conseil Constitutionnel, EuGRZ 1998, 27 ff. [31] mwN

Voraussetzungen beinhalten jedoch – wie festgestellt worden ist – Wertungsräume. Mit der Bejahung einer Lösung auf regionaler Ebene würde diese Aufgabenverteilung aber unterlaufen. Dies wird auch nicht durch die Regelung des Art. 234 EGV widerlegt. Dieser ist auf das Erfordernis aufgebaut worden, den EuGH in die nationalen Rechtszüge einzubinden[790], wenn sich im Rahmen eines Verfahrens *auch* gemeinschaftsrechtliche Fragen ergeben. Existiert kein solches Erfordernis der Einbindung des Gerichtshofes in die nationale Gerichtsbarkeit, ist grundsätzlich die jeweilige Autonomie der einzelnen Akteure[791] zu beachten. Diese weist dem EuGH den zentralen Rechtsschutz in Bezug auf Gültigkeitsfragen des abgeleiteten Gemeinschaftsrechtes zu. Wie sich in Kapitel 5 Punkt IV jedoch gezeigt hat, ist die Rechtsprechung des Gerichtshofes in Bezug auf den Individualrechtsschutz gegen Normativakte eben nicht mehr dezentral orientiert. Sie weist vielmehr immer mehr in die Richtung eines unmittelbar bei ihm und dementsprechend zentralisierten Rechtsschutzes, wenn der normative Rechtsakt keiner weiteren Durchführungsmaßnahmen mehr auf der Ebene der Mitgliedstaaten bedarf.

Im Übrigen träte im Falle eines dezentralen Rechtsschutzes gerade die Folge auf, die ursprünglich vermieden werden sollte, nämlich die Abhängigkeit des Einzelnen vom Rechtsschutzsystem seines Mitgliedstaates, obwohl gemeinschaftsrechtliche Rechtspositionen geltend gemacht werden, da wiederum nicht alle Mitgliedstaaten über derartige Rechtsbehelfe verfügen.[792]

Dieses Ergebnis befindet sich darüber hinaus mit der Rechtsprechung des EuGH im Einklang, nach der dem EG-Vertrag nicht die Intention und das Ziel innewohnen, im nationalen Bereich neue Rechtsmittel zu erschaffen, um auf diese Art und Weise die Beachtung des Gemeinschaftsrechtes sicherzustellen.[793]

Der gleiche Einwand ist daher auch den Stimmen entgegenzuhalten, welche nach der deutschen Rechtsordnung die Anwendung der allgemeinen Feststellungsklage befürworten.[794]

---

790 *Oppermann* [757] spricht von einer "Verzahnungsfunktion".

791 *Hatje*, Loyalität als Rechtsprinzip, S. 56

792 *Borowski*, EuR 2004, 879 ff. [897]

793 EuGH, Slg. 1981, 1805 ff. [Rn. 44]; *Eilmansberger*, The Relationship, CMLR 2004, 1199 ff. [1229]

794 So *Braun/Kettner*, Die Absage des EuGH, DöV 2003, 58 ff. [65]; näher dazu *Gundel*, VerwArch 2001, 81 ff. [99 ff.]; siehe auch *Lenz / Staeglich*, NVwZ 2004, 1421 ff. [1425 ff.],

Zusammenfassend ist deshalb insoweit festzuhalten, daß eine Lösung des Problemes auf mitgliedstaatlicher Ebene nicht den gewünschten Effekt erzielte und wohl kaum mit der vertraglichen Aufgabenteilung zwischen Europäischem Gerichtshof und nationalen Gerichten vereinbar wäre.

---

die eine Feststellungsklage gegen die die Durchführung der Verordnung überwachenden Behörde als zulässig erachten.

Kapitel 7
Thesenartige Zusammenfassung

1. Der Inhalt des Grundsatzes der Effektivität des Rechtsschutzes kann sich nicht nach dem völkerrechtlichen Modell des Rechtsschutzes durch den Heimatstaat richten, da dies der besonderen Rechtsstellung des Einzelnen nach dem Gemeinschaftsrecht widerspräche.
2. Aus den Rechtsordnungen der Mitgliedstaaten ergibt sich ein Gesamtbild, wonach der Rechtsschutz um so stärker ausgeprägt ist, um so mehr sich der strittige Rechtsakt auf ein Handeln der Exekutive zurückführen läßt, auch wenn es sich um Rechtsakte mit normativem Charakter handelt.
3. Daher hat der Umstand, daß die Frage hinsichtlich der unmittelbaren Anfechtbarkeit parlamentarischer Gesetzgebungsakte differenziert beantwortet wird auf den Inhalt des Gemeinschaftsgrundrechtes keinen Einfluß.
4. Daraus ergibt sich, daß effektiver Rechtsschutz gegen alle verbindlichen Rechtsakte der Exekutive vorhanden sein muß, auch wenn sich dieser Rechtsakt auf der Ebene der Europäischen Gemeinschaft als Akt der Gesetzgebung darstellt.
5. Unabhängig von der Frage eines eventuellen Rangverhältnisses zwischen dem Vertragsrecht einerseits und den Gemeinschaftsgrundrechten andererseits beeinflussen sich beide Rechtssätze gegenseitig, so daß es zu einer Wechselwirkung zwischen ihnen kommt. Es ist jedoch zu beachten, daß sich der Grundsatz der Effektivität des Rechtsschutzes unabhängig vom Vertragsrecht weiterentwickelt und in diesem ein inhaltlich entsprechender Anspruch gegenüber dem verpflichteten Normgeber enthalten ist.
6. Der Europäische Gerichtshof stellt in den Urteilen in den Rs. UPA und Jégo-Quéré die These auf, es bestehe für ihn nicht die Möglichkeit, im Rahmen des geltenden Vertragsrechts ein Individualklagerecht gegen Normativakte nach Art. 230 Abs. 4 EGV zuzulassen, obwohl sich bei sog. selbstvollziehenden Vorschriften eine Rechtsschutzlücke ergibt. Diese Rechtsschutzlücke sei vielmehr durch die Mitgliedstaaten bzw. durch ihre Gerichte zu

schließen. Dem Gerichtshof stehe dagegen eine entsprechende Kompetenz nicht zu.

7. Der Argumentation des Gerichtshofes ist entgegenzuhalten, daß die Schließung der Lückenhaftigkeit des Rechtsschutzes durch die Rechtsprechung grundsätzlich bejaht werden kann. Erstens gehört es zu seinen Aufgaben, das Recht der Europäischen Union weiterzuentwickeln. Zweitens spricht nichts dagegen, Rechtsschutz direkt gegen den europäischen Gesetzgeber zu gewähren, da sich dieser ausschließlich aus Mitgliedern der staatlichen bzw. der gemeinschaftlichen Exekutive zusammensetzt und entsprechender anderweitiger Rechtsschutz mit vergleichbarer Effektivität nicht vorhanden ist. Drittens ergibt sich auch aus dem Wortlaut des Art. 230 Abs. 4 EGV keine Beschränkung in diese Richtung, da diese Vorschrift der Rechtsprechung zwar als Anknüpfungspunkt dienen muß, jedoch ein Vergleich mit anderen Rechtssachen in der bisherigen Rechtsprechung deutlich macht, daß die Bestimmung der Herleitung des gewünschten Ergebnisses grundsätzlich nicht hinderlich war. Viertens findet sich auch keine Bestätigung der bisherigen Rechtsprechung des Europäischen Gerichtshofes im Entwurf des Verfassungsvertrages, da die einschlägige Vorschrift über die Zulässigkeit von Individualnichtigkeitsklagen keine inhaltlich abweichenden Voraussetzungen statuiert.
8. Eine andere Frage ist es, inwieweit sich aus gemeinschaftsrechtlichen und ggf. völkerrechtlichen Aspekten nicht u. U. eine Verpflichtung des Gerichtshofes zu einer Änderung seiner Rechtsprechung ergeben kann.
9. Ohne dies abschließend klären zu können, kann festgehalten werden, daß eine Reihe von Erwägungen für eine entsprechende Verpflichtung sprechen. Zum einen spricht dafür die Charakterisierung der Europäischen Gemeinschaft als Rechtsgemeinschaft, was nach europäischem Verständnis mit dem gerichtlichen Schutz der materiellen Rechte des Bürgers verbunden ist. Dieses Verständnis findet gerade in den Art. 220 ff. EGV Ausdruck und stellt damit auch die Rechtssubjektivität des Einzelnen außer Zweifel. Zum anderen kann auch der Grundsatz der Gemeinschaftstreue herangezogen werden. Dieser bindet auch den Europäischen Gerichtshof und unterstreicht noch die ihm in den Art. 6, 46 EUV, 220 ff. EGV zugeteilten Kompetenzen. Für dieses Resultat

spricht ferner die Möglichkeit einer Selbstbindung des Gerichtshofes, die insofern als eröffnet angesehen werden kann, da die Vorschrift des Art. 230 Abs. 4 EGV ihm Wertungsmöglichkeiten offenläßt und er in seinen Entscheidungen und ihren Begründungen nur nach sachlichen Kriterien unterscheiden kann. Eine Untersuchung der einschlägigen Rechtsprechung zeigt jedoch, daß sachliche Kriterien für eine Differenzierung, wie sie sich in der Rechtsprechung findet, gerade nicht vorhanden sind. Auch die Art. II-107, II-112 des Entwurfes eines Verfassungsvertrages sprechen schließlich für eine solche Erwägung. Die erstgenannte Bestimmung ist Art. 13 EMRK nachempfunden, während letztere anordnet, daß die Garantien der EMRK als Mindestgarantien zu beachten sind. Für eine solche Überlegung kann hingegen nicht die mögliche Existenz regionalen *ius cogens* vorgebracht werden, da es sich bei dem Gerichtshof um ein Gemeinschaftsorgan, nicht jedoch um einen Mitgliedstaat handelt.

10. Zur Schließung der aufgezeigten Rechtsschutzlücke kommt auch keine regionale Lösungsmöglichkeit für das Gebiet der Bundesrepublik in Betracht, da die diesbezügliche Rechtsprechung des BVerfG nicht nur nicht darauf abzielt, den Rechtsweg mittels Verfassungsbeschwerde und Vorlageverfahren zu eröffnen. Eine solche Vorgehensweise würde sowohl die vertraglich zugewiesene Aufgabe des Gerichtshofes mißachten als auch zu jenem Ungleichgewicht führen, welches der Gerichtshof ursprünglich vermeiden wollte. Dieses ergibt sich daraus, daß nicht alle Mitgliedstaaten über mit der Verfassungsbeschwerde vergleichbare innerstaatliche Rechtsbehelfe verfügen.

Rechtsprechungsverzeichnis

EuGH

- Rs. 3 / 54, Associazione Industrie Siderurgiche Italiane (ASSIDER) gegen Hohe Behörde der Europäischen Gemeinschaft für Kohle und Stahl, Urteil vom 11.2.1955; Slg. 1954 / 55, 131 ff.
- Verb. Rs. 7 / 54, 9 / 54, Groupement des Industries Sidérurgique Luxembourgoises gegen Hohe Behörde der Europäischen Gemeinschaft für Kohle und Stahl, Urteil vom 23.4.1956; Slg. 1955 / 56, 53 ff.
- Rs. 8 / 55, Fédération Charbonnière de Belgique gegen Hohe Behörde der Europäischen Gemeinschaft für Kohle und Stahl, Urteil vom 16.7.1956; RsprGH Band II, 197 ff.
- Verb. Rs. Nr. 7 / 56 und 3 / 57 bis 7 / 57, Frl. Dineke Algera u.a. gegen Gemeinsame Versammlung der Europäischen Ge-meinschaft für Kohle und Stahl, Urteil vom 12.7.1957; in: Slg. 1957, 83 ff.
- Rs. 1 / 58, Friedrich Storck gegen Hohe Behörde der Europäischen Gemeinschaft für Kohle und Stahl, Urteil vom 4.2. 1959; Slg. 1958-1959, 43 ff.
- Verb. Rs. 36-38, 40 / 59, Ruhrkohlengesellschaft mbH u.a. gegen Hohe Behörde der Europäischen Gemeinschaft für Kohle und Stahl; Urteil vom 15.7.1960; Slg. 1960, 885 ff.
- Rs. 6 / 60, Jean E. Humblet gegen Belgischen Staat, Urteil vom 16.12.1960, in: Slg. 1960 (VI), 1163 ff.
- Rs. 26 / 62, N. V. Algemene Transporten Expeditie Onderneming Van Gend & Loos gegen Niederländische Finanzverwaltung, Urteil vom 5.2.1963; Slg. 1963, 1 ff.
- Rs. 25 / 62, Fa. Plaumann & Co. gegen Kommission der Europäischen Wirtschaftsgemeinschaft, Urteil vom 15.7.1963; Slg. 1963, 211 ff.
- Rs. 14 / 63, Forges de Clabecq gegen Hohe Behörde der Europäischen Gemeinschaft für Kohle und Stahl. Urteil vom 16.12 1963; Slg. 1963, 767 ff.
- Rs. 6 / 64, Flaminio Costa gegen E.N.E.L., Urteil vom 15.7. 2964; Slg. 1964, 1251 ff.

- Verb. Rs. 90 u. 91 / 63, Kommission der Europäischen Wirtschaftsgemeinschaft gegen Großherzogtum Luxemburg und Königreich Belgien, Urteil vom 13.11.1964; Slg. 1964, 1329 ff.
- Rs. 29 / 69, Erich Stauder gegen Stadt Ulm, Sozialamt, Urteil vom 12.11.1969; Slg. 1969, 419 ff.
- Rs. 40 / 69, Hauptzollamt Hamburg-Oberelbe gegen Firma Paul G. Bollmann, Urteil vom 18.2.1970; Slg. 1970, 69 ff.
- Rs. 74 / 69, Hauptzollamt Bremen-Freihafen gegen Waren-Import-Gesellschaft Krohn & Co., Urteil vom 18.6.1970; Slg. 1970, 451 ff.
- Rs. 9 / 70, Franz Grad gegen Finanzamt Traunstein, Urteil vom 6.10.1970; Slg. 1970, 825 ff.
- Rs. 11 / 70, Internationale Handelsgesellschaft mbH gegen Einfuhr- und Vorratsstelle für Getreide und Futtermittel, Urteil vom 17.12.1970; Slg. 1970, 1125 ff.
- Rs. 33 / 70, SpA SACE gegen Finanzministerium der Italienischen Republik, Urteil vom 17.12.1970; Slg. 1970, 1213 ff.
- Rs. 22 / 70, Kommission der Europäischen Gemeinschaften gegen Rat der Europäischen Gemeinschaften ("AETR"), Urteil vom 31.3.1971; Slg. 1971, 263 ff.
- Rs. 4 / 69, Alfons Lütticke GmbH gegen Kommission der Europäischen Gemeinschaften, Urteil vom 28.4.1971; Slg. 1971, 325 ff.
- Rs. 78 / 70, Deutsche Grammophon Gesellschaft mbH gegen Metro-SB-Großmärkte GmbH & Co.KG, Urteil vom 8.6.1971; Slg. 1971, 487 ff.
- Rs. 5 / 71, Aktien-Zuckerfabrik Schöppenstedt gegen Rat der Europäischen Gemeinschaften, Urteil vom 2.12.1971; Slg. 1971, 975 ff.
- Verb. Rs. 21-24 / 72, International Fruit Company NV und andere gegen Produktschap voor groenten en fruit, Urteil vom 12.12.1972; Slg. 1972, 1219 ff.
- Rs. 134 / 73, Holtz & Willemsen GmbH gegen Rat der Europäischen Gemeinschaften, Urteil vom 15.1.1974; Slg. 1974, 1 ff.
- Verb. Rs. 15-33. 52, 53, 57-109, 116, 117, 123, 132 und 135 - 137 / 73, Frau Roswitha Kortner, verh. Schots u.a. gegen Rat und Kommission der Europäischen Gemeinschaften und Europäisches Parlament, Urteil vom 21.2.1974; Slg. 1974, 177 ff.
- Rs. 181 / 73, R. & V. Haegeman gegen Belgischer Staat, Urteil vom 30.4.1974; Slg. 1974, 449 ff.

- Rs. 4 / 73, J. Nold, Kohlen- und Baustoffgroßhandlung gegen Kommission der Europäischen Gemeinschaften, Urteil vom 14.5.1974; Slg. 1974, 491 ff.
- Rs. 2 / 74, Jean Reyners gegen belgischer Staat, Urteil vom 21.6.1974; Slg. 1974, 631 ff.
- Rs. 8 / 74, Staatsanwaltschaft gegen Benoît und Gustave Dassonville, Urteil vom 11.7.1974; Slg. 1974, 837 ff.
- Rs. 175 / 73, Gewerkschaftsbund – Europäischer öffentlicher Dienst – Brüssel, Denise Massa und Roswitha Kortner gegen Rat der Europäischen Gemeinschaften, Urteil vom 8.10.1974; Slg. 1974, 917 ff.
- Rs. 33 / 74, Johannes Henricus Maria van Binsbergen gegen Bestuur van de Bedrijfsvereniging voor de Metaalnijverheid, Urteil vom 3.12.1974; Slg. 1974, 1299 ff.
- Rs. 41 / 74, Yvonne van Duyn gegen Home Office, Urteil vom 4.12.1974; Slg. 1974, 1337 ff.
- Rs. 36 / 74, B.N.O. Walrave und L.J.N. Koch gegen Associa-tion Union Cycliste Internationale, Koninklijke Nederlandsche Wielren Unie und Federacion Española Ciclismo, Urteil vom 12.12.1974; Slg. 1974, 1405 ff.
- Rs. 111 / 75, Impresa Costruzioni comm. Quirino Mazzalai gegen Ferrovia del Renon, Urteil vom 20.5.1976; Slg. 1976, 657 ff.
- Rs. 114 / 76, Bela-Mühle Josef Bergmann KG gegen Grows-Farm GmbH & Co. KG, Urteil vom 5.7.1977; Slg. 1977, 1211 ff.
- Rs. 72 / 77, Universiteitskliniek, Utrecht, gegen Inspecteur der Invoerrechten en Accijnzen, Utrecht, Urteil vom 2.2.1978; Slg. 1978, 189 ff.
- Rs. 106 / 77, Staatliche Finanzverwaltung gegen S.p.A. Simmenthal, Urteil vom 9.3.1978; Slg. 1978, 629 ff.
- Rs. 123 / 77, Union Nazionale Importatori e Commercianti Motoveicoli Esteri (UNICME) u.a. gegen Rat der Europäischen Gemeinschaften, Urteil vom 16.3.1978; Slg. 1978, 845 ff.
- Rs. 149 / 77, Gabrielle Defrenne gegen Société anonyme belge de navigation aérienne Sabena, Urteil vom 15.6.1987; Slg. 1978, 1365 ff.
- Rs. 85 / 76, Hoffmann-La Roche & Co. AG gegen Kommission der Europäischen Gemeinschaften, Urteil vom 13.2.1979; Slg. 1979, 461 ff.
- Rs. 101 / 78, Granaria BV gegen Hoofproduktschap voor Akkerbouwprodukten, Urteil vom 13.2.1979; Slg, 1979, 623 ff.

- Rs. 120 / 78, Rewe.Zentral-AG gegen Bundesmonopolverwaltung für Branntwein, Urteil vom 20.2.1979; Slg. 1979, 649 ff.
- Rs. 113 / 77, NTN Toyo Bearing Company Ltd. u.a. gegen Rat der Europäischen Gemeinschaften, Urteil vom 29.3.1979; Slg. 1979, 1185 ff.
- Rs. 148 / 78, Strafverfahren gegen Tullio Ratti, Urteil vom 5.4.1979; Slg. 1979, 1629 ff.
- Rs. 166 / 78, Regierung der Italienischen Republik gegen Rat der Europäischen Gemeinschaften, Urteil vom 12.7.1979; Slg. 1979, 2575 ff.
- Rs. 44 / 79, Liselotte Hauer gegen Land Rheinland-Pfalz, Urteil vom 13.12.1979; Slg. 1979, 3727 ff.
- Rs. 69 / 79, W. Jordens-Vosters gegen Bestuur van de Bedrijfsvereniging voor de Leder- en Lederverwerkende Industrie, Urteil vom 10.1.1980; Slg. 1980, 75 ff.
- Rs. 792 / 79 R, Camera Care Ltd. gegen Kommission der Europäischen Gemeinschaften, Beschluß vom 17.1.1980; Slg. 1980, 119 ff.
- Rs, S.p.A. International Chemical Corporation gegen Amministrazione delle Finanze dello Stato, Urteil vom 13.5.1981; Slg. 1981, 1191 ff.
- Rs. 158 / 80, Rewe-Handelsgesellschaft Nord mbH und Rewe-Markt Steffen gegen HZA Kiel, Urteil vom 7.7.1981; Slg. 1981, 1805 ff.
- Rs. 60 / 81, International Business Machines Corporation gegen Kommission der Europäischen Gemeinschaften, Urteil vom 11.11.1981; Slg. 1981, 2639 ff.
- Rs. 104 / 81, Hauptzollamt Mainz gegen C. A. Kupferberg & Cie. KG a.A., Urteil vom 26.10.1982; Slg. 1982, 36 ff.
- Rs. 45 / 81, Alexander Moksel Import-Export GmbH & Co. Handels KG gegen Kommission der Europäischen Gemeinschaften, Urteil vom 25.3.1982; Slg. 1982, 1129 ff.
- Rs. 54 / 81, Firma Wilhelm Fromme gegen BA für landwirtschaftliche Marktordnung, Urteil vom 6.5.1982; Slg. 1982, 1449 ff.
- Rs. 155 / 79, AM & S Europe Ltd. gegen Kommission der Europäischen Gemeinschaften, Urteil vom 18.5.1982; Slg. 1982, 1575 ff.
- Rs. 270 / 80, Polydor Ltd. Und RSO Records Inc. gegen Harlequin Record Shops Ltd. Und Simons Records Ltd., Urteil vom 9.2.1982; Slg. 1982, 3641 ff.

- Rs. 230 / 81, Großherzogtum Luxemburg gegen Europäisches Parlament, Urteil vom 10.2.1983; Slg. 1983, 255 ff.
- Verb. Rs. 205-215 / 82, Deutsche Milchkontor GmbH u.a. gegen Bundesrepublik Deutschland, Urteil vom 21.9.1983; Slg. 1983, 2633 ff.
- Rs. 191 / 82, Vereinigung der Ölmühlenindustrie der EWG (FEDIOL) gegen Kommission der Europäischen Gemeinschaften, Urteil vom 4.10.1983; Slg. 1983, 2913 ff.
- Verb. Rs. 239 und 275 / 82, Allied Corporation u.a. gegen Kommission der Europäischen Gemeinschaften, Urteil vom 21.2.1984; Slg. 1984, 1005 ff.
- Rs. 16 / 83, Strafverfahren gegen Karl Prantl, Urteil vom 13.3.1984; Slg. 1984, 1299 ff.
- Rs. 14 / 83, Sabine von Colson und Elisabeth Kamann gegen Land Nordrhein-Westfalen, Urteil vom 10.4.1984; Slg. 1984, 1891 ff.
- Rs. 281 / 82, S.A R.L. Unifrex gegen Kommission und Rat der Europäischen Gemeinschaften, Urteil vom 12.4.1984; Slg. 1984, 1969 ff.
- Rs. 264 / 82, Timex Corporation gegen Rat und Kommission der Europäischen Gemeinschaften, Urteil vom 20.3.1985; Slg. 1985, 849 ff.
- Rs. 152 / 84, M. H. Marshall gegen Southampton and South-West Hampshire Area Health Authority (Teaching), Urteil vom 26.2.1986; Slg. 1986, 723 ff.
- Rs. 175 / 84, Krohn & Co. Import – Export (GmbH & Co. KG) gegen Kommission der Europäischen Gemeinschaften, Urteil vom 26.2.1986; Slg. 1986, 753 ff.
- Rs. 294 / 83, Parti écologiste "Les Verts" gegen Europäisches Parlament, Urteil vom 23.4.1986; Slg. 1986, 1339 ff.
- Rs. 222 / 84, Marguerite Johnston gegen Chief Constable of the Royal Ulster Constabulary, Urteil vom 15.5.1986; Slg. 1986, 1651 ff.
- Rs. 34 / 86, Rat der Europäischen Gemeinschaften gegen Europäisches Parlament, Urteil vom 3.7.1986; Slg. 1986, 2155 ff.
- Rs. 282 / 85, Comité de développement et de promotion du textile et de l'habillement (DEFI) gegen Kommission der Europäischen Gemeinschaften, Urteil vom 10.7.1986; Slg. 1986, 2469 ff.
- Verb. Rs. 201 und 202 / 85, Marthe Klensch u.a. gegen Staatssekretär für Landwirtschaft und Weinbau, Urteil vom 25.11.1986; Slg. 1986, 3477 ff.

- Rs. 178 / 84, Kommission der Europäischen Gemeinschaften gegen Bundesrepublik Deutschland, Urteil vom 12.3.1987; Slg. 1987, 1227 ff.
- Rs. 257 / 85, C. Dufay gegen Europäisches Parlament, Urteil vom 1.4.1987; Slg. 1987, 1561 ff.
- Rs. 240 / 84, NTN Toyo Bearing Company Limited u.a. gegen Rat der Europäischen Gemeinschaften, Urteil vom 7.5.1987; Slg. 1987, 1809 ff.
- Rs. 255 / 84, Nachi Fujikoshi Corporation gegen Rat der Europäischen Gemeinschaften, Urteil vom 7.5.1987; Slg. 1987, 1861 ff.
- Rs. 279 / 86, SA Sermes gegen Kommission der Europäischen Gemeinschaften, Beschluß vom 8.7.1987, Slg. 1987, 3109 ff.
- Rs. 301 / 86, R. Frimodt Pedersen A / S gegen Kommission der Europäischen Gemeinschaften, Beschluß vom 8.7.1987; Slg, 1987, 3123 ff.
- Rs. 81 / 86, De Boer Buizen BV gegen Rat und Kommission der Europäischen Gemeinschaften, Urteil vom 29.9.1987; Slg. 1987, 3677 ff.
- Rs. 222 / 86, Union nationale des entraîneurs et cadres techniques professionnels du football (UNECTEF) gegen Georges Heylens u.a., Urteil vom 15.10.1987; Slg. 1987, 4097 ff.
- Rs. 314 / 85, Foto-Frost gegen HZA Lübeck-Ost, Urteil vom 22.10.1987; Slg. 1987, 4199 ff.
- Rs. 205 / 87, Nuova Ceam Srl gegen Kommission der Europäischen Gemeinschaften, Beschluß vom 11.11.1987; Slg. 1987, 4427 ff.
- Rs. 74 / 86, Kommission der Europäischen Gemeinschaften / Bundesrepublik Deutschland, Urteil vom 26.4.1988; Slg. 1988, 2139 ff.
- Rs. 160 / 88, Fédération européenne de la santé animale u.a. gegen Rat der Europäischen Gemeinschaften, Beschluß vom 7.12.1988; Slg. 1988, 6399 ff.
- Rs. 302 / 87, Europäisches Parlament gegen Rat der Europäischen Gemeinschaften, Urteil vom 27.9.1988; Slg. 1988, 5615 ff.
- Rs. 22 / 87, Kommission der Europäischen Gemeinschaften gegen Italienische Republik, Urteil vom 2.2.1989; Slg. 1989, 143 ff.
- Rs. 94 / 87, Kommission der Europäischen Gemeinschaften gegen Bundesrepublik Deutschland, Urteil vom 2.2.1989; Slg. 1989, 175 ff.
- Rs. 103 / 88, Fratelli Costanzo SpA gegen Stadt Mailand, Urteil vom 22.6.1989; Slg. 1989, 1839 ff.

- Rs. 16 / 88, Kommission der Europäischen Gemeinschaften gegen Rat der Europäischen Gemeinschaften, Urteil vom 24.10.1989; Slg. 1989, 3457 ff.
- Rs. C-70 / 88, Europäisches Parlament gegen Rat der Europäischen Gemeinschaften, Urteil vom 22.5.1990; in: Slg. 1990 I-2041 ff.; EuR 1990, 269 ff.
- Rs. C-213 / 89, The Queen gegen Secretary of State for Transport ex parte: Factortame Ltd. u.a., Urteil vom 19.6.1990; Slg. 1990 I-2433 ff.
- Rs. C-152 / 88, Sofrimport SARL gegen Kommission der Europäischen Gemeinschaften, Urteil vom 26.6.1990; Slg. 1990 I-2477 ff.
- Rs. C-188 / 89, A. Foster u.a. gegen British Gas plc, Urteil vom 12.7.1990; Slg. 1990 I-3313 ff.
- Rs. C-2 / 88 Imm., J. J. Zwartveld u.a., Beschluß vom 13.7.1990; Slg. 1990 I-3365 ff.
- Rs. C-106 / 89, Marleasing SA gegen La Comercial Internacional de Alimentación SA, Urteil vom 13.11.1990; Slg. 1990 I-4135 ff.
- Rs. C-249 / 88, Kommission der Europäischen Gemeinschaften gegen Königreich Belgien, Urteil vom 19.3.1991; Slg. 1991 I-1275 ff.
- Rs. C-340 / 89, Irène Vlassopoulou gegen Ministerium für Justiz, Bundes- und Europaangelegenheiten Baden-Württemberg, Urteil vom 7.5.1991; Slg. 1991 I-2357 ff.
- Rs. C-358 / 89, Extramet Industrie SA gegen Rat der Europäischen Gemeinschaften, Urteil vom 16.5.1991; Slg. 1991 I-2501 ff.
- Rs. C-303 / 90, Französische Republik gegen Kommission der Europäischen Gemeinschaften, Urteil vom 13.11.1991; Slg. 1991 I-5315 ff.
- Rs. C-146 / 89, Kommission der Europäischen Gemeinschaften gegen Vereinigtes Königreich Großbritannien und Nordirland, Urteil vom 9.7.1991; Slg. 1991 I-3533 ff.
- Verb. Rs. C-6 / 90 und C-9 / 90, Andrea Francovich u.a. gegen Italienische Republik, Urteil vom 19.11.1991; Slg. 1991 I-5357 ff.
- Rs. C-104 / 91, Colegio Oficial de Agentes de la Propiedad Inmobiliaria gegen José Luis Aguirre Borrell u.a., Urteil vom 7.5.1992; Slg. 1992 I-3003 ff.
- Verb. Rs. C-104 / 89 und C-37 /90, J. M. Mulder u.a. gegen Rat der Europäischen Gemeinschaften und Kommission der Europäischen Gemeinschaften, Urteil vom 19.5.1992; Slg. 1992 I-3061 ff.

- Verb. Rs. C-15 / 91 und C-108 / 91, Josef Buckl & Söhne OHG u.a. gegen Kommission der Europäischen Gemeinschaften, Urteil vom 24.11.1992; Slg. 1992 I-6061 ff.
- Rs. C-97 / 91, Oleoficio Borelli SpA gegen Kommission der Europäischen Gemeinschaften, Urteil vom 3.12.1992; Slg. 1992 I-6313 ff.
- Rs. C-19 / 92, Dieter Kraus gegen Land Baden-Württemberg, Urteil vom 31.3.1993; Slg. 1993 I-1663 ff.
- Rs. C-298 / 89, Regierung von Gibraltar gegen Rat der Europäischen Gemeinschaften, Urteil vom 29.6.1993; Slg. 1993 I-3605 ff.
- Rs. C-334 / 92, Teodore Wagner Miret gegen Fondo de garantía salarial, Urteil vom 16.12.1993; Slg. 1993 I-6911 ff.
- Rs. C-316 / 91, Europäisches Parlament gegen Rat der Europäischen Union, Urteil vom 2.3.1994; Slg. 1994 I-625 ff.
- Rs. C-228 / 92, Roquettes Frères SA gegen HZA Geldern, Urteil vom 26.4. 1994; Slg. 1994 I-1445 ff.
- Rs. C-309 / 89, Codorniu SA gegen Rat der Europäischen Union, Urteil vom 18.5.1994; Slg. 1994 I-1856 ff.
- Rs. C-91 / 92, Paola Faccini Dori gegen Recreb Srl, Urteil vom 14.7.1994; Slg. 1994 I-3325 ff.
- Rs. C-280 / 93, Bundesrepublik Deutschland gegen Rat der Europäischen Union, Urteil vom 5.10.1994; Slg. 1994 I-4973 ff.
- Rs. C-306 / 93, SMW Winzersekt GmbH gegen Land Rheinland-Pfalz, Urteil vom 13.12.1994; EuZW 1995, 109 ff.
- Rs. C-10 / 95 P, Asociación Española de Empresas de la Carne (Asocarne) gegen Rat der Europäische Union, Beschluß vom 23.11.1995; Slg. 1995 I-4149 ff.
- Rs. C-312 / 93, Peterbroeck, Van Campenhout & Cie SCS gegen Belgischer Staat, Urteil vom 14.12.1995; Slg. 1995 I-4599 ff.
- Rs. C-415 / 93, Union royale belge des sociétés de football association ASBL u.a. gegen Jean-Marc Bosman u.a., Urteil vom 15.12.1995; Slg. 1995 I-4921 ff.
- Rs. C-25 / 94, Kommission der Europäischen Gemeinschaften gegen Rat der Europäischen Union, Urteil vom 19.3.1996; Slg. 1996 I-1469 ff.
- Rs. C-68 / 95, T. Port GmbH & Co. KG gegen BA für Landwirtschaft und Ernährung; Slg. 1996 I-6065 ff.

- Rs. C-233 / 94, Bundesrepublik Deutschland gegen Europäisches Parlament und Rat der Europäischen Union, Urteil vom 13.5.1997; Slg. 1997 I-2405 ff.
- Rs. C-368 / 95, Vereinigte Familiapress Zeitungsverlags und –vertriebs GmbH gegen Heinrich Bauer Verlag, Urteil vom 26.6.1997; Slg. 1997 I-3689 ff.
- Rs. C-334 / 95, Krüger GmbH & Co-KG gegen HZA Hamburg-Jonas, Urteil vom 17.7.1997; Slg. 1997 I-4517 ff.
- Rs. C-208 / 96, Kommission der Europäischen Gemeinschaften gegen Königreich Belgien, Urteil vom 2.10.1997; Slg. 1997 I-5375 ff.
- Verb. Rs. C-68 / 94 und C-30 / 95, Französische Republik u.a. gegen Kommission der Europäischen Gemeinschaften, Urteil vom 31.3.1998; Slg. 1998 I-1375 ff.
- Rs. C-321 / 95 P, Stichting Greenpeace Council (Greenpeace International) u.a. gegen Kommission der Europäischen Gemeinschaften, Urteil vom 2.4.1998; Slg. 1998 I-1651 ff.
- Rs. C-162 / 96, A. Racke GmbH & Co. gegen HZA Mainz, Urteil vom 16.6.1998; EuZW 1998, 694 ff.
- Rs. C-284 / 95, Safety Hi-Tech Srl gegen S. & T. Srl, Urteil vom 14.7.1998; Slg. 1998 I-4301 ff.
- Rs. C-185 / 97, Belinda Jane Coote gegen Granada Hospitality Ltd., Urteil vom 22.9.1998; Slg. 1998 I-5199 ff.
- Rs. C- 185 / 95 P, Baustahlgewebe GmbH gegen Kommission der Europäischen Gemeinschaften, Urteil vom 17.12.1998; Slg. 1998 I-8417 ff.
- Verb. Rs. C-51 / 96 und C-191 / 97, Christelle Deliège gegen Ligue francophone de judo et disciplines associées ASBL u.a., Urteil vom 11.4.2000; Slg. 2000 I- 2549 ff.
- Rs. C-176 / 96, Jyri Lehtonen und Castors Canada Dry Namur-Braine ASBL gegen Fédération royale belge des sociétés de basketball (FRBSB); Urteil vom 13.4.2000; Slg. 2000 I-2681 ff.
- Rs. C-281 / 98, Roman Angonese gegen Casa di Risparmio di Bolzano SpA, Urteil vom 6.6.2000; Slg. 2000 I-4139 ff.
- Rs. C-340 / 99, TNT Traco SpA gegen Poste Italiane SpA, früher Ente Poste Italiane, u.a., Urteil vom 17.5.2001; Slg. 2001 I-4109 ff.

- Verb. Rs. C-122 / 99 P und C-125 / 99 P, D und Königreich Schweden gegen Rat der Europäischen Union, Urteil vom 31.5.2001; Slg. 2001 I-4319 ff.
- Rs. C-173 / 99, The Queen gegen Secretary of State for Trade and Industry ex parte: Broadcasting, Entertainment, Cinematographic and Theatre Union (BECTU), Urteil vom 26.6.2001; Slg. 2001 I-4881 ff.
- Rs. C-377 / 98, Königreich der Niederlande gegen Europäisches Parlament und Rat der Europäischen Union, Urteil vom 9.10. 2001; Slg. 2001 I-7079 ff.
- Rs. C-50 / 00 P, Unión de pequeños agricultores gegen Rat der Europäischen Union, Urteil vom 25.7.2002; Slg. 2002 I-6677 ff.; EuZW 2002, 529 ff.
- Rs. 263 / 02 P, Jégo-Quéré et Cie SA gegen Kommission der Europäischen Gemeinschaften, Urteil vom 1.4.2004; EuZW 2004, 343 ff.; ELR 2004, 109 ff.
- Rs. C-27 / 04, Kommission gegen Rat der Europäischen Union, Urteil vom 13.7.2004; EuZW 2004, 465 ff.; EuR 2004, 738 ff.
- Rs. C-377 / 02, Léon van Parys N.V. gegen Belgisch Interventie – ein Restituiebureau BIRB, Urteil vom 1.3.2005; EuZW 2005, 214 ff.

- Gutachten 1 / 1991, erstattet auf der Grundlage von Art. 228 Abs. 1 Unterabsatz 2 EWG-Vertrag vom 14.12.1991; Slg. 1991 I-6079 ff.
- Gutachten 1 / 2000 nach Art. 300 Abs. 6 EG vom 18.4.2002; Slg. 2002 I-3493 ff.

EuG

- Rs. T-110 / 89, Giorgio Pincherle gegen Kommission der Europäischen Gemeinschaften, Urteil vom 12.7.1991; Slg. 1991 II-635 ff.
- Rs. T-54 / 90, Max Lacroix gegen Kommission der Europäischen Gemeinschaften, Urteil vom 25.9. 1991; Slg. 1991 II-749 ff.
- Rs. T-463 / 93, GUNA Srl gegen Rat der Europäischen Gemeinschaften, Beschluß vom 29.10.1993; Slg. 1993 II-1205 ff.
- Rs. T-99 / 94, Asociación Espanola de Empresas de la Carne (Asocarne) gegen Rat der Europäischen Union, Beschluß vom 20.10.1994; Slg. 1994 II-871 ff.

- Rs. T- 116 / 94, Cassa nazionale di previdenza ed assistenza a favore degli avvocati e procuratori gegen Rat der Europäischen Union, Beschluß vom 11.1.1995; Slg. 1995 II-1 ff.
- Rs. T-514 / 93, Cobrecaf SA u.a. gegen Kommission der Europäischen Gemeinschaften, Urteil vom 15.3.1995; Slg. 1995 II-621 ff.
- Rs. T-186 / 94, Guérin automobiles gegen Kommission der Europäischen Gemeinschaften, Urteil vom 27.6.1995; Slg. 1995 II-1753 ff.
- Rs. T-122 / 96, Federazione nazionale del comercio oleario (Federolio) gegen Kommission der Europäischen Gemeinschaften, Beschluß vom 30.9.1997; Slg. 1997 II-1559 ff.
- Rs. T-135 / 96, Union européenne de l'artisanat et des petites et moyennes entreprises (UEAPME) gegen Rat der Europäischen Union, Urteil vom 17.6.1998; Slg. 1998 II-2335 ff.
- Verb. Rs. T-14 / 97 und T-15 / 97, Sofivo SAS u.a. gegen Rat der Europäischen Union, Beschluß vom 25.6.1998; Slg. 1998 II-2601 ff.
- Verb. Rs. T-125 / 96 und T-152 / 96, Boehringer Ingelheim Vetmedica GmbH und C. H. Boehringer Sohn gegen Rat der Europäischen Union und Kommission der Europäischen Gemeinschaften, Urteil vom 1.12.1999; Slg. 1999 II-3427 ff.
- Rs. T-173 / 98, Unión de Pequeños Agricultores gegen Rat der Europäischen Union, Beschluß vom 23.11.1999; Slg. 1999 II-3357 ff.
- Verb. Rs. T-172 / 98, T-175 / 98 bis T-177 / 98, Salamander AG u.a. gegen Europäisches Parlament und Rat der Europäischen Union, Urteil vom 27.6.2000; Slg. 2000 II-2487 ff.
- Verb. Rs. T-112 / 00 und T-122 / 00, Iberotam SA u.a. gegen Kommission der Europäischen Gemeinschaften, Beschluß vom 42.1.2001; Slg. 2001 II-97 ff.
- Rs. T-49 / 00, Industria pugliese olive in salamoia erbe aromatiche Snc (Iposea) gegen Kommission der Europäischen Gemeinschaften, Beschluß vom 30.1.2001; Slg. 2001 II-163 ff.
- Rs. T-215 / 00, SCEA La Conquieste gegen Kommission der Europäischen Gemeinschaften, Beschluß vom 30.1.2001; Slg. 2001 II-181 ff.
- Rs. T-156 / 98, RJB Mining gegen Kommission der Europäischen Gemeinschaften, Urteil vom 31.1.2001; Slg. 2001 II-337 ff.
- Rs. T-112 / 98, Mannesmannröhren-Werke AG gegen Kommission der Europäischen Gemeinschaften, Urteil vom 20.2. 2001; Slg. 2001 II-729 ff.

- Verb. Rs. T-198 / 95, T-171 / 96, T-230 / 97, T-174 / 98 und T-225 / 99, Comafrica SpA und Dole Fresh Fruit Europe Ltd & Co. gegen Kommission der Europäischen Gemeinschaften, Urteil vom 12.7.2001; Slg. 2001 II-1975 ff.
- Verb. Rs. T-54 / 00 und T-73 / 00, Federación de Cofradrías de Pescadores de Guipúzcoa u.a. gegen Rat der Europäischen Union, Beschluß vom 19.9.2001; Slg. 2001 II-2691 ff.
- Rs. T-47 / 00, Rica Foods (Free Zone) NV gegen Kommission der Europäischen Gemeinschaften, Beschluß vom 17.1.2002; Slg. 2002 II-113 ff.
- Rs. T-54 / 99, max.mobil Telekommunikation Service GmbH gegen Kommission der Europäischen Gemeinschaften, Urteil vom 30.1.2002; Slg. 2002 II-313 ff.
- Rs. T-177 / 01, Jégo-Quéré et Cie SA gegen Kommission der Europäischen Gemeinschaften, Urteil vom 3.5.2002; Slg. 2002 II-2365 ff.; EuZW 2002, 412 ff.
- Rs. T-19 / 01, Chiquita Brands Int. Inc. Gegen Kommission der Europäischen Gemeinschaften, Urteil vom 3.2.2005; BeckRS 70106

EGMR

- Urteil vom 25.3.1983, Fall Silver u.a. gegen Vereinigtes Königreich; in: EuGRZ 1984, 147 ff.
- Urteil vom 28.6.1984, Nr. 10 / 1982 / 52 / 85-86, Fall Campbell und Fell gegen Vereinigtes Königreich; in: EuGRZ 1985, 534 ff.
- Urteil vom 28.5.1985, Nr. 15 / 1983 / 71 / 107-109, Fall Abdulaziz u.a. gegen Vereinigtes Königreich; in: EuGRZ 1985, 567 ff.
- Urteil vom 21.2.1986, Nr. 3 / 1984 / 75 / 119, James u.a. gegen Vereinigtes Königreich; in: EuGRZ 1986, 341 ff.
- Urteil vom 8.7.1986, Nr. 2 / 1984 / 74 / 112-118, Fall Lithgow u.a. gegen Vereinigtes Königreich; EuGRZ 1988, 350 ff.
- Urteil vom 18.2.1999, 24833 / 94, Denise Matthews gegen Vereinigtes Königreich, in: EuZW 1999, 308 ff. mit Anmerkung Lenz, EuZW 1999, 311 ff.

IGH

- South West Africa Case / Affaires du Sud-Ouest Africain, 18.7.1966; ICJ Reports / CIJ Recueil 1966, 6 ff.;
- North Sea Continental Shelf Case / Affaires du Plateau Continental de la Mer du Nord, 20.2.1969; ICJ Reports / CIJ Recueil 1969, 1 ff.
- Western Sahara, Advisory Opinion / Sahara occidental, avis consultatif, 16.10.1975; ICJ Reports / CIJ Recueil 1975, 12 ff.

BVerfG

- Beschluß vom 11.6.1958, 1 BvL 149 / 52; in: BVerfGE 8, 28 ff.
- Urteil vom 27.1.1965, 1 BvR 213, 715 / 58 und 66 / 60; in: BVerfGE 18, 315 ff.
- Beschluß vom 12.1.1967, 1 BvR 169 / 63; in: BVerfGE 21, 73 ff.
- Beschluß vom 6.6.1967, 1 BvR 117 / 67; in: BVerfGE 22, 91 ff.
- Beschluß vom 18.10.1967, 1 BvR 248 / 64 und 216 / 67; in: BVerfGE 22, 293 ff.
- Urteil vom 25.6.1968, 2 BvR 251 / 63; in: BVerfGE 24, 33 ff.
- Urteil vom 18.12.1968, 1 BvR 638, 673 / 64 und 200, 238, 249 / 65; in: BVerfGE 24, 367 ff.
- Beschluß vom 27.7.1971, 2 BvR 443 / 70; in: BVerfGE 31, 364 ff.
- Beschluß vom 14.2.1973, 1 BvR 112 / 65; in: BVerfGE 34, 269 ff.
- Beschluß vom 2.4.1974, 1 BvR 92, 97 / 70; in: BVerfGE 37, 67 ff.
- Beschluß vom 29.5.1974, 2 BvL 52 / 71; in: BVerfGE 37, 271 ff.
- Beschluß vom 14.2.1978, 2 BvR 406 / 77; in: BVerfGE 47, 239 ff.
- Beschluß vom 10.10.1978, 1 BvR 475 / 78; in: BVerfGE 49, 252 ff.
- Beschluß vom 11.10.1978, 1 BvR 84 / 74; in: BVerfGE 49, 304 ff.
- Beschluß vom 25.7.1979, 2 BvL 6 / 77; in: BVerfGE 52, 187 ff.
- Urteil vom 1.7.1980, 1 BvR 23 / 75; in: BVerfGE 54, 224 ff.
- Beschluß des Plenums vom 11.6.1980, 1 PbvU 1 / 79; in: BVerfGE 54, 277 ff.
- Beschluß vom 17.2.1981, 2 BvR 384 / 78; in: BVerfGE 57, 220 ff.
- Beschluß vom 10.11.1981, 1 BvL 18, 19 / 77; in: BVerfGE 59, 36 ff.
- Beschluß vom 13.1.1982, 1 Bvr 848, 1047 / 77, 916, 1307 / 78, 350 / 79 und 475, 902, 965, 1177, 1238, 1461 / 80; in: BVerfGE 59, 231 ff.
- Beschluß vom 20.4.1982, 2 BvL 26 / 81; in: BVerfGE 60, 253 ff.
- Beschluß vom 8.3.1983, 2 BvL 27 / 81; in: BVerfGE 63, 312 ff.
- Beschluß vom 5.7.1983, 2 BvR 200 / 81; in: BVerfGE 64, 389 ff.

- Urteil vom 15.12.1983, 1 BvR 209, 269, 362, 420, 440, 484 / 83; in: BVerfGE 65, 1 ff.
- Beschluß vom 19.10.1983, 2 BvR 485, 486 / 80; in: BVerfGE 65, 182 ff.
- Beschluß vom 19.10.1983, 2 BvR 298 / 81; in: BVerfGE 65, 196 ff.
- Urteil vom 15.12.1983, 1 BvR 209, 269, 362, 420, 440, 484 / 83; in: BVerfGE 65, 1 ff.
- Beschluß vom 14.5.1985, 1 BvR 233, 341 / 81; in: BVerfGE 69, 315 ff.
- Beschluß vom 14.1.1986, 1 BvR 209, 221 / 79; in: BVerfGE 71, 354 ff.
- Beschluß vom 22.10.1986, 2 BvR 197 / 83; in: BVerfGE 73, 339 ff.
- Beschluß vom 8.4.1987, 2 BvR 678 / 85; in: BVerfGE 75, 223 ff.
- Beschluß vom 6.10.1987, 1 BvR 1086, 1468, 1623 / 82; in: BVerfGE 77, 84 ff.
- Beschluß vom 28.2.1989, 1 BvR 1291 / 85; in: BVerfGE 79, 365 ff.
- Beschluß vom 31.5.1990, 2 BvL 12, 13 / 88, 2 BvR 1436 / 87; in: BVerfGE 82, 159 ff.
- Beschluß vom 26.6.1991, 1 BvR 779 / 85; in: BVerfGE 84, 212 ff.
- Beschluß vom 2.3.1993, 1 BvR 1213 / 85; in: BVerfGE 88, 103 ff.
- Urteil vom 28.5.1993, 2 BvF 2 / 90 und 4, 5 / 92; in: BVerfGE 88, 203 ff.
- Urteil vom 12.10.1993, 2 BvR 2134, 2159 / 92; in: BVerfGE 89, 155 ff.
- Beschluß vom 12.5.1989, 2 BvA 3 / 89; in: NJW 1990, 974
- Beschluß vom 23.6.1990, 2 BvR 752 / 90; in: NJW 1990, 3140
- Beschluß vom 25.1.1995, 2 BvR 2689 / 94 und 2 BvR 52 / 95; in: EuZW 1995, 126 f.
- Urteil vom 4.7.1995, 1 BvR 2 / 86, 1-4 / 87 und 1 BvR 1421 / 86; in. BVerfGE 92, 365 ff.
- Beschluß vom 22.6.1995, 2 BvR 552 / 91; in: BVerfGE 93, 165 ff.
- Beschluß vom 27.10.1999, 1 BvR 385 / 90; in: BVerfGE 101, 106 ff.
- Beschluß vom 30.4.2003, 1 PbvU 1 / 02; in: NJW 2003, 1924 ff.
- Urteil vom 18.7.2005, 2 BvR 2236 / 04

Conseil constitutionnel
- Décision No. 97-394 DC, 31.12.1997; in: EuGRZ 1998, 27 ff.

Høsteret

- Urteil vom 6.4.1998, Az. I 361 / 1997, Hanne Norup Carlsen u.a. gegen Ministerpräsident Poul Nyrup Rasmussen; in: EuGRZ 1999, 49 ff.

BVerwG

- Urteil vom 3.11.1988, BVerwG 7 C 115.86; in: BVerwGE 80, 355 ff.
- Urteil vom 7.9.1989, 7 C 4 / 89; in: NVwZ 1990, 162 ff. [163]

BGH

- Urteil vom 14.2.1958, I ZR 151 / 56; BGHZ 26, 349 ff.
- Urteil vom 19.11.1970, 2 StR 512 / 0; GA 1971, 336

BAG

- Urteil vom 19.4.1990, 2 AZR 487 / 89; in: BAGE 64, 315 ff.

BSG

- Urteil vom 29.10.1975, Az. 12 RJ 290 / 72; in: BSGE 40, 292 ff.

Literaturverzeichnis

Adomeit, Klaus / Frühbeck, Guillermo, JuS Schriftenreihe, Einführung in das spanische Recht, Das Verfassungs-, Zivil-, Wirtschafts- und Arbeitsrecht des Königreichs Spanien, 1993, C. H. Beck Verlag, München; zit.: Adomeit / Frühbeck, Einführung in das spanische Recht

Akehurst, Michael, The application of General Principles of law by the Court of Justice of the European Communities, in: BYIL LII (1981), 29 ff.; zit.: Akehurst

Alber, Siegbert, Die Selbstbindung der europäischen Organe an die Europäische Charta der Grundrechte, in: EuGRZ 2001, 349 ff.; zit.: Alber, Selbstbindung

Allkemper, Ludwig, Der Rechtsschutz des einzelnen nach dem EG-Vertrag – Möglichkeiten seiner Verbesserung, 1995, Nomos Verlagsgesellschaft, Baden-Baden; zit.: Allkemper, Der Rechtsschutz des einzelnen nach dem EGV

Anweiler, Jochen, Die Auslegungsmethoden des Gerichtshofes der Europäischen Gemeinschaften, 1997, Peter Lang, Frankfurt / Main u.a.; zit.: Anweiler, Die Auslegungsmethoden

Arnauld, Andreas von, Normenhierarchien innerhalb des primären Gemeinschaftsrechtes. Gedanken im Prozeß der Konstitutionalisierung Europas, in: EuR 2003, 191 ff.; zit.: Arnauld, Normenhierarchien

Arnold, Rainer, Gesetzlicher Richter (Art. 101 Abs. 1 S. 2 GG) und Pflicht zur Vorlage an den Europäischen Gerichtshof (Art. 177 Abs. 3 EWGV), in: Festschrift für Karl H. Neumayer, 1985, Nomos Verlagsgesellschaft, Baden-Baden, 17 ff.; zit.: Arnold, Gesetzlicher Richter und Pflicht zur Vorlage

Arnull, Anthony, Private Applicants and the Action for Annulment since Codorniu, in: CMLR 38 (2001), 7 ff.; zit.: Arnull, Private Applicants

Autexier, Christian, Der neue Conseil Constitutionnel, Versuch, die Funktion eines Verfassungskontrollorgans in den westlichen Demokratien zu definieren, in: Der Staat Bd. 15 (1976) 89 ff.; zit.: Autexier, Der neue Conseil Constitutionnel

Barriga, Stefan, Die Entstehung der Charta der Grundrechte der Europäischen Union. Eine Analyse der Arbeiten im Konvent und kompetenz-

rechtlicher Fragen, 2003, Nomos Verlagsgesellschaft, Baden-Baden; zit.: Barriga
Bauer, Hartmut, Die Bundestreue. Zugleich ein Beitrag zur Dogmatik des Bundesstaatsrechtes und zur Rechtsverhältnislehre, 1992, J. C. B. Mohr (Paul Siebeck), Tübingen; zit.: Bauer, Die Bundestreue
Bauer, Steffen, Verfassungsgerichtlicher Grundrechtsschutz in Frankreich, 1998, Nomos Verlagsgesellschaft, Baden-Baden; zit.: Bauer, Verfassungsgerichtlicher Grundrechtsschutz
Baxter, R. R., Treaties and Custom, in: RdC 1970 I, 25 ff.; zit.: R. R. Baxter, Treaties and Custom
Bello, Emanuel G., The African Charter on Human and Peoples' Rights. A Legal Analysis, in: RdC 194 (1985, V), 21 ff.; zit.: Bello
Bernhardt, R., Problèmes liés à l'établissement d'un catalogue des droits fondamentaux pour les Communautés européennes, Bulletin des Communautés européennes Supplément 5 / 76; zit.: Bernhardt, Problèmes liés à l'établissement
Bernhardt, Rudolf, Rechtsfortbildung durch internationale Richter, insbesondere im Bereich der Menschenrechte, Richterliche Rechtsfortbildung. Erscheinungsformen, Auftrag und Grenzen, Festschrift der Juristischen Fakultät Heidelberg, 1986, S. 527 ff.; zit.: Bernhardt, Rechtsfortbildung durch internationale Richter
Ders., Das Recht der Europäischen Gemeinschaften zwischen Völkerrecht und staatlichem Recht, in: Festschrift für Rudolf Bindschedler, Emanuel Diez u.a. (Hrsg.), Verlag Stämpfli & Cie, Bern, 1980, 229 ff.; zit.: Bernhardt, Recht der Europäischen Gemeinschaften
Bieber, Roland, Wandel und Unveränderlichkeit als Strukturmerkmale des Europarechtes, in: Zeitschrift für Schweizerisches Recht N. F. 112, 1 (1993), 327 ff.; zit.: Bieber, Wandel und Unveränderlichkeit
Ders. u.a., Die Europäische Union. Rechtsordnung und Politik, 5. Auflage 2001, Nomos Verlagsgesellschaft, Baden-Baden; zit.: BBPS
Boldt, Hans Julius, Grundrechte und Normenkontrolle im Verfassungsrecht der Republik Irland, in: JöR N. F. Bd. 19 (1970) 229 ff.; zit.: Boldt, Normenkontrolle im Verfassungsrecht der Republik Irland
Borchardt, Klaus-Dieter, Der Europäische Gerichtshof. Besetzung, Anrufung, Zuständigkeiten, Vorabentscheidung und einstweiliger Rechtsschutz, 2000, Bundesanzeiger Verlag, Köln; zit.: Borchardt, Der Europäische Gerichtshof

Borowski, Martin, Die Nichtigkeitsklage gem. Art. 230 Abs. 4 EGV, in: EuR 2004, 879 ff.; zit.: Borowski

Boulois, Jean, Les avis de la Cour de justice des Communautés sur la compatibilité avec le Traité CEE du projet d'ac-cord créant l'Espace économique européen; in: RTDE 1992, 457 ff.; zit.: Boulois, Les avis de la Cour

Braun, Jens-Daniel / Kettner, Moira, Die Absage des EuGH an eine richterrechtliche Reform des EG-Rechtsschutzsystems – "Plaumann" auf immer und ewig? In: DöV 2003, 58 ff.; zit.: Braun / Kettner, Die Absage des EuGH

Britz, Gabriele, Die Individualbeschwerde nach Art. 14 des Internationalen Übereinkommens zur Beseitigung jeder Form von Rassendiskriminierung. Zur Einführung des Individualbeschwerdeverfahrens in Deutschland; zit.: Britz, Individualbeschwerde

Brownlie, Ian, Principles of Public International Law, 4. Auflage 1990, Clarendon Press, Oxford; zit.: Brownlie

Brugger, Winfried, Konkretisierung des Rechtes und Auslegung der Gesetze, in: AöR 119 (1994), 1 ff.; zit.: Brugger

Buchwald, Delf, Zur Rechtsstaatlichkeit der Europäischen Union; in: Der Staat 37 (1998), 189 ff.; zit.: Buchwald, Rechtsstaatlichkeit der EU

Buerstedde, Sigismund, Der Ministerrat im Aufbau und Wirken der Europäischen Gemeinschaften, in: JöR 14 (1965), 87 ff.; zit.: Buerstedde, Der Ministerrat im Aufbau und Wirken der Europäischen Gemeinschaften

Ders., Der Ministerrat im konstitutionellen System der Europäischen Gemeinschaften, Brügge 1964; zit.: Buerstedde, Der Ministerrat im konstitutionellen System

Burchard, Friedrich von, Der Rechtsschutz natürlicher und juristischer Personen gegen EG-Richtlinien gemäß Art. 173 Abs. 2 EWGV, in: EuR 1991, 140 ff.; zit.: Burchard, Rechtsschutz natürlicher und juristischer Personen

Buttlar, Christian von, Das Initiativrecht der Europäischen Kommission, 2003, Duncker & Humblot Verlag, Berlin; zit.: von Buttlar, Das Initiativrecht der Europ. Kommission

Byrne, Raymond / McCutcheon, J. Paul, The Irish Legal System, 4. Auflage 2001. Dublin; zit.: Byrne / McCutcheon

Calliess, Christian / Ruffert, Matthias (Hrsg.), Kommentar des Vertrages über die Europäische Union und des Vertrages zur Gründung der Europäischen

Gemeinschaft – EUV / EGV –, Luchterhand Verlag, Neuwied u.a., 1999; zit.: Calliess / Ruffert

Chalriel, Florence, Le Pacte de Stabilité, entre exigences juridique et pragmatisme politique. À propos de l'arrêt du 13 juillet 2004, in: RMC 2004, 509 ff.; zit.: Chalriel

Chwolik-Lanfermann, Ellen, Grundrechtsschutz in der Europäischen Union. Bestand, Tendenzen und Entwicklungen, 1994, Peter Lang Europäischer Verlag der Wissenschaften, Frankfurt / Main u.a.; zit.: Chwolik-Lanfermann, Grundrechtsschutz

Cirkel, Johannes, Die Bindungen der Mitgliedstaaten an die Gemeinschaftsgrundrechte, 2000, Nomos Verlagsgesellschaft, Baden-Baden; zit.: Cirkel, Die Bindungen der Mitgliedstaaten an die Gem.grundrechte

Claudi, Hubertus, Die Bindung der EWG an Grundrechte, 1976, tuduv-Verlagsgesellschaft mbH, München; zit.: Claudi, Die Bindung der EWG an Grundrechte

Constantinesco, Léontin-Jean, Das Recht der Europäischen Gemeinschaften. Das institutionelle Recht, Nomos Verlagsgesellschaft, Baden-Baden, 1977; zit.: Constantinesco, Recht der Europäischen Gemeinschaften

Corbett, Richard, The European Parliament's Role in Closer EU Integration, 1998, Macmillan Press Ltd., London; zit.: Corbett, The European Parliament

Creifelds, Carl, Rechtswörterbuch, 16. Auflage 2000, Verlag C. H. Beck, München; zit.: Creifelds

Cremer, Wolfram, Der Rechtsschutz des Einzelnen gegen Sekundärrechtsakte der Union gem. Art. III-270 Abs. 4 Konventsentwurf des Vertrages über eine Verfassung für Europa, in: EuGRZ 2004, 577 ff.; zit.: Cremer, Der Rechtsschutz des Einzelnen

Crombach, Egon, Civil Liberties in England, Echte Freiheitsrechte oder Gnade des Gesetzgebers? in: DVBl. 1973, 561 ff.; zit.: Crombach, Civil Liberties in England

Crones, Christian, Selbstbindungen der Verwaltung im Europäischen Gemeinschaftsrecht. Eine Analyse der Rechtsprechung von EuGH und EuG zur ermessensbeschränkenden Wirkung von Gleichheitssatz und Vertrauensschutzprinzip auf Gemeinschaftsebene vor rechtsvergleichendem Hintergrund, 1997, Nomos Verlagsgesellschaft, Baden-Baden; zit.: Crones, Selbstbindungen der Verwaltung

Cruz Vilaça, José Luís / Piçarra, Nuno, Y a-t-il des limites materielles à la révision des traités instituant les Communautés européennes? in: CDE 29 (1993), 3 ff.; zit.: Cruz Vilaça / Piçarra, Des limites materielles

Cruz Villalón, Pedro, Zwei Jahre Verfassungsrechtsprechung in Spanien, in: ZaöRV 43 (1983), 70 ff.; zit.: Cruz Villalón, Zwei Jahre Verfassungsrechtsprechung

Curtin, Deirdre, Directives: The Effectiveness of Judicial Protection of Individual Rights, in: CMLR 27 (1990), 709 ff.; zit.: Curtin

Czaja, Astrid, Die außervertragliche Haftung der EG für ihre Organe, 1996, Nomos Verlagsgesellschaft, Baden-Baden; zit.: Czaja, Die außervertragliche Haftung der EG

Dänzer-Vanotti, Wolfgang, Unzulässige Rechtsfortbildung des Europäischen Gerichtshofes, in: RIW 1992, 733 ff.; zit.: Dänzer-Vanotti, Unzulässige Rechtsfortbildung

Ders., Der Europäische Gerichtshof zwischen Rechtsprechung und Rechtsetzung, in: Ole Due u.a. (Hrsg.), Festschrift für Ulrich Everling, 1995, Bd. I, S. 205 ff., Nomos Verlagsgesellschaft, Baden-Baden; zit.: Dänzer-Vanotti, Rechtsprechung und Rechtsetzung, 205 ff.

Daig, Hans-Wolfram, Auslegung und Anwendung von Art. 177 EWG-Vertrag durch den Gerichtshof der Europäischen Gemeinschaften, in: Festschrift für Hans Kutscher, Europäische Gerichtsbarkeit und nationale Verfassungsgerichtsbarkeit, 1981, Nomos Verlagsgesellschaft, Baden-Baden, 79 ff.; zit.: Daig, Auslegung und Anwendung von Art. 177 EGWV

Von Danwitz, Thomas, Zur Entwicklung der gemeinschaftlichen Staatshaftung, in: JZ 1994, 335 ff.; zit.: von Danwitz, Zur Entwicklung der gemeinschaftlichen Staatshaftung

Ders., Die Garantie effektiven Rechtsschutzes im Recht der Europäischen Gemeinschaft, in: NJW 1993, 1108 ff.; zit.: von Danwitz, Garantie effektiven Rechtsschutzes

Dauses, Manfred A., Das Vorabentscheidungsverfahren nach Art. 177 EG-Vertrag, 2. Auflage 1995, Verlag C. H. Beck, München; zit.: Dauses, Das Vorabentscheidungsverfahren

Dederichs, Mariele, Die Methodik des EuGH. Häufigkeit und Bedeutung methodischer Argumente in den Begründungen des Gerichtshofes der Europäischen Gemeinschaften, 2004, Nomos Verlagsgesellschaft, Baden-Baden; zit.: Dederichs, Die Methodik des EuGH

Depenheuer, Otto, Der Wortlaut als Grenze. Thesen zu einem Topos der Verfassungsinterpretation, 1988, R. v. Decker & C. F. Müller Verlagsgesellschaft, Heidelberg; zit.: Depenheuer, Wortlaut als Grenze

Doehring, Karl, Völkerrecht. Ein Lehrbuch, 2. Auflage 2003, C. F. Müller Verlag, Heidelberg; zit.: Doehring

Dorau, Christoph, Die Verfassungsfrage der Europäischen Union. Möglichkeiten und Grenzen der europäischen Verfassungsentwicklung nach Nizza, 2001, Nomos Verlagsgesellschaft, Baden-Baden; zit.: Dorau, Die Verfassungsfrage der Europäischen Union

Dreier, Horst (Hrsg.), Grundgesetz. Kommentar, Band I, Art. 1-19, 2. Auflage 2004, Mohr Siebeck, Tübingen; zit.: Dreier GG

Drewes, Eva, Entstehen und Entwicklung des Rechtsschutzes vor den Gerichten der Europäischen Gemeinschaften am Beispiel der Nichtigkeitsklage, 2000, Duncker & Humblot, Berlin; zit.: Drewes, Entstehen und Entwicklung des Rechtsschutzes

Due, Ole, Der Grundsatz der Gemeinschaftstreue in der Europäischen Gemeinschaft nach der neueren Rechtsprechung des Gerichtshofes. Referat im Rahmen der Vortragsreihe "Recht und Wirtschaft im Binnenmarkt der EG", 1992, Bonn; zit.: Due, Grundsatz der Gemeinschaftstreue

Dübeck, Inger, Die Rechtsordnungen der europäischen Staaten – Einführung in das dänische Recht, 1996, Nomos Verlagsgesellschaft, Baden-Baden; zit.: Dübeck, Einführung in das dänische Recht

Dutheil de la Rochère, Jacqueline, L'Espace Économique Européen sous le regard des juges de la Cour de Justice des Communautés Européennes; in: RMC 1992, 603 ff.; zit.: Dutheil de la Rochère, L'Espace Économique Européen

Ehrmann, Henry W., Die Entwicklung der Verfassungsgerichtsbarkeit im Frankreich der Fünften Republik, in: Der Staat Bd. 20 (1981), 373 ff.; zit.: Ehrmann, Die Entwicklung der Verfassungsgerichtsbarkeit im Frankreich

Eilmansberger, Thomas, The Relationship between Rights and Remedies in EV Law: In Search of the Missing Link, in: CMLR 41 (2004), 1199 ff.; zit.: Eilmansberger, The Relationship

Egli, Patricia, Zur Reform des Rechtsschutzsystems der Europäischen Menschenrechtskonvention, in: ZaöRV 64 (2004), 759 ff.; zit.: Egli, Rechtsschutzsystem

Epiney, Astrid, Gemeinschaftsrecht und Föderalismus: "Landes-Blindheit" und Pflicht zur Berücksichtigung innerstaatlicher Verfassungsstrukturen, in: EuR 1994, 301 ff.; zit.: Epiney

Dies., Zur Stellung des Völkerrechtes in der EU, in: EuZW 1999, 5 ff.; zit.: Epiney, Stellung des Völkerrechtes

Everling, Ulrich, Sind die Mitgliedstaaten der Europäischen Gemeinschaft noch Herren der Verträge? Zum Verhältnis von Europäischen Gemeinschaftsrecht und Völkerrecht; in: Völkerrecht als Rechtsordnung – Internationale Gerichtsbarkeit – Menschenrechte, Festschrift für Hermann Mosler, 1983, S. 173 ff., Rudolf Bernhardt u.a. (Hrsg.), Berlin u.a., Springer Verlag; zit.: Everling, Sind die Mitgliedstaaten noch Herren der Verträge?

Ders., Zur Stellung der Mitgliedstaaten der Europäischen Union als "Herren der Verträge"; in: Recht zwischen Umbruch und Bewahrung, Völkerrecht – Europarecht – Staatsrecht, Festschrift für Rudolf Bernhardt, 1995, S. 1161 ff.; Ulrich Beyerlin u.a. (Hrsg.), Springer Verlag, Berlin u.a.; zit.: Everling, Stellung der Mitgliedstaaten

Ders., Die Kontrolle des Gemeinschaftsgesetzgebers durch die Europäischen Gerichte, in: Lenz, Carl Otto / Thieme, Werner / Graf von Westphalen, Friedrich (Hrsg.), Beiträge zum deutschen und europäischen Recht, Freundesgabe für Jürgen Gündisch, 1999, Carl Heymanns Verlag, Köln u.a.; zit.: Everling, Kontrolle des Gemeinschaftsgesetzgebers

Ders., Stand und Zukunftsperspektiven der Europäischen Gerichtsbarkeit, in: Ulrich Everling (Hrsg.), Festschrift für Arved Deringer, Europarecht, Kartellrecht, Wirtschaftsrecht, 1993, Nomos Verlagsgesellschaft, Baden-Baden, 40 ff.; zit.: Everling, Stand und Zukunftspersektiven

Ders., Die Stellung des Bürgers in der EG, in: ZfRV 1992, 241 ff.; zit.: Everling, Die Stellung des Bürgers

Ders., Das Vorabentscheidungsverfahren vor dem Gerichtshof der Europäischen Gemeinschaften, 1986, Nomos Verlagsgesellschaft, Baden-Baden; zit.: Everling, Das Vorabentscheidungsverfahren

Ders., Justiz im Europa von morgen, in: DRiZ 1993, 5 ff.; zit.: Everling, Justiz

Eyermann, Erich, Verwaltungsgerichtsordnung – Kommentar, 11. Auflage 2000, C. H. Beck Verlag, München; zit.: Eyermann

Faller, Hans Joachim, Das spanische Verfassungsgericht, in: JöR N. F. 29 (1980) 279 ff.; zit.: Faller, Das Spanische Verfassungsgericht

Feger, Dieter, Die Grundrechte in den übrigen Mitgliedstaaten der EG einschließlich der Rechte der Europäischen Menschenrechtskonvention, in: Jura 1987, 6 ff.; zit.: Feger, Die Grundrechte in den übrigen Mitgliedstaaten der EG

Fischer, Hans Georg, Europarecht. Eine Einführung in das Europäische Gemeinschaftsrecht und seine Verbindungen zum deutschen Staats- und Verwaltungsrecht, 2. Auflage 1997, C. H. Beck Verlag, München; zit.: Fischer, Europarecht

Frenz, Walter, Grundgesetzliche Rechtsschutzgarantie gegen europäische Rechtsakte? in: Der Staat 34 (1995), 587 ff.; zit.: Frenz, Grundgesetzliche Rechtsschutzgarantie

Fuß, Ernst-Werner, Die Bundestreue – ein unentbehrlicher Rechtsbegriff? Gedanken zu der Abhandlung von H.-W. Bayer, in: DöV 1964, 37 ff.; zit.: Fuß

Ders., Die Europäischen Gemeinschaften und der Rechtsstaatsgedanke, 1968, Verlag UGA, Heule (Belgien); zit.: Fuß, Die Europäischen Gemeinschaften und der Rechtsstaatsgedanke

Gaudin, Hélène, Amsterdam: l'échec de la hiérarchie des normes? in: RTDE 1999, 1 ff.; zit.: Gaudin, Amsterdam

Gehlert, Andreas, Der Schutz der Grundfreiheiten in Frankreich durch die Überprüfung der Verfassungsmäßigkeit geltender Gesetze, 1997; zit.: Gehlert, Schutz der Grundfreiheiten

Giegerich, Thomas, Organstreit vor dem Gerichtshof der Europäischen Gemeinschaften. Zur aktiven Parteifähigkeit des Europäischen Parlamentes im Nichtigkeitsklageverfahren, in: ZaöRV 50 (1990), 812 ff.; zit.: Giegerich

Glaesner, Adrian, Die Vorlagepflicht unterinstanzlicher Gerichte im Vorabentscheidungsverfahren, in: EuR 1990, 143 ff.; zit.: Glaesner

Grabenwarter, Christoph, Europäische Menschenrechtskonvention, 2003, C. H. Beck Verlag, München; zit.: Grabenwarter, Europäische Menschenrechtskonvention

Ders., Vorabentscheidungsverfahren nach dem Vertrag von Nizza, in: EuR 2003, 55 ff.; zit.: Grabenwarter

Grabitz, Eberhard / Hilf, Meinhard (Hrsg.), Das Recht der Europäischen Union, Loseblatt, Stand August 2002, C. H. Beck Verlag, München; zit.: Grabitz / Hilf

Grams, Hartmut A., Zur Gesetzgebung der europäischen Union. Eine vergleichende Strukturanalyse aus staatsorganisatorischer Sicht, 1998, Luchterhand Verlag, Neuwied u.a.; zit.: Grams, Zur Gesetzgebung der europ. Union

Grimes, Richard H. / Horgan, Patrick T., Introduction to Law in the Republic of Ireland, Wolfhound Press, Dublin 1981; zit.: Grimes / Horgan, Introduction to Law

Groeben, Hans von der / Thiesing, Jochen / Ehlermann, Claus-Dieter (Hrsg.), Kommentar zu, EU- / EG-Vertrag, 5. Auflage 1997, Nomos Verlagsgesellschaft, Baden-Baden; zit.: G / T / E

Groeben, Hans von der / Schwarze, Jürgen (Hrsg.), Kommentar zum Vertrag über die Europäische Union und zur Gründung der Europäischen Gemeinschaft, 6. Auflage 2004, Nomos Verlagsgesellschaft, Baden-Baden; zit.: *Bearbeiter* in: von der Groeben / Schwarze

Gündisch. Jürgen, Allgemeine Rechtsgrundsätze in der Rechtsprechung des Europäischen Gerichtshofes, in: Jürgen Schwarze (Hrsg.), Das Wirtschaftsrecht des Gemeinsamen Marktes in der aktuellen Rechtsentwicklung, 1983, 97 ff.; zit.: Gündisch, Allgemeine Rechtsgrundsätze

Gündisch, Jürgen / Mathijsen, Petrus, Rechtsetzung und Interessenvertretung in der Europäischen Union – Verfahren Mitwirkung Qualität Legitimation, 1999, Boorberg Verlag, Stuttgart u.a.; zit.: Gündisch / Mathijsen, Rechtsetzung und Interessenvertretung

Gundel, Jörg, Rechtsschutzlücken im Gemeinschaftsrecht? Der Fall des Sekundärrechtes ohne nationale Vollzugsakte, in: VerwArch 2001, 81 ff.; zit.: Gundel

Gusy, Christoph, Der Gleichheitssatz, in: NJW 1988, 2505 ff.; zit.: Gusy

Ders., "Wirklichkeit" in der Rechtsdogmatik, in: JZ 1991, 213 ff.; zit.: Gusy, "Wirklichkeit"

Hannikainen, Lauri, Peremptory Norms (Ius cogens) in international Law. Historical Development, Criteria, Present Status, 1988, Finnish Lawyers' Publishing Company, Helsinki; zit.: Hannikainen, Peremptory Norms

Hartmann, Gode, Gewohnheitsrecht und "jus cogens " im Völkerrecht, in: JA 1978, 81 ff.; zit.: Hartmann, Gewohnheitsrecht und "jus cogens"

Hatje, Armin, Loyalität als Rechtsprinzip in der Europäischen Union, 2001, Nomos Verlagsgesellschaft, Baden-Baden; zit.: Hatje, Loyalität als Rechtsprinzip

Heintzen, Markus, Zur Frage der Grundrechtsbindung der deutschen Mitglieder des EG-Ministerrates, in: Der Staat 1992, 367 ff.; zit.: Heintzen, Zur Frage der Grundrechtsbindung

Herdegen, Matthias, Grundrisse des Rechts – Europarecht, 4 Auflage 2002, C. H. Beck Verlag, München; zit.: Herdegen

Ders., Die Haftung der Europäischen Wirtschaftsgemeinschaft für fehlerhafte Rechtsetzungsakte, 1983, Duncker & Humblot, Berlin; zit.: Herdegen, Die Haftung der EWG für fehlerhafte Rechtsetzungsakte

Hilf, Meinhard, Die Gemeinsame Grundrechtserklärung, in: EuGRZ 1977, 158 ff.; zit.: Hilf, Die Gemeinsame Grundrechtserklärung

Ders., Das Klagerecht des Europäischen Parlamentes im Organstreit, in: EuR 1990, 273 ff.; zit.: Hilf, Klagerecht des EP

Hofmann, Herwig, Normenhierarchien im europäischen Gemeinschaftsrecht, 2000, Duncker & Humblot, Berlin; zit.: Hofmann, Normenhierarchien

Hofmann, Rainer, Der Oberste Gerichtshof Dänemarks und die europäische Integration, in: EuGRZ 1999, 1 ff.; zit.: Hofmann, Der Oberste Gerichtshof Dänemarks

Ders. / Marko, Joseph / Merli, Franz / Wiederin, Ewald (Hrsg.), Rechtsstaatlichkeit in Europa, 1996, C. F. Müller Verlag, Heidelberg; zit.: *Bearbeiter* in: Rechtsstaatlichkeit

Holoubek, Michael, Das Recht auf eine wirksame Beschwerde bei einer nationalen Instanz, Zur Bedeutung des Art. 13 EMRK, in: JBl. 1992, 137 ff.; zit.: Holoubek, Das Recht auf eine wirksame Beschwerde

Horn, Hans-Detlef, "Grundrechtsschutz in Deutschland" – Die Hoheitsgewalt der Europäischen Gemeinschaften und die Grundrechte des Grundgesetzes nach dem Maastricht-Urteil des Bundesverfassungsgerichtes, in: DVBl. 1995, 89 ff.; zit.: Horn, Grundrechtsschutz in Deutschland

Hout, Robin van der, Individualklagen gegen Richtlinien. Perspektiven des Rechtsschutzes auf Gemeinschaftsebene, 2003, Nomos Verlagsgesellschaft, Baden-Baden; zit.: Hout, Individualklagen

Hrbek, Rudolf (Hrsg.), Das Subsidiaritätsprinzip in der Europäischen Union – Bedeutung und Wirkung für ausgewählte Politikbereiche, 1995, Nomos Verlagsgesellschaft, Baden-Baden; zit.: Hrbek, Das Subsidiaritätsprinzip

Huber, Peter M., Das institutionelle Gleichgewicht zwischen Rat und Europäischem Parlament in der künftigen Verfassung für Europa, in: EuR 2003, 574 ff.; zit.: Huber

Hübner, Ulrich / Constantinesco, Vlad, Einführung in das französische Recht, 4. Auflage 2001, Verlag C. H. Beck, München; zit.: Hübner / Constantinesco

Hufen, Friedhelm, Grundrisse des Rechts – Verwaltungsprozeßrecht, 5. Auflage 2003, C. H. Beck Verlag, München; zit.: Hufen

Hummer, Waldemar, Das "institutionelle Gleichgewicht" als Strukturdeterminante der Europäischen Gemeinschaften, in: Ius Humanitatis, FS für Alfred Verdross, 459 ff., 1980, Duncker & Humblot, Berlin; zit.: Hummer, Das "institutionelle Gleichgewicht"

Ibán, Iván C., Einführung in das spanische Recht, 1995, Nomos Verlagsgesellschaft, Baden-Baden; zit.: Ibán, Spanisches Recht

Iglesias, Gil Carlos Rodriguez, Der Gerichtshof der Europäischen Gemeinschaften als Verfassungsgericht, in: EuR 1992, 225 ff.; zit.: Rodriguez, Der EuGH als Verfassungsgericht

Ipsen, Knut, Juristische Kurzlehrbücher – Völkerrecht, 5. Auflage 2004, C. H. Beck Verlag, München; zit.: Ipsen

Isensee, Josef / Kirchhof, Paul, Handbuch des Staatsrechtes der Bundesrepublik Deutschland, 1989, Band VI, Freiheitsrechte, C. H. Beck Verlag, München; zit.: *Autor* in Isensee / Kirchhof, Handbuch des Staatsrechtes

Jacobs, F. G. (Hrsg.), European Law and the Individual, 1976, North-Holland Publishing Company, Amsterdam u.a.; zit.: *Bearbeiter* in: Jacobs

Jacoby, Sigrid, Allgemeine Rechtsgrundsätze. Begriffsentwicklung und Funktion in der Europäischen Rechtsgeschichte, 1997, Duncker & Humblot, Berlin; zit.: Jacoby

Jarass, Hans D. / Pieroth, Bodo, Grundgesetz für die Bundesrepublik Deutschland – Kommentar, 7. Auflage 2004, Verlag C. H. Beck München; zit.: Jarass / Pieroth

Jarzembowski, Georg, Das Europäische Parlament auf dem Weg zum gleichberechtigten Mitgesetzgeber in der Europäischen Union, in: Lenz, Carl Otto / Thieme, Werner / Graf von Westphalen, Friedrich (Hrsg.), Beiträge zum deutschen und europäischen Recht, Freundesgabe für Jürgen Gündisch, 1999, Carl Heymanns Verlag, Köln u.a.; zit.: Jarzembowski, Das Europäische Parlament

Kadelbach, Stefan, Zwingendes Völkerrecht, 1992, Duncker & Humblot, Berlin; zit.: Kadelbach

Kimmel, Adolf, Die Verfassungen der EG-Mitgliedstaaten, 5. Auflage 2000, dtv, München; zit.: Kimmel

Kimminich, Otto / Hobe, Stephan, Einführung in das Völkerrecht, 7. Auflage 2000, A. Francke Verlag, Tübingen u.a.; zit.: Kimminich / Hobe

Kirchhof, Paul, Nach vierzig Jahren: Gegenwartsfragen an das Grundgesetz, in: JZ 1989, 453 ff., zit.: Kirchhof, Gegenwartsfragen

Ders., Verfassungsrechtlicher Schutz und internationaler Schutz der Menschenrechte: Konkurrenz oder Ergänzung? Landesbericht Deutschland für die IX. Konferenz der Europäischen Verfassungsgerichte, 10.-13. Mai 1993, Paris, in: EuGRZ 1994, 16 ff.; zit.: Kirchhof, Verfassungsrechtlicher Schutz

Klüpfel, Karin, Zur Anfechtbarkeit von Richtlinien durch nichtprivilegierte Kläger, in: EuZW 1996, 393 ff.; zit.: Klüpfel, Zur Anfechtbarkeit von Richtlinien

Köbler, Gerhard, Juristisches Wörterbuch. Für Studium und Ausbildung, 12. Auflage 2003, Verlag Franz Vahlen, München; zit.: Köbler

Koenig, Christian / Haratsch, Andreas, Europarecht, 3. Auflage 2000, Mohr Siebeck, Tübingen; zit.: Koenig / Haratsch

König, Doris, Die Übertragung von Hoheitsrechten im Rahmen des europäischen Integrationsprozesses – Anwendungsbereich und Schranken des Art. 23 des Grundgesetzes, 2000, Duncker & Humblot, Berlin; zit.: König

Kopp, Ferdinand / Schenke, Wolf-Rüdiger, Verwaltungsgerichtsordnung, 13. Auflage 2003, C. H. Beck Verlag, München; zit.: Kopp / Schenke

Korte, Joest (Hrsg.), Primus Inter Pares: The European Court ans National Courts. The Follow-up by National Courts of Preliminary Rulings ex Art. 177 of the Treaty of Rome: A Report on the Situation in the Netherlands, 1991, Nomos Verlagsgesellschaft, Baden-Baden; zit.: Joest, Primus Inter Pares

Kraußer, Hans-Peter, Das Prinzip begrenzter Ermächtigung im Gemeinschaftsrecht als Strukturprinzip des EWG-Vertrages, 1991, Duncker & Humblot, Berlin; zit.: Kraußer, Das Prinzip begrenzter Ermächtigung

Kronenberger, Vincent / Dejmek, Paulina, Die Klagebefugnis von Einzelpersonen vor den Gerichten der Gemeinschaft nach Art. 230 Abs. 4 EG: Illusionen und Ernüchterungen nach den Entscheidungen Jégo-Quéré (T-177 / 01) und Unión de Pequeños Agricultores (C-50 / 00 P), in: ELF 2002, 257 ff.; zit.: Kronenberger / Dejmek, Die Klagebefugnis von Einzelpersonen vor den Gerichten der Gemeinschaft

Küng, Manfred / Eckert, Martin, Repetitorium zum Völkerrecht, 1993, Verlag Paul Haupt, Bern u.a.; zit.: Küng / Eckert
Kuschel, Hans-Dieter, Auch die revidierte Bananenmarktordnung ist nicht WTO-konform, in: EuZW 1999, 74 ff.; zit.: Kuschel
Kutscher, Hans, Über den Gerichtshof der Europäischen Gemeinschaft, in: EuR 1981, 392 ff.; zit.: Kutscher, Über den Gerichtshof

Landsittel, Ralph / Sack, Rolf, Dumpingsachen vor dem EuGH, in: NJW 1987, 2105 ff.; zit.: Landsittel / Sack, Dumpingsachen
Langeheine, Bernd, Abgestufte Integration, in: EuR 1983, 227 ff.; zit.: Langeheine
Larenz, Karl, Methodenlehre der Rechtswissenschaft, 6. Auflage 1991, Springer-Verlag, Berlin u.a.; zit.: Larenz, Methodenlehre
Lecheler, Helmut, Einführung in das Europarecht, 2. Auflage 2003, Verlag C. H. Beck, München; zit.: Lecheler, Einführung
Ders., Der Europäische Gerichtshof und die allgemeinen Rechtsgrundsätze, 1971, Duncker & Humblot, Berlin; zit.: Lecheler, Der Europäische Gerichtshof
Ders., Das Subsidiaritätsprinzip. Strukturprinzip einer europäischen Union, 1993, Duncker & Humblot, Berlin; zit.: Lecheler, Das Subsidiaritätsprinzip
Les Codes Larcier, Tome II – Droit pénal, 1998, De Boeck & Larcier S. A., Brüssel; zit.: Les Codes Larcier, Tome II
Lecourt, Robert, L'Europe des juges, 1976, Bruylant, S. A., Brüssel; zit.: Lecourt
Lenaerts, Koen, L'égalité de traitement en droit communautaire, in: CDE 27 (1991), 3 ff.; zit.: Lenaerts
Lenz, Carl Otto, Kommentar zu dem Vertrag zur Gründung der Europäischen Gemeinschaften, 1994, Helbing & Lichtenhahn, Basel; zit.: Lenz
Ders., Die Rolle und der Wirkungsmechanismus des Vorabentscheidungsverfahrens, DRiZ 1995, 596 ff.; zit.: Lenz, Die Rolle und der Wirkungsmechanismus
Ders. u.a., Das Zusammenwirken der europäischen Gerichte und der nationalen Gerichtsbarkeit, 1989, C. F. Müller Verlag, Heidelberg; zit.: Lenz u.a., Das Zusammenwirken
Lenz, Sebastian / Staeglich, Simone, Kein Rechtsschutz gegen EG-Verordnungen? Europäische Rechtsschutzdefizite und ihr Ausgleich durch die Feststellungsklage nach § 43 I VwGO, in: NVwZ 2004, 1421 ff.; zit.: Lenz / Staeglich

Lück, Michael, Die Gemeinschaftstreue als allgemeines Rechtsprinzip im Recht der Europäischen Gemeinschaften. Ein Vergleich zur Bundestreue im Verfassungsrecht der Bundesrepublik Deutschland, 1992, Nomos Verlagsgesellschaft, Baden-Baden; zit.: Lück, Gemeinschaftstreue

Lorenzen, Peer, Der Schutz der Grundrechte, in: EuGRZ 1976, 468 ff.; zit.: Lorenzen

Lord Mackenzie Stuart / Warner, J.-P., Judicial Decision as a Source of Community Law, in: Festschrift für Hans Kutscher, Europäische Gerichtsbarkeit und nationale Verfassungsgerichtsbarkeit, 1981, Nomos Verlagsgesellschaft, Baden-Baden, 273 ff.; zit.: Mackenzie Stuart / Warner, Judicial Decision

Magiera, Siegfried, Die Grundrechtecharta der Europäischen Union, in: DöV 2000, 1017 ff.; zit.: Magiera, Grundrechtecharta

Mangoldt, Hans von, Staatsreform in Belgien, in: ZaöRV 32 (1972), 1 ff; zit.: von Mangoldt, Staatsreform in Belgien

Mangoldt, Hermann von / Klein, Friedrich / Starck, Christian, Das Bonner Grundgesetz – Kommentar, 4. Auflage 1999, Verlag Franz Vahlen, München; zit.: *Bearbeiter* in Mangoldt / Klein / Starck

Maresca, Adolfo, Il diritto dei trattati. La Convenzione codificatrice di Vienna del 23 Maggio 1969, 1971, Dott. A. Giuffré Editore, Mailand; zit.: Maresca, Diritto dei trattati

Marshall, Geoffrey, Constitutional Theory, Oxford 1971; zit.: Marshall, Constitutional Theory

Matscher, Franz, Zur Funktion und Tragweite der Bestimmung des Art. 13 EMRK, in: Festschrift für Ignaz Seidl-Hohenverldern, Völkerrecht, Recht der Internationalen Organisationen, Weltwirtschaftsrecht, Karl-Heinz Böckstiegel u.a. (Hrsg.), Carl Heymanns Verlag, Köln u.a., 1985, 315 ff.; zit.: Matscher, Zur Funktion und Tragweite der Bestimmung des Art. 13 EMRK

Matthies, Heinrich, Die Bindungswirkung von Urteilen des Gerichtshofes der Europäischen Gemeinschaften, in: Ernst von Caemmerer u.a. (Hrsg.), Probleme des Europäischen Rechtes, Festschrift für Walter Hallstein, 1966, 304 ff.; zit.: Matthies, Bindungswirkung

Maurer, Hartmut, Allgemeines Verwaltungsrecht, 14. Auflage 2002, Verlag C. H. Beck, München; zit.: Maurer, Allgemeines VerwR

Meeùs, A. / Velu, J., Bestand und Bedeutung der Grundrechte in Belgien,in: EuGRZ 1981, 66 ff.; zit.: Meeùs / Velu

Meier, Gert, Die Mitwirkung der Bundesregierung bei der Gesetzgebung des Rates der Europäischen Gemeinschaften. Verfassungswandel ohne Sicherungen? in: NJW 1971, 961 ff.; zit.: Meier, Mitwirkung der BReg. bei der Gesetzgebung

Ders., Bananas IV: Der Bericht des WTO-Panels vom 12.4.1999, in: EuZW 1999, 428 ff.; zit.: Meier

Meißner, Friedrich, Völkerrecht und Außenpolitik – Die Menschenrechtsbeschwerde vor den Vereinten Nationen, 1976, Nomos Verlagsgesellschaft, Baden-Baden; zit.: Meißner, Menschenrechtsbeschwerde

Meng, Werner, Das Recht der Internationalen Organisationen – eine Entwicklungsstufe des Völkerrechts. Zugleich eine Untersuchung zur Rechtsnatur des Rechtes der Europäischen Gemeinschaften, 1979, Nomos Verlagsgesellschaft, Baden-Baden; zit.: Meng, Recht der Internationalen Organisationen

Merten, Detlef, Subsidiarität als Verfassungsprinzip, in: Ders. (Hrsg.), Die Subsidiarität Europas, 1993, Duncker & Humblot, Berlin, S. 77 ff.

Mertens de Wilmars, J., Annulation et Appréciation de Validité dans le Traité CEE: Convergence ou Divergence? in: Wilhelm G. Grewe u.a. (Hrsg.), Europäische Gerichtsbarkeit und nationale Verfassungsgerichtsbarkeit, Festschrift für Hans Kutscher, 1981, 273 ff.; zit.: Mertens de Wilmars, Annulation

Meyer, Jürgen (Hrsg.), Kommentar zur Charta der Grundrechte der Europäischen Union, 2003, Nomos Verlagsgesellschaft, Baden-Baden; zit.: *Bearbeiter* in: Meyer, Kommentar zur Grundrechte-Charta

Meyer-Ladewig, Jens, Konvention zum Schutz der Menschenrechte und Grundfreiheiten. Handkommentar, Nomos Verlagsgesellschaft, Baden-Baden 2003; zit.: Meyer-Ladewig

Michel, Morten Alexander, Die Kompetenzentwicklung des Europäischen Gerichtshofes in seiner jüngeren Rechtsprechung und ihre Integrationseffekte in den Mitgliedstaaten. Unter besonderer Berücksichtigung der EuGH-Urteile "Kreil", "Centros" und der Francovich-Rechtsprechung, 2002, Shaker Verlag, Aachen; zit.: Kompetenzentwicklung

Mittmann, Patrick, Die Rechtsfortbildung durch den Gerichtshof der Europäischen Gemeinschaften und die Rechtsstellung der Mitgliedstaaten der Europäischen Union, 2000, Peter Lang, Frankfurt / Main u.a.; zit.: Mittmann

Mosler, Hermann, National- und Gemeinschaftsinteressen im Verfahren des EWG-Ministerrates. Die Beschlüsse der außerordentlichen Tagung des

EWG-Rates in Luxemburg vom 29. Januar 1966, in: ZaöVR 26 (1966), 1 ff.; zit.: Mosler, National- und Gemeinschaftsinteressen
Mosler, Hermann / Bernhardt, Rudolf / Hilf, Meinhard (Hrsg.), Grundrechtsschutz in Europa. Europäische Menschenrechtskonvention und Europäische Gemeinschaften, 1977, Internationales Kolloquium, veranstaltet vom Max-Planck-Institut für ausländisches öffentliches Recht und Völkerrecht, Heidelberg 1976, Springer Verlag, Berlin u.a.; zit.: *Bearbeiter* in: Mosler u.a.

Neuwahl, Nanette A. / Rosas, Allan, The European Union and Human Rights, Martinus Nijhoff Publishers, Den Haag u.a., 1995; zit.: Neuwahl / Rosas, The European Union and Human Rights
Nowak, Carsten / Cremer, Wolfram (Hrsg.), Individualrechtsschutz in der EG und der WTO. Der zentrale und dezentrale Rechtsschutz natürlicher und juristischer Personen in der Europäischen Gemeinschaft und in der Welthandelsorganisation, 2002, Nomos Verlagsgesellschaft, Baden-Baden; zit.: *Autor* in Nowak / Cremer

Olzen, Dirk, Die Rechtswirkungen geänderter höchstrichterlicher Rechtsprechung in Zivilsachen, in: JZ 1985, 155 ff.; zit.: Olzen, Die Rechtswirkungen
Oppermann, Thomas, Juristische Kurzlehrbücher – Europarecht, 2. Auflage 1999, C. H. Beck Verlag, München; zit.: Oppermann
Ders., Die Dritte Gewalt in der Europäischen Union, in: DVBl. 1994, 901 ff.; zit.: Oppermann, Die Dritte Gewalt
Ossenbühl, Fritz, Der gemeinschaftsrechtliche Staatshaftungsanspruch, in: DVBl. 1992, 993 ff.; zit.: Ossenbühl

Pasetti Bombardella, Francesco, Le Parlement Face Au Conseil, in: RDE 1987, 67 ff.; zit.: Pasetti Bombardella
Pernice, Ingolf, Grundrechtsgehalte im Europäischen Gemeinschaftsrecht. Ein Beitrag zum gemeinschaftsimmanenten Grundrechtsschutz durch den Europäischen Gerichtshof, 1979, Nomos Verlagsgesellschaft, Baden-Baden; zit.: Pernice, Grundrechtsgehalte
Ders., Eine Grundrechte-Charta für die Europäische Union, in: DVBl. 2000, 847 ff.; zit.: Pernice, Grundrechte-Charta
Pescatore, Pierre, Les objectifs de la Communauté Européenne comme Principes d'interprétation dans la jurisprudence de la Cour de Justice – Contribution à la Doctrine de l'interprétation téléologique des Traités

internationaux, in: Miscellanea W. J. Ganshof van der Meersch, 1972, Brüssel u.a., Bd. II, S. 325 ff; zit.: Pescatore, Principes d'interprétation

Ders., Bestand und Bedeutung der Grundrechte in den Europäischen Gemeinschaften, in: EuGRZ 1978, 441 ff.; zit.: Pescatore, Bestand und Bedeutung der Grundrechte

Peters, Anne, JuS-Schriftenreihe – Einführung in die Europäische Menschenrechtskonvention, 2003, C. H. Beck Verlag, München; zit.: Peters, Einführung in die Europäische Menschenrechtskonvention

Petersmann, Hans G., Die Souveränität des Britischen Parlamentes in den Europäischen Gemeinschaften, 1971; zit.: Petersmann

Pieroth, Bodo / Schlink, Bernhard, Staatsrecht II – Grundrechte, 18. Auflage 2002 / 21. Auflage 2005, C. F. Müller Verlag, Heidelberg; zit.: Pieroth / Schlink (21. A.)

Plucknett, Theodore F. T., Bonham's Case and Judicial Review, H.L.R. 1926 / 1927, 30 ff.; zit.: Plucknett, Bonham's Case and Judicial Review

Pöyhönen, Juha, An Introduction to Finnish Law, 1993, Finnish Laywers' Publishing, Helsinki; zit.: Pöyhönen

Posch, Willibald, Einführung in das österreichische Recht, 1985, Wissenschaftliche Buchgesellschaft, Darmstadt; zit.: Posch

Rabels, Peter, Empfiehlt es sich, die Bestimmungen des europäischen Gemeinschaftsrechtes über den Rechtsschutz zu ändern und zu ergänzen? In: EuR 1966, 367 ff.; zit.: Rabels

Ragazzi, Maurizio, The Concept of International Obligations Erga Omnes, 1997, Clarendon Press, Oxford; zit.: Ragazzi, International Obligations Erga Omnes

Randelzhofer, Albrecht, Rechtsschutz gegen Maßnahmen von INTERPOL vor deutschen Gerichten? in: Ingo von Münch (Hrsg.), Staatsrecht – Völkerrecht – Europarecht, Festschrift für Hans-Jürgen Schlochauer, 1981, Walter de Gruyter, Berlin u.a.; zit.: Randelzhofer

Raschauer, Bernhard, Die Gesetzeskontrolle im britischen Recht, in: Der Staat Bd. 13 (1974), 239 ff.; zit.: Raschauer, Gesetzeskontrolle im britischen Recht

Rasmussen, Hjalte, Why is Article 173 Interpreted against Private Plaintiffs? in: ELR 1980, 112 ff.; zit.: Rasmussen, Why is Article 173

Ders., On Law and Policy in the European Court of Justice. A comparative Study in Judicial Policymaking, 1986, Martinus Nijhoff Publishers, Dordrecht; zit.: Rasmussen, On Law and Policy

Redeker, Konrad / Oertzen, Hans-Joachim von / Redeker, Martin, Verwaltungsgerichtsordnung Kommentar, 12. Auflage 1997, W. Kohlhammer Verlag, Stuttgart; zit.: Redeker

Reimann, Heinrich Bernhard, Ius cogens im Völkerrecht, 1971, Schulthess Polygraphischer Verlag, Zürich; zit.: Reimann, Ius cogens

Reinisch, August, Kritische Bemerkungen zum EWR-Gutachten des EuGH, in: ÖJZ 1992, 321 ff.; zit.: Reinisch, Kritische Bemerkungen

Rengeling, Hans-Werner, Grundrechtsschutz in der Europäischen Gemeinschaft. Bestandsaufnahme und Analyse der Rechtsprechung des Europäischen Gerichtshofes zum Schutz der Grundrechte als allgemeine Rechtsgrundsätze, 1993, C. H. Beck Verlag, München; zit.: Rengeling. Grundrechtsschutz in der EG

Ress, Georg, Der Conseil Constitutionnel und der Schutz der Grundfreiheiten in Frankreich. Betrachtungen aus Anlaß der Entscheidung des Conseil Constitutionnel vom 16. Juli 1971 zur Reform des französischen Vereinigungsrechts mit rechtsvergleichenden Hinweisen, in: JöR 23 (1974), 121 ff.; zit.: Ress, Der Conseil Constitutionnel

Ders., Über die Notwendigkeit der parlamentarischen Legitimierung der Rechtsetzung der Europäischen Gemeinschaften. Überlegungen zum europäischen Gemeinschaftsrecht und deutschen Verfassungsrecht, in: Fiedler, Wilfried / Ress, Georg (Hrsg.), Verfassungsrecht und Völkerrecht, GS für W. K. Geck, 1989, Carl Heymanns Verlag, Köln u.a.; zit.: Ress, Über die Notwendigkeit der parlamentarischen Legitimierung

Reuter. Paul, Introduction au droit des traités, 1972, Librairie Armand Colin, Paris; zit.: Reuter, Introduction au droit des traités

Ders., La Convention de Vienne du 29 Mai 1969 sur le droit des traités, 1970, Librairie Armand Colin, Paris; zit.: Reuter, La Convention de Vienne

Richter, Stefan, Doppelnatur von Rechtsakten in Antidumpingverfahren, in: RIW 1986, 561 ff.; zit.: Richter, Doppelnatur von Rechtsakten

Riese, Otto, Über den Rechtsschutz innerhalb der Europäischen Gemeinschaften, in: EuR 1966, 24 ff.; zit.: Riese, Über den Rechtsschutz

Riggert, Rainer, Die Selbstbindung der Rechtsprechung durch den allgemeinen Gleichheitssatz (Art. 3 I GG), 1993; Duncker & Humblot, Berlin; zit.: Riggert, Selbstbindung der Rechtsprechung

Riz, Roland / Happacher Brezinka, Esther, Grundzüge des italienischen Verfassungsrechtes unter Berücksichtigung der verfassungsrechtlichen Aspekte der Südtiroler Autonomie, 2003, studia Universitätsverlag; zit.: Riz / Happacher Brezinka

Rüthers, Bernd, Rechtstheorie – Begriff, Geltung und Anwendung des Rechtes, 1999, C. H. Beck Verlag, München; zit.: Rüthers, Rechtstheorie

Saalfrank, Valentin, Funktionen und Befugnisse des Europäischen Parlamentes. Ihre Bedeutung für das Demokratieprinzip des Grundgesetzes, 1995, Franz Steiner Verlag, Stuttgart; zit.: Saalfrank

Sabsoub, Jean-Pierre, Der Rat der Europäischen Gemeinschaft, 1990, Amt für amtliche Veröffentlichungen der Europäischen Gemeinschaft 1992, Luxemburg; zit.: Sabsoub, Der Rat

Sachs, Michael, Grundgesetz – Kommentar, 2 Auflage 1999 / 3. Auflage 2003, C. H. Beck Verlag, München; zit.: *Bearbeiter* in Sachs

Sack, J., Lücken im Rechtsschutzsystem der Europäischen Gemeinschaften und Möglichkeiten, sie zu schließen, in: EuR 1985, 319 ff.; zit.: Sack, Lücken im Rechtsschutzsystem

Schaller, Werner, Die EU-Mitgliedstaaten als Verpflichtungsadressaten der Gemeinschaftsgrundrechte, 2002, Nomos Verlagsgesellschaft, Baden-Baden; zit.: Schaller, Die EU-Mitgliedstaaten als Verpflichtungsadressaten

Schenke, Wolf-Rüdiger, Rechtsschutz bei normativem Unrecht, 1979, Duncker & Humblot, Berlin; zit.: Schenke, Rechtsschutz

Ders., Verwaltungsprozeßrecht, 9. Auflage 2004, C. F. Müller Verlag, Heidelberg; zit.: Schenke, Verwaltungsprozeßrecht

Schiller, Manfred von, Die Wirtschafts- und Sozialordnung der neuen spanischen Verfassung von 1978, in: RIW / AWD 1979, 242 ff.; zit.: Schiller, Wirtschafts- und Sozialordnung

Schilling, Theodor, Bestand und allgemeine Lehren der bürgerschützenden allgemeinen Rechtsgrundsätze des Gemeinschaftsrechtes, in: EuGRZ 2000, 3 ff.; zit.: Schilling, Bestand und allgemeine Lehren

Ders., Zur Verfassungsbindung des deutschen Vertreters bei der Mitwirkung an der Rechtsetzung im Rate der EU – Die Mitwirkung als Gesetzgebung im Sinne des Grundgesetzes, in: DVBl. 1997, 458 ff.; zit.: Schilling, Zur Verfassungsbindung des deutschen Vertreters

Schlochauer, Hans-Jürgen, Das Verhältnis des Rechtes der Europäischen Wirtschaftsgemeinschaft zu den nationalen Rechtsordnungen der Mitgliedstaaten, in: AVR 11. Band. (1963 / 1964), 1 ff.; zit.: Schlochauer

Schmalenbach, Kirsten, Der neue Europaartikel 23 des Grundgesetzes im Lichte der Arbeit der Gemeinsamen Verfassungskommission. Motive einer Verfassungsänderung, 1996, Duncker & Humblot, Berlin; zit.: Schmalenbach, Der neue Europaartikel 23 des Grundgesetzes

Schmid-Lossberg, Alexander, Kontrolldichte im EG-Wirtschaftsrecht. Eine Untersuchung am Beispiel der Rechtsprechung des EuGH zu den Verordnungen im Währungsausgleich, 1992, Peter Lang Verlag, Frankfurt; zit.: Schmid-Lossberg, Kontrolldichte im EG-Wirtschaftsrecht

Schneider, Jens-Peter, Effektiver Rechtsschutz Privater gegen EG-Richtlinien nach dem Maastricht-Urteil des BVerfG, in: AöR 119 (1994), 294 ff.; zit.: Schneider, Effektiver Rechtsschutz

Schoch, Friedrich, Der Gleichheitssatz, in: DVBl. 1988, 863 ff.; zit.: Schoch

Schockweiler, Fernand, La résponsabilité de l'autorité nationale en cas de violation du droit communautaire, in: RTDE 1992, 27 ff.; zit.: Schockweiler, La résponsabilité de l'autorité nationale

Ders., Die richterliche Kontrollfunktion: Umfang und Grenzen in Bezug auf den EuGH, in: EuR 1995, 191 ff.; zit.: Schockweiler, Richterliche Kontrollfunktion

Scholz, Rupert, Europäisches Gemeinschaftsrecht und innerstaatlicher Verfassungsrechtsschutz, in: Friauf, Karl Heinrich / Scholz, Rupert, Europarecht und Grundgesetz. Bertrachtungen zu materiell- und formalrechtlichen Problemen bei Schaffung und Umsetzung sekundären Gemeinschaftsrechtes, 1990, Duncker & Humblot, Berlin; zit.: Scholz, Gemeinschaftsrecht und Verfassungsrechtsschutz

Schönberger, Christoph, Normenkontrollen im EG-Föderalismus. Die Logik gegenläufiger Hierarchisierungen im Gemeinschaftsrecht, in: EuR 2003, 600 ff.; zit.: Schönberger, Normenkontrollen im EG-Föderalismus

Schuman-Plan, Textausgabe, Vertrag über die Gründung der Europäischen Gemeinschaft für Kohle und Stahl, 1951, Deutscher Bundes-Verlag, Bonn, veröffentlicht i.A. des AA; zit.: Textausgabe

Schwarze, Jürgen (Hrsg.), EU-Kommentar, 2000, Nomos Verlagsgesellschaft, Baden-Baden; zit.: Schwarze, EU

Ders., Der Europäische Gerichtshof als Verfassungsgericht und Rechtsschutzinstanz, 1983, Nomos Verlagsgesellschaft, Baden-Baden; zit.: *Autor* in: Schwarze

Ders., Das allgemeine Völkerrecht in den innergemeinschaftlichen Rechtsbeziehungen, in: EuR 1983, 1 ff.; zit.: Schwarze, Das allgemeine Völkerrecht

Ders., Die Befugnis zur Abstraktion im europäischen Gemeinschaftsrecht. Eine Untersuchung zur Rechtsprechung des Europäischen Gerichtshofes, 1976, Nomos Verlagsgesellschaft, Baden-Baden; zit.: Schwarze, Abstraktion

Ders. (Hrsg.), Gesetzgebung in der Europäischen Gemeinschaft. Beiträge zu einem Kolloquium des Institutes für Integrationsforschung der Stiftung Europa-Kolleg Hamburg vom 9. / 10. November 1984, 1985, Nomos Verlagsgesellschaft, Baden-Baden; zit.: Autor in: Schwarze, Gesetzgebung

Ders., Der Rechtsschutz Privater vor dem Europäischen Gerichtshof: Grundlagen, Entwicklungen und Perspektiven des Individualrechtsschutzes im Gemeinschaftsrecht, in: DVBl. 2002, 1297 ff.; zit.: Schwarze, Der Rechtsschutz Privater vor dem EuGH

Ders., Rechtsschutz Privater gegenüber normativen Rechtsakten im Recht der EWG, in: Ingo von Münch (Hrsg.), Staatsrecht – Völkerrecht – Europarecht, Festschrift für Hans-Jürgen Schlochauer, 1981, S. 927 ff., Walter de Gruyter, Berlin u.a.; zit.: Schwarze, Rechtsschutz Privater

Ders., The Role of the European Court of Justice in the Interpretation of Uniform Law among the Member States of the European Communities, 1988, Nomos Verlagsgesellschaft, Baden-Baden; zit.: Schwarze, The Role of the European Court

Ders. (Hrsg.), Der Verfassungsentwurf des Europäischen Konvents. Verfassungsrechtliche Grundstrukturen und wirtschaftsverfassungsrechtliches Konzept, 2004, Nomos Verlagsgesellschaft, Baden-Baden; zit.: *Autor* in: Schwarze, Der VerfE des Europ. Konvents

Ders. / Graf Vitzthum, Wolfgang (Hrsg.), Grundrechtsschutz im nationalen und internationalen Recht, Werner von Simson zum 75. Geburtstag, 1983, Nomos Verlagsgesellschaft, Baden-Baden; zit.: *Autor* in: Grundrechtsschutz

Seidl-Hohenveldern, Ignaz / Stein, Torsten, Völkerrecht, 10. Auflage 2000, Carl Heymanns Verlag, Köln u.a.; zit.: Seidl-Hohenveldern / Stein, Völkerrecht

Schweitzer, Michael, Ius cogens im Völkerrecht, in: AVR 15 (1971 / 1972), 197 ff.; zit.: Schweitzer

Seiler, Christian, Auslegung als Normkonkretisierung, 2000, C. F. Müller Verlag, Heidelberg; zit.: Seiler, Auslegung

Selmer, Peter, Die Gewährleistung der unabdingbaren Grundrechtsstandards durch den EuGH. Zum "Kooperationsverhältnis" zwischen BVerfG und EuGH am Beispiel des Rechtsschutzes gegen die Bananenmarkt-Verordnung, 1998, Nomos Verlagsgesellschaft, Baden-Baden; zit.: Selmers, Gewährleistung

Shaw, Malcolm N., International Law, 3. Auflage 1991, Cambridge University Press; zit.: Shaw, International Law

Simons, David, Bestand und Bedeutung der Grundrechte in den Niederlanden, in: EuGRZ 1978, 450 ff.; zit.: Simons
Slynn, Gordon, The Court of Justice of the European Communities, in: ICLQ 33 (1984), 409 ff.; zit.: Slynn, The Court of Justice
Smith, Lesley Jane, Fischereipolitik, EG-Recht und die britische Justiz: Neue Aspekte der verfassungsrechtlichen Entwicklung in Großbritannien durch die Rechtsprechung des EuGH, in: EuZW 1992, 308 ff.; zit.: Smith
Sobotta, Christoph, Transparenz in den Rechtsetzungsverfahren der Europäischen Union. Stand und Perspektiven des Gemeinschaftsrechtes unter besonderer Berücksichtigung des Grundrechtes auf Zugang zu Information, 2001, Nomos Verlagsgesellschaft, Baden-Baden; zit.: Sobotta
Stauß, Michael, Das Europäische Parlament und seine Untergliederungen als Parteien im Verfahren der Nichtigkeitsklage (Art. 173 EGV), 1996, Nomos Verlagsgesellschaft, Baden-Baden; zit.: Stauß, Das Europäische Parlament und seine Untergliederungen
Stein, Torsten, Die Autorität des Rechts. Verfassungsrecht, Völkerrecht, Europarecht, 1985, R. v. Decker & C. F. Müller Verlag, Heidelberg; zit.: Stein, Autorität des Rechts
Steinbach, Armin Zur Rechtswirkung von WTO-Streitbeilegungsentscheidungen in der Gemeinschaftsrechtsordnung – zugleich Anmerkung zum EuGH-Urteil Léon van Parys, in: EuZW 2005, 331 ff.; zit.: Stenbach, Rechtswirkung von WTO-Streitbeilegungsentscheidungen
Streinz, Rudolf, Europarecht, 5. Auflage 2001 / 7. Auflage 2005, C. F. Müller Verlag, Heidelberg; zit.: Streinz (7. A.)
Ders., Bundesverfassungsgerichtlicher Grundrechtsschutz und Europäisches Gemeinschaftsrecht. Die Überprüfung grundrechtsbeschränkender deutscher Begründungs- und Vollzugsakte von Europäischem Gemeinschaftsrecht durch das BVerfG, 1989, Nomos Verlagsgesellschaft, Baden-Baden; zit.: Streinz, Bundesverfassungsgerichtlicher Grundrechtsschutz
Ders., Bundesverfassungsgerichtliche Kontrolle über die deutsche Mitwirkung am Entscheidungsprozeß im Rat der Europäischen Gemeinschaften, 1990, Duncker & Humblot, Berlin; zit.: Streinz, Bundesverfassungsgerichtliche Kontrolle
Ders., Die Auslegung des Gemeinschaftsrechtes durch den EuGH. Eine kritische Betrachtung, in: ZeuS 2004, 387 ff.; zit.: Streinz, Die Auslegung des Gemeinschaftsrechtes
Strömholm, Stig, An Introduction to Swedish Law, 1981, P. A. Norstedt & Söners Vörlag, Stockholm; zit.: Strömholm

Szczekalla, Peter, Grundrechte für Europa – Die Europäische Union nach Nizza, in: DVBl. 2001, 345 ff.; zit.: Szczekalla, Grundrechte
Sztucki, Jerzy, Ius Cogens and the Vienna Convention on the Law of Treaties. A Critical Appraisal, 1974, Springer Verlag, Wien u.a.; zit.: Sztucki

Talalajew, Anantoli Nikolajewitsch, Das Recht der internationalen Verträge, 1977, Staatsverlag der DDR; zit.: Talalajew, Recht der internationalen Verträge
Tardu, M. E., Human Rights Complaint Procedures of the United Nations: Assessment and Prospects, in: FS für Karl Josef Partsch; zit.: Tardu, Humain Rights Complaint Procedures
Thelen, Klaus, Die Vereinbarkeit des Vertrages zur Gründung der Europäischen Wirtschaftsgemeinschaft mit der Britischen Verfassung, KSE 21 (1973), Carl Heymanns Verlag KG, Köln; zit.: Thelen, Die Vereinbarkeit des Vertrages
Thomashausen, André, Der Freiheitsbegriff, die Grundrechte und der Grundrechtsschutz in der neuen Portugiesischen Verfassung vom 2. April 1976, in: EuGRZ 1981, 1 ff.; zit.: Thomashausen
Tomuschat, Christian, Die Europäische Union unter der Aufsicht des Bundesverfassungsgerichtes, in: EuGRZ 1993, 489 ff.; zit.: Tomuschat, Die EU unter der Aufsicht des BVerfG
Trautwein, Thomas, Zur Rechtsprechungskompetenz des BVerfG auf dem Gebiet des Europäischen Gemeinschaftsrechtes, in: JuS 1997, 893 ff.; zit.: Trautwein

Ukrow, Jörg, Richterliche Rechtsfortbildung durch den EuGH. Dargestellt am Beispiel der Erweiterung des Rechtsschutzes des Marktbürgers im Bereich des vorläufigen Rechtsschutzes und der Staatshaftung, 1995, Nomos Verlagsgesellschaft, Baden-Baden; zit.: Ukrow, Richterliche Rechtsfortbildung
Uotila, Jaakko, The Finnish Legal System, 1966, The Union of Finnish Laywers Publishing Company, Helsinki; zit.: Uotila, Finnish Legal System

Vazquez, Modesto Seara, Derecho Internacional Público, 3. Auflage 1971, Editorial Pozzúa S.A., México D. F., zit.: Vazquez, Derecho Internacional Público
Villiger, Mark E., Customary Law and Treaties. A Study of their Interactions and Interrelations with Special Consideration of the 1969 Vienna

Convention on the Law of Treaties, 1985, Martinus Nijhoff Publishers, Dordrecht u.a.; zit.: Villiger, Customary International Law
Ders., Handbuch der Europäischen Menschenrechts-Konvention unter besonderer Berücksichtigung der schweizerischen Rechtslage, 2. Auflage 1999, Schulthess Polygraphischer Verlag Zürich; zit.: Villiger, Handbuch der EMRK
Violini, Lorenza, Grundrechtsschutz zwischen Europäischem Gerichtshof und nationalen Gerichten nach Amsterdam, in: EuR 1999, Beih. 1, 177 ff.; zit.: Violini
Vollmer, Dietrich, Auslegung und "Auslegungsregeln", 1990, Duncker & Humblot, Berlin; zit.: Vollmer, Auslegung und "Auslegungsregeln"

Wagner, Carl-Ludwig, Das Recht der europäischen Wirtschaftsgemeinschaft und die nationale Rechtsordnung der Mitgliedstaaten, in: DöV 1965, 307 ff.; zit.: Wagner, Das Recht der EWG
Wallerath, Maximilian, Die Selbstbindung der Verwaltung. Freiheit und Gebundenheit durch den Gleichheitssatz, 1968, Duncker & Humblot, Berlin; zit.: Wallerath, Die Selbstbindung der Verwaltung
Walsh, Brian, Bestand und Bedeutung der Grundrechte in Irland, in: EuGRZ 1978, 446 ff.; zit.: Walsh, Bestand und Bedeutung der Grundrechte in Irland
Walter, Christian, Grundrechtsschutz gegen Hoheitsakte internationaler Organisationen. Überlegungen zur Präzisierung und Fortentwicklung der Dogmatik des Maastricht-Urteiles, in: AöR 129 (2004), 39 ff.; zit.: Walter, Grundrechtsschutz
Weber, Albrecht, Die Spanische Verfassung von 1978, in: JöR N. F. 29 (1980) 209 ff.; zit.: Weber, Die Spanische Verfassung von 1978
Ders., Einheit und Vielfalt der europäischen Grundrechtsordnung(en) – Zur Inkorporation der Grundrechtscharta in einen europäischen Verfassungsvertrag –, in: DVBl. 2003, 220 ff.; zit.: Weber, Einheit und Vielfalt
Ders. / Moos, Flemming, Rechtswirkungen von WTO-Streitbeilegungsentscheidungen im Gemeinschaftsrecht, in EuZW 1999, 229 ff.; zit.: Weber / Moos
Wegmann, Manfred, Schriften zum öffentlichen Recht – Die Nichtigkeitsklage Privater gegen Normativakte der Europäischen Gemeinschaften, 1976, Duncker & Humblot, Berlin; zit.: Wegmann, Nichtigkeitsklage

Weidenfeld, Werner (Hrsg.), Der Schutz der Grundrechte in der Europäischen Gemeinschaft, 1992, Europa Union Verlag, Bonn; zit.: *Autor* in: Weidenfeld, Schutz der Grundrechte

Wenig, Fritz-Harald, Neueste Entwicklungen im Antidumpingrecht der Europäischen Gemeinschaften, in: EuZW 1991, 439; zit.: Wenig

Wense, Wolf von der, Der UN-Menschenrechtsausschuß und sein Beitrag zum universellen Schutz der Menschenrechte, 1999, Springer Verlag Berlin u.a.; zit.: Wense, Der UN-Menschenrechtsausschuß

Wille, Angelo, Die Pflicht der Organe der Europäischen Gemeinschaft zur loyalen Zusammenarbeit mit den Mitgliedstaaten, 2003, Nomos Verlagsgesellschaft, Baden-Baden; zit.: Wille, Die Pflicht der Organe

Winkler, Rolf M. / Trölitzsch, Thomas, Wende in der EuGH-Rechtsprechung zur Haftung der EG für fehlerhafte EG-Rechtsetzungsakte und prozessuale Bewältigung der Prozeßflut, in: EuZW 1992, 663 ff.; zit.: Winkler / Trölitzsch, Wende in der EuGH-Rechtsprechung zur Haftung der EG

Winterfeld, Achim von, Möglichkeiten der Verbesserung des individuellen Rechtsschutzes im Europäischen Gemeinschaftsrecht, in: NJW 1988, 1409 ff.; zit.: von Winterfeld, Möglichkeiten der Verbesserung

Wölker, Ulrich, Rechtsschutz Privater gegenüber dem europäischen Gesetzgeber, in: DöV 2003, 570 ff.; zit.: Wölker, Rechtsschutz Privater

Wolf-Niedermaier, Anita, Der Europäische Gerichtshof zwischen Recht und Politik – Der Einfluß des EuGH auf die föderale Machtbalance zwischen der Europäischen Gemeinschaft und ihren Mitgliedstaaten, 1997, Nomos Verlagsgesellschaft, Baden-Baden; zit.: Wolf-Niedermaier

Zuleeg, Manfred, Die Europäische Gemeinschaft als Rechtsgemeinschaft, in: NJW 1994, 545 ff.; zit.: Zuleeg, Die Europäische Gemeinschaft als Rechtsgemeinschaft

Ders., Die Rolle der rechtsprechenden Gewalt in der europäischen Integration, in: JZ 1994, 1 ff.; zit.: Zuleeg

Ders., Wandlungen des Begriffes der Supranationalität, in: Integration 1988, 103 ff.; zit.: Zuleeg, Wandlungen des Begriffes der Supranationalität

Marie-Claire Abetz

Justizgrundrechte in der Europäischen Union

Frankfurt am Main, Berlin, Bern, Bruxelles, New York, Oxford, Wien, 2005.
376 S.
Europäische Hochschulschriften: Reihe 2, Rechtswissenschaft. Bd. 4237
ISBN 3-631-54217-8 · br. € 56.50*

Die europäische Einigung führt zu wachsender Betroffenheit des Bürgers von europäischen Hoheitsakten, auch im grundrechtsempflindlichen polizeilichen und strafrechtlichen Bereich. Daher gewinnen die Justizgrundrechte im europäischen Kontext rapide an Bedeutung. Die Arbeit untersucht den Bestand der Justizgrundrechte auf Ebene der Mitgliedstaaten, der EMRK und der EU mit Fokus auf den *Raum der Freiheit, der Sicherheit und des Rechts*. Zentrale Frage ist, inwieweit europapolizeiliche Durchgriffe der EU auf den Bürger rechtsstaatlicher Kontrolle unterliegen und insgesamt effektiver Rechtsschutz gegen EU-Hoheitsgewalt besteht. Die justizgrundrechtliche Relevanz von europäischer Rechtsetzung und Institutionalisierung im Bereich der Strafverfolgung, unter anderem von Europol, dem Schengen-System, Eurojust, OLAF, der Europäischen Staatsanwaltschaft und des Europäischen Haftbefehls, wird aufgezeigt.

Aus dem Inhalt: Inhaltliche Gewährleistung der Justizgrundrechte und Rechtsschutz in der Europäischen Union · Auswirkungen der Europäischen Grundrechtscharta auf die Justizgrundrechte in der EU · Justizgrundrechte im *Raum der Freiheit, der Sicherheit und des Rechts* · Justizgrundrechte und Europol · Justizgrundrechte im Schengen-System · Europäische Staatsanwaltschaft und das Prinzip der gegenseitigen Anerkennung · Justizgrundrechte und die Maßnahmen der EU zur Terrorbekämpfung · Justizgrundrechte, EG-Sanktionenrecht und OLAF

FSC
www.fsc.org
MIX
Papier | Fördert
gute Waldnutzung
FSC® C083411

Kolibri 360 GmbH
Ferdinand-Jühlke-Straße 7
99095 Erfurt, Deutschland
produktsicherheit@kolibri360.de

Druck:
CPI Druckdienstleistungen GmbH
im Auftrag der
Kolibri 360 GmbH
Ferdinand-Jühlke-Str. 7
99095 Erfurt